吕超　罗应杰◎著

# 原油投资实战交易

YUANYOU
TOUZI
SHIZHANJIAOYI

南方出版传媒
广东经济出版社
—广州—

**图书在版编目（CIP）数据**

原油投资实战交易／吕超，罗应杰著．—广州：广东经济出版社，2015.4（2015.9 重印）
ISBN 978－7－5454－3953－3

Ⅰ．①原… Ⅱ．①吕… ②罗… Ⅲ．①原油－投资 Ⅳ．①F830.9

中国版本图书馆 CIP 数据核字（2015）第 059934 号

| | |
|---|---|
| 出版发行 | 广东经济出版社（广州市环市东路水荫路 11 号 11～12 楼） |
| 经销 | 全国新华书店 |
| 印刷 | 广东新华印刷有限公司<br>（广东省佛山市南海区盐步河东中心路 23 号） |
| 开本 | 787 毫米×1092 毫米 1/16 |
| 印张 | 11.5 |
| 字数 | 225 千字 |
| 版次 | 2015 年 4 月第 1 版 |
| 印次 | 2015 年 9 月第 4 次 |
| 印数 | 14 001～19 000 |
| 书号 | ISBN 978－7－5454－3953－3 |
| 定价 | 48.00 元 |

如发现印装质量问题，影响阅读，请与承印厂联系调换。
发行部地址：广州市环市东路水荫路 11 号 11 楼
电话：（020）38306055 37601950 邮政编码：510075
邮购地址：广州市环市路水荫路 11 号 11 楼
电话：（020）37601980 邮政编码：510075
营销网址：http：//www·gebook.com
广东经济出版社常年法律顾问：何剑桥律师

# 开篇　为什么原油能成为继白银之后最赚钱的品种

## 投资原油本来就很赚钱，只是中国人以往无法参与

如果你以为白银市场是黄金市场之后最大的全球市场，那就错了！白银市场只是商品市场中的一员，商品市场中真正的老大——原油市场的规模比它大得多。

在欧美市场，原油期货的交易量非常大，是商品期货市场中的航空母舰，市场容量远大于白银市场。原油期货也是外国投资者交易最频繁的商品期货品种。在稳定期，原油市场的稳定性毫不逊色于黄金市场；在动荡期，原油市场的震荡幅度和单边盈利空间比白银市场更大。

虽然早在黄金市场在国内兴起的年代，不少国人投资者就看到这个关联的原油市场有着如此优越的投资机会，但是无奈国内并没有正式的原油投资渠道。

这两年来，国内原油交易所逐渐成立，2014 年下半年正式启动，以北油所和深油所为代表，短短半年就产生了超过 5000 亿元的交易量！这个数字相比在白银市场兴起的前两年的总和，还要高出 1 倍多！反映出中国资深投资者对原油市场的渴望。

## 原油投资可以从白银投资完美过渡，分析方法更为直接

黄金、白银、原油这三个市场的关联度很强，所以无论是基本面分析还是技术分析，这三个市场的分析方法几乎可以通用。所以，如果你是广大的白银投资者之一，要向原油市场转型，要向这个利润空间更大的市场转型，你将会非常顺利。除了要了解一些相关的新知识，你不会遇到任何阻碍。

你可以用分析黄金白银市场的基本面方法去直接分析原油市场，这是完全没问题的。而当你有了一定的经验之后，你会发现原油的影响因素更加简单直接，这为你的投资交易带来很大的好处。

## 原油投资的交割功能甚至可以节省生活成本

部分原油交易所提供实物交割功能，例如，深圳前海首华国际商品交易中心，未平持仓单可以选择以加油卡的方式进行实物交割。

这意味着什么呢?

当你发现原油处于相对低位的时候，当你得知未来油价将要持续上升的时候，你除了马上给自己的车子加满油，还可以建立大量的原油多头头寸，以目前超低的成本，在以后提取加油卡。而在以前，你即使明知道未来油价会暴涨，你也无法提前大量购置原油来节省生活成本。

## 白银市场的稳定，孕育成熟的投资价值

虽说原油市场的投资价值正在迎头赶上白银市场，但是这颗上一任的耀眼明星也在泡沫破灭后逐渐走向稳定，走向成熟。它的风险已经降低了不少，分析指导交易的成功率也已经悄然提升。所以，在原油成为新宠的时代，白银市场依然很适宜作为资产配置的一项必选品种。

原油和白银是国内唯一能高度参与的国际市场品种，而且一高一稳的特性使两者能形成非常好的投资组合。所以可以断定:

原油和白银会是21世纪最赚钱的两个品种!

# 前　　言

## 外国投资书籍未必全部适合我们，国内投资书籍未必都空洞无物

很多投资领域的读者会有这样的体会：国外的著作往往发人深省，而国内的著作通常空洞无物。

诚然，国内投资书籍在深度上无法与外国著作相比拟，所以对于国内著作，我们的本身期望就不适宜过高。试想一下，活过70岁的人，大多懂得一些深厚的人生哲理，很多外国名家都在投资市场沉浸了好几十年，而国内年纪再大的人，沉浸投资市场的时间基本都不超过20年。所以，国内著作的深度必然是无法跟国外著作相比的。

但是，为何外国名家书籍畅销我国，而我国国内投资者却还是普遍亏损呢？

因为外国人的思维与我们不同！这决定了外国名家书籍从根本上并不适合我国投资者！所以，才会有那么多投资者在看过这些名著之后，还寻找其他投资书籍，然后继续埋怨国内一些著作空洞无物。显然，国外名著让他们心灵满足，但是不能使他们腰包充实。

国内广大投资者需要的是一些专业投资者领悟他们的思维后，转化成适合他们的方式，再传授给他们，只求适用、实用。

经历过的人都知道，听起来不错的方法，实践起来经常没用；自己感觉舒服的交易决策，最后往往会以亏损收场！

## 失败的原因可以有很多，成功的原因却只有一个

投资的成功之道并不复杂，因此投资的知识贵在精而不在多。所以，不管是哪一类型的投资者，这本书都会有一部分内容适合你们。

吕超　罗应杰

2015年2月1日

# 目录 Contents

# 第一章 地上最珍贵的两大资源——原油、白银

继“炒股”“炒房”“炒金”之后，“炒银”和“炒油”相继成为21世纪投资一族的潮语。回顾过去几年的投资市场，由于国家政策的配合，白银的光芒显然盖过了黄金，而其后，白银的光芒又被原油的光芒盖过。

白银在2010年9月爆发，仿佛在宣布21世纪10年代的正式来临。银价疯狂的上涨和大幅度的快速波动吸引了国内大量投资者和投机客的目光，人们对白银的投资需求开始了高速的增长，10年代是白银投资的年代。

2002年10月30日，上海黄金交易所正式开业，经过短短几年，中国白银市场得到了快速的发展，成交量逐日活跃。至2011年，中国的白银市场受到广大投资者的关注。白银市场之所以备受关注，主要是因为对比其他投资工具，白银的投资具备更突出的优势。

而早在1999年12月，上海期货交易所的成立已经提供了当时国内第一个投资原油期货的渠道。到2007年12月28日北京石油交易所（以下简称“北油所”）成立，标志着原油的现货交易逐步实现。由于机制尚未完善，直至2014年下半年到来之前，原油投资都还没能够像白银市场那样在国内一炮而红。

## 第1节 与众不同的品种，以暴跌拉开帷幕

### 21世纪的原油

在2007—2008年，原油市场同样拥有同期白银市场一样的超级牛市，甚至上涨幅度比白银市场更加壮观。但因为当时国内还没有好的投资渠道，而且适逢股市、金市大牛市，投资者自然倾向于选择更容易实现的方式。这在上海期货交易所的交易量数据中有客观的反映，如图1－1所示。即使2013年金银交易量有所回落，燃油期货的交易量还是远远不及。

图1－1显示，尽管国内燃油期货市场未受广泛关注，但事实上投资原油期货早有人在，不少精明的投资者很早就积极参与到原油市场（不限于上海燃油

**2013年交易概况**
**Transaction Summary in Year 2013**

| 交易品种 Commodity | 交易日数 Trading Day | 成交金额 Turnover | 成交金额比重 % of Turnover | 日均成交金额 Daily Average | 交割金额 Delivery Value |
|---|---|---|---|---|---|
| cu_f | 238 | 3346472460.31 | 27.69% | 14060808.66 | 1392598.15 |
| al_f | 238 | 48146330.05 | 0.40% | 202295.50 | 598103.89 |
| zn_f | 238 | 180818474.66 | 1.50% | 759741.49 | 277681.51 |
| pb_f | 238 | 4925568.68 | 0.04% | 20695.67 | 324821.58 |
| au_f | 238 | 1070906204.94 | 8.86% | 4499605.90 | 75538.07 |
| ag_f | 238 | 2311097275.92 | 19.13% | 9710492.76 | 424760.99 |
| rb_f | 238 | 2188142579.08 | 18.11% | 9193876.38 | 72163.62 |
| wr_f | 238 | 29173.25 | 0.00% | 122.58 | 0.00 |
| fu_f | 238 | 50215.18 | 0.00% | 210.99 | 1834.47 |
| bu_f | 60 | 27410695.80 | 0.23% | 456844.93 | 0.00 |
| ru_f | 238 | 2905355639.95 | 24.04% | 12207376.64 | 292161.92 |
| Total | 238 | 12083354617.81 | 100.00% | 50770397.55 | 3459664.19 |

**图 1－1　上海期货交易所 2013 年交易概况（数据来源：上海期货交易所）**

期货市场）。只是鉴于杠杆化风险以及国内燃油期货与国际原油市场不严格同步，国内原油投资受到较大的限制。如图 1－2 所示，因为燃油是原油应用的主要领域，所以美国燃油期货走势与美国原油期货走势虽然不是严格一致，但也大致同步。然而，国内燃油期货的走势步伐与国际市场一致性不高，所以给分析和投资交易带来不小的难度，给国人投资提高了门槛。也正因如此，原油投资市场的潜力比现有所有投资领域都强大得多。

所有这些情况，都是 2014 年之前的事情。因为步入 2014 年下半年之后，国内原油市场发生了翻天覆地的变化。借由一个与众不同的契机——国际油价暴跌，国内正式的原油交易所成立，国内原油投资渠道迅速成熟。

这个契机与众不同，因为一般市场的兴起都是大牛市带动的：国内股票市场的兴起是因为 A 股大牛市；国内黄金市场的兴起是因为金市大牛市；国内白银市场的兴起是因为白银市场大牛市。而原油市场却是非常特别地在大熊市中兴起，反映做空机制已经普遍被国人投资者所接受，国人已经意识到盈利不止局限于上涨——这是国人投资者思想成熟的第一个标志，是国人进步的标志。

那么，我们可以从什么渠道投资原油呢？在此之前，有必要对各个主要的原油交易所有所了解。

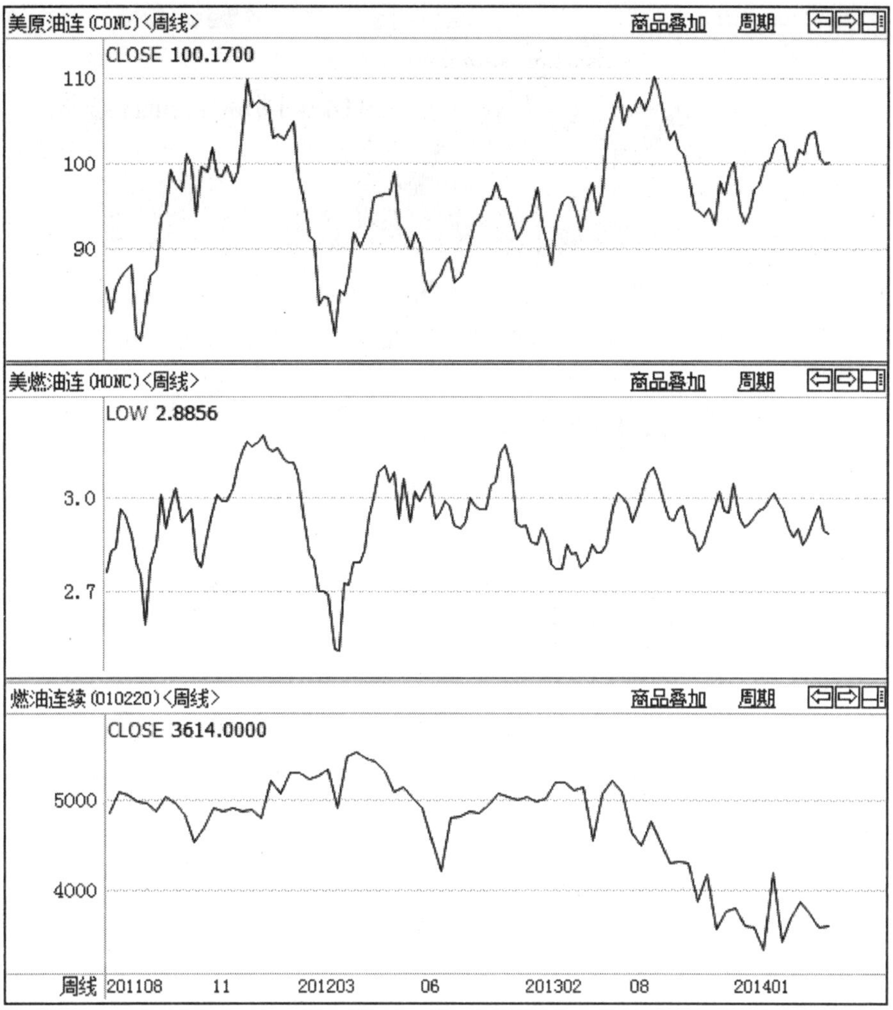

图 1－2

国际原油交易市场以芝商所集团为核心。此外，伦敦洲际交易所（ICE）、位于阿联酋的迪拜商品交易所（DME）、东京工业品交易所和新加坡交易所也是重要的原油交易平台。

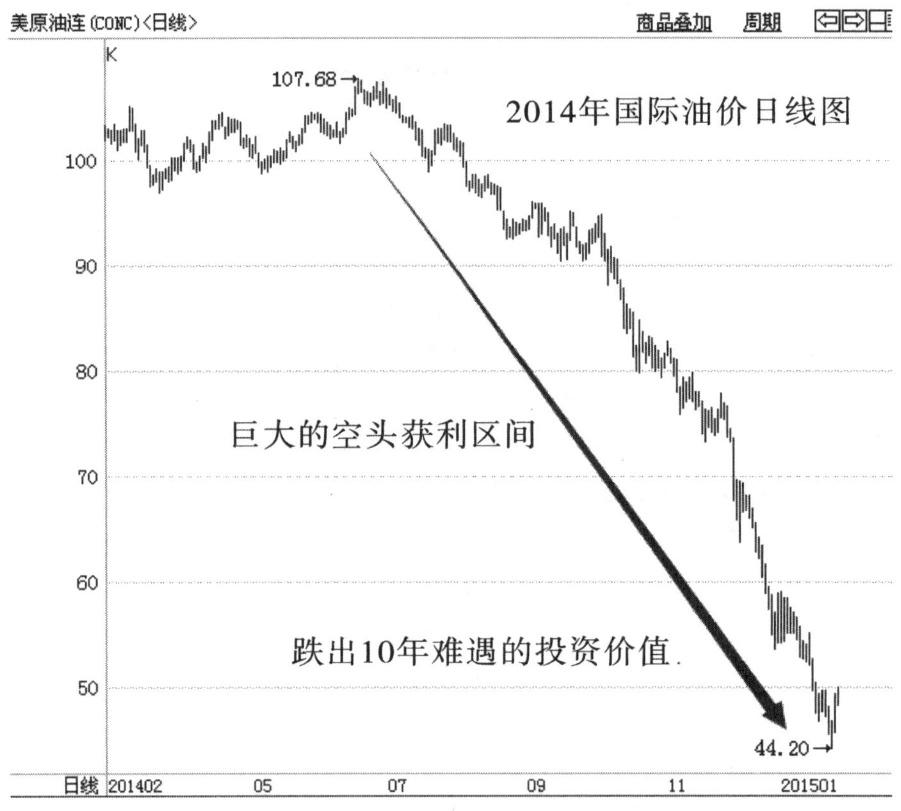


图1－3

## 芝商所集团（CME GROUP）

引领国际期货市场发展的四大交易所分别是芝加哥商业交易所（CME）、芝加哥期货交易所（CBOT）、纽约商业交易所（NYMEX）、纽约商品交易所（COMEX）。它们是整个期货行业的核心，是期货市场的先锋，在超过250年的期货交易史上有着不可磨灭的地位。每个交易所在期货的价格发现与风险管理上都有着重大的贡献，并且共同造就了今日的全球期货市场。

2007年，CME与CBOT合并成立芝商所。2008年，NYMEX与COMEX并入芝商所，世界最大的商品交易所集团正式成立。

按照目前国际石油价格体系，大部分出口到美国的原油都以WTI原油作为基准油进行定价，也有部分采取指数定价。而非洲、俄罗斯、欧洲等出口到中国的原油则以Brent原油作为基准油进行定价；中东等地出口到中国的原油以阿曼原油为基准进行定价。目前，中国从非洲、俄罗斯、地中海、北海等国家和地区进口的原油均以Brent原油作为基准油进行定价，占中国进口原油比例

的45%～50%。

国内原油市场并未向世界市场那样形成领导性的交易所集团，目前处于百花齐放的起步阶段，在国内重要城市和经济特区都有专门的原油交易所或综合性的商品交易所。

## 北京原油交易所

北京原油交易所于2007年12月28日注册成立，于2010年11月2日完成股权重组，是目前北京市唯一一家市属国有资本与原油央企合作建设的原油化工产品现货交易综合服务平台。依托北京丰富的原油石化央企产业资源优势和雄厚的金融资源优势，遵循政府主导、市场化运作的原则，北油所立足现货交易，业务范围覆盖全部原油石化产品交易，为会员提供从交易、融资、结算到交收的全程式综合服务。

北油所在北京市市委、市政府的统筹指导下，通过市级区级配套政策扶持、石化央企资源投放、金融机构服务引导，将快速成为我国石化行业的交易中心、信息中心和价格中心，并逐渐成为我国原油交易行业最具竞争力的平台。

股东构成：

北京市国有资产经营有限责任公司

中国原油天然气股份有限公司

中国中化股份有限公司

中海原油投资控股有限公司

北京国宇伟业资产运营有限公司

北京中油房山燕宾油料销售有限公司

北油所自股改以来，在市委、市政府的领导下，在央企股东的大力支持下，各项业务进展顺利，2012年全年现货交易额达到1005.86亿元，发展驻场会员320余家，为北京市贡献税收近亿元，成为首都首家实现千亿规模的大宗商品交易平台。

2012年11月底，北油所联合中国原油和化学工业联合会共同打造“中国燃料油现货交易平台”，自平台上线以来，交易量取得重大突破，截至6月底，2013年交易额已突破千亿元，较去年同期翻番。

北油所承担的“北京市危险化学品集中管理体系建设”于2013年6月18日得到市政府专题会的讨论通过，并将于近期正式启动相关工作。

北油所推出的现货贸易融资“通系列”产品的融资需求突破20亿元，单笔成功融资额达4000万元。

## 深圳前海首华国际商品交易中心

深圳前海首华国际商品交易中心（简称“交易中心”）经深圳市人民政府金融发展服务办公室、深圳市交易场所监督管理联席会议批准成立，由首华财经网络集团有限公司（香港联交所上市代码：08123）、深圳证券交易所旗下深圳市全景网络有限公司、云南德胜钢铁集团有限公司共同发起组建。

为了响应《国务院关于支持深圳前海深港现代服务业合作区开放有关政策的批复》《深圳市金融业发展十二五规划》和《深圳市支持金融业发展若干规定实施细则》的精神，本着“科学发展、先行先试”的原则，交易中心结合深圳前海“特区中的特区”的特殊地理优势和深圳本土大宗商品、珠宝行业的情况，推动国际化现货商品电子交易平台建设，并致力于打造连接粤港澳的跨境人民币现货商品电子交易市场，以繁荣深圳现货产业，规范现货商品交易，拓宽金融服务领域，促进国内现货商品交易市场与国际市场的接轨，力争将交易中心建设成为辐射全国，连通亚太，具有国际核心竞争力和定价功能的商品交易中心。

交易中心通过搭建即时高效的现货电子交易体系，为当地企业提供销售和融资服务，通过信息透明、交易公开的定价机制实现现货商品产业链的资源整合，为实体经济产业升级和结构调整提供必要的支持，通过便捷顺畅的服务为投资者提供产品选择、分享资源、资产增值的渠道。

## 深圳原油交易所

为落实国务院赋予深圳前海深港现代服务业合作区探索推动新型要素交易平台建设的历史使命，经深圳市人民政府批准，深圳原油化工交易所（以下简称“深油所”）于2011年9月成立，并成为深圳前海深港现代服务业合作区首批入驻重点企业之一。2012年8月5日，深圳原油化工交易所举行揭牌仪式，全国人大常委会副委员长华建敏、国务院国资委副主任黄淑和、深圳市市长许勤、副市长陈应春以及国家部委、石化央企负责人出席了仪式。2012年11月深圳原油化工交易所通过了包括中国证监会在内的国务院部际联席会议成员单位的备案审批，这标志着深圳原油化工交易所在国家层面获得了交易场所运营资格。

2012年年底，深油所被列入国家财务部、商务部批准的前海深港现代服务业合作区综合试点企业和项目。2013年1月9日在深圳市市委常委、副市长陈应春，副秘书长盛斌以及相关部门领导的共同见证下，深圳原油化工交易所成功举行了首个交易日启动仪式，标志着深圳原油化工交易所原油化工产品现货

正式开市交易。2013 年 3 月，“深圳原油化工交易重大产业服务平台”列入财政部、商务部和市政府资助的前海现代服务业综合试点项目；2013 年 8 月 5 日深油所现货协议、现货即期、现货挂牌和现货专场四种现货交易模式全面上线；2013 年 10 月 22 日由深油所联合国家甲醇网打造的“中国甲醇现货交易平台”正式启动，这是国内首个国家级的甲醇现货交易平台。

股东包括：中国原油化工集团公司、中国航空油料集团公司、珠海振戎公司、深圳市前海开发投资控股有限公司、建银国际（深圳）投资有限公司、深圳市中化美林原油化工有限公司等。

以国内国际需求量最大的原油、成品油、燃料油、航空煤油、LNG、LPG 等原油化工产品为主要交易品种，根据市场需求情况，逐步将业务品种拓展至原油化工产业链的绝大部分产品，包括润滑油、溶剂油、石脑油、液化原油气、酸碱、芳烃、烯烃、酚醛、醇类、合成橡胶等，丰富交易品种体系。

深油所运营初期以现货交易为主，以现货协议交易、现货挂牌交易、现货专场交易和现货即期交易为主要交易方式。中远期交易模式逐步以现货交易为基础，在国家政策允许的情况下，积极开展远期合约、期货等金融产品交易模式。

## 上海期货交易所

上海期货交易所是依照有关法规设立的，履行有关法规规定的职责，受中国证监会集中统一监督管理，并按照其章程实行自律管理的法人。上海期货交易所目前上市交易的有黄金、白银、铜、铝、锌、铅、螺纹钢、线材、燃料油、天然橡胶、石油沥青、热轧卷板 12 种期货合约，并推出了黄金、白银和有色金属的连续交易。

上海期货交易所坚持以科学发展观为统领，深入贯彻国务院关于推进资本市场改革开放和稳定发展的战略决策，依循“夯实基础、深化改革、推进开放、拓展功能、加强监管、促进发展”的方针，严格依照法规政策制度组织交易，切实履行市场一线监管职责，致力于创造构建安全、有序、高效的市场机制，营造公开公平公正和诚信透明的市场环境。长期目标是：努力建设成为规范、高效、透明，综合性、国际化的衍生品交易所；未来 5 年的目标是：建设成为亚太时区领先、具有全球重要影响力的商品期货、期权及其他衍生品的交易所。

上海期货交易所现有会员 200 多家（其中期货公司会员占近 77%），在全国各地开通远程交易终端 700 多个。

## 渤海商品交易所

推进天津滨海新区开发开放，是党中央、国务院从我国经济社会发展全局出发做出的重大战略部署。《国务院关于推进天津滨海新区开发开放有关问题的意见》（国发〔2006〕20号）明确了推进天津滨海新区开发开放的重大意义、指导思想、功能定位和主要任务，批准天津滨海新区为全国综合配套改革试验区。在国务院批复的《天津滨海新区综合配套改革试验总体方案》中明确要求天津“加快现代市场体系建设。充分发挥北方对外开放门户的作用，按照把天津建成北方国际贸易中心的要求，加快石油化工、煤炭、钢材、棉花、粮食等大型商品交易市场建设，进行商品远期合约交易业务的探索”。

为贯彻落实党中央、国务院的战略部署，加快天津现代服务业发展，在天津市市委、市政府的关心支持下，天津市人民政府发起并批准设立了天津渤海商品交易所（津政办函〔2009〕6号）。为确保交易所的健康、规范发展和市场功能的发挥，天津市人民政府制定并发布了《天津渤海商品交易所交易市场监督管理暂行办法》（津政发〔2009〕32号），并成立了由分管市领导担任主任的天津渤海商品交易所市场监督管理委员会，对交易所、交易商以及交易所内的商品交易活动进行规范、监督和指导。

渤海商品交易所以全球首创的渤海商品交易所现货交易（Bohai Exchange Spot Trading，简称BEST交易），通过现货即期交易、延期交收补偿和中间仓补充交收制度保障商品现货的实物贸易，通过覆盖全国的市场服务网、资金结算网、仓储物流网和产品宣传网，为生产、消费和经营企业的实物贸易提供功能完备的服务保障。渤商所是企业“买货、卖货、融资、融货”的理想平台，不断推出新挂牌商品，为石化、能源、金属、农林领域的企业建立新型的销售和采购渠道，降低贸易成本，实现“生产者增收、消费者节支、经营者轻松交易做大贸易”。

## 厦门原油交易中心

厦门原油交易中心有限公司由泰地集团、海投集团、海澳集团三方共同出资组建，于2010年6月3日正式成立。一期注册资金5000万元。该交易中心现位于厦门海沧台商投资区海沧新城海投商务大厦，预计3年后迁入海沧新城CBD核心区的交易中心大厦。目前厦门原油交易中心已吸引意向入驻会员100多家，并计划3年内交易额突破500亿元，5年内突破1000亿元。

厦门原油交易中心有限公司由厦门政府批准，位于海沧CBD，股东单位包括：泰地控股集团有限公司、厦门海沧投资集团有限公司、厦门海澳集团有限

公司，于2010年9月28日正式挂牌成立。

2010年9月28日上午，厦门原油交易中心在海沧举行了隆重的揭牌仪式。一个凝聚国内外原油企业，以现代化科技手段促进原油贸易，服务海西及全国经济发展的大平台正式亮相。

厦门原油交易中心的建设得到各级领导的高度重视，省、市主要领导都对原油中心的发展给予了重要指示。市、区两级政府还出台系列优惠政策予以扶持。厦门原油交易中心的建设不仅为民营原油企业发展创造了一个很好的平台，而且通过创造多元市场，有利于进一步保障我国原油战略安全，此外，对于平抑原油价格、保障供给、做大做强经济总量、提高海西的影响力等也有积极意义。

随着电子交易与现货交易的互动发展，交易量增加、影响力提高，厦门原油交易中心将逐步发展成为国际性原油交易平台，为中国原油话语权贡献力量。据了解，厦门原油交易中心将打造成一个立足海西、辐射全国的国际性原油现货交易平台，最终成为原油行业内的交易中心、信息中心、金融中心、物流中心，为推动海峡两岸的经济合作与发展做出贡献。

辐射海峡两岸和东南亚地区为主的厦门原油交易中心总部大楼29日封顶，标志着这个快速发展中的海西唯一的原油交易平台建设再上层楼。总经理杨瑞军说，中心交易额已突破430亿元，总部大楼投入使用后，中心年交易额有望突破1000亿元。

## 上海原油交易所

上海原油交易所是在国家商务部“创建中国现代原油市场”课题研究的基础上，经上海市发展与改革委员会批准成立并注册于浦东新区的能源要素市场。交易所注册资本1.05亿元，股东包括上海久联集团有限公司（申能集团全资持股）、中国原油国际事业有限公司、中国石化销售有限公司、中海原油投资控股有限公司和中化原油有限公司。

上海原油交易所的发展得到了上海市政府的高度重视和积极支持。2003年，上海市政府将上海原油交易所的创建工作列入《上海市发展服务业行动纲要》之中，2006年浦东新区政府将上海原油交易所纳入国务院批准的浦东新区综合配套改革试点单位。

作为上海市能源行业的龙头企业，申能（集团）有限公司将整合内部各类上下游资源投入上海原油交易所参与交易，全力支持上海原油交易所在能源要素市场方面的建设工作。

上海原油交易所的发展目标和定位是：立足能源现货市场，依托国内大型能源企业，服务能源产业发展；以天然气和液化原油气现货竞买交易为突破口，由易到难，由单一品种到多品种，由现货竞买交易到多种现货交易方式，打造国家级能源要素市场和定价中心。

### 大连原油交易所

大连原油交易所是在原大连保税区石化产品交易市场的基础上变更成立的，原大连保税区石化产品交易市场的100多家会员企业全部转为大连原油交易所会员。是在大连市政府及大连保税区管委会提供的政策优势基础上，由中原油集团所属的辽河油田投资设立的全资公司。采取会员制的经营运作模式，为会员企业提供地方性成品油经营权，同时，政府按缴纳税收额度，给予会员企业财政补贴。目前共有会员企业230多家。交易方式为传统贸易方式与现代电子交易方式相结合的现货交易。

## 第2节　从锋芒毕露到怀才不遇

### 21世纪的白银

回忆10多年前一度被忽略的白银价格，它在2011年4月已经上涨了10倍，这就是白银的锋芒。不鸣则已，一鸣惊人。2010年8月底白银价格终于爆发，开始以惊人的速度飙升，2010年全年白银价格上涨了80%，成了2010年全球最赚钱的投资商品之一。被称为“黑金”的原油在2007年开始的一年半时间内价格上涨了3倍，涨幅比同期的金价，甚至股市的最大涨幅还要大。

从整个年代牛市波段来看，油价从2002年15美元/桶起涨，最大涨幅达10倍；银价从2003年5美元/盎司起涨，最大涨幅也达到10倍。而同一年代，金价从2002年280美元/盎司起涨，最大涨幅只有不到7倍；中国股市从2005年1000点起涨，最大涨幅也只有6倍。

古时候，在灾难来临之前人们习惯说“收拾细软”，白银就是所指的细软之一。再看今天的白银，已经不再“细”，不再“软”了，因为白银已经由当初的货币属性向投资商品属性转变，人们现在购买投资金条银条时，甚至是以公斤为单位。

2010年和2011年间，由于白银价格的持续走高，民众对白银的投资热情不断升温。投资的低门槛更是使得白银成为投资界的新宠。投资银条等与白银相关的产品也迎来了消费的狂潮，投资银条的销售量迅猛上升，投资银条的缺货成了很多卖场的常态。

上海黄金交易所推出的白银延时交易Ag（T+D）、天津贵金属交易所的天

通银，以及后来广东贵金属交易所的粤贵银，因为在投资方式上具有低门槛、高收益等优势，在步入2010年后备受广大投资者的青睐。光是Ag（T+D）在2011年上海黄金交易所的数据统计，成交量和交易金额就从2007年1月的1.187万手、4292万元分别上涨至2011年4月的3273万手、3129.6亿元。在4年之间成交量增加了2700多倍，交易金额增加了接近7300倍！

虽然在2011年5月初，以拉登的死讯为导火索，结束了长达几年的白银超级大牛市，又一次经历大泡沫的破灭（20世纪80年代已经出现过一次超级大泡沫破灭，详细请看下文“昔日的‘疯狂’史”），但中国市场的大举进入，为世界白银市场注入了很大的生机。所以，此次破灭不同于上次，这次破灭后银价不是全部回吐，只是回吐了60%；这一轮世纪过山车之后并不是回归沉寂，而是逐步走向成熟。

笔者在2011年8月（当时银价还在40美元/盎司上方）出版的《白银投资技巧入门篇》中，曾经明确提醒投资者银价很可能会出现类似20世纪80年代的暴跌风险。极大的行情平均在每一代投资者身上只会出现一次，所以对这种黑天鹅冲击，普遍投资者不具备经验。现在回顾当时中国白银投资者大规模亏损的惨剧，仍然历历在目。

## 昔日的“疯狂”史

银价这样疯狂上涨，疯狂下跌，不得不让人回忆起白银史上的传奇故事——亨特兄弟“银梦”破灭记：

20世纪70年代初期，白银价格长时间在2美元/盎司附近缓慢爬行，并没有出现快速上扬的行情。由于银是电子工业和光学工业的重要原料，邦克·亨特和赫伯特·亨特兄弟认为如果能够悄悄地垄断这个市场，一定能够给自己带来巨大的收益。

白银价格从1973年12月的2.9美元/盎司开始启动和攀升。此时，亨特兄弟已经持有3500万盎司的白银合约。不到2个月，价格涨到6.7美元/盎司。当时墨西哥政府囤积了5000万盎司的白银，购入成本均在2美元/盎司以下。在墨西哥看来，每盎司6.7美元的价格已经相当可观，所以墨西哥政府决定立时获利。墨西哥人冲垮了市场，银价跌回4美元左右。

此后的4年间，亨特兄弟更加积极地买入白银，到1979年，亨特兄弟通过不同公司，伙同沙特阿拉伯皇室以及一些大的白银经纪商，拥有和控制着数亿盎司的白银。当他们开始行动时，白银价格正停留在6美元/盎司附近。之后，他们在纽约商业交易所（NYMEX）和芝加哥期货交易所（CBOT）以每盎司6～7美元的价格大量收购白银。年底，他们已控制了纽约商业交易所53%的存银和芝加哥期货交易所69%的存银，拥有1.2亿盎司的现货和0.5亿盎司的期货。

在他们的控制下，白银价格不断上升，到1980年1月17日，银价已涨至每盎司48.7美元。1月21日，银价涨至有史以来的最高价，每盎司为50.35美元，比一年前上涨了8倍多。

这种疯狂的投机活动，造成白银的市场供求状况与生产和消费实际脱节，市场价格严重偏离其价值。最后，纽约商业期货交易所在CFTC的督促下，对1979—1980年的白银期货市场采取措施，这些措施包括提高保证金、实施持仓限制和只许平仓交易等。其结果是降低空盘量和强迫逼仓者不是退出市场就是持仓进入现货市场，当然，由于需要占用大量保证金，持仓成本会很高。当白银市场的高潮在1980年1月17日来临之时，意图操纵期货价格的亨特兄弟无法追加保证金，在1980年3月27日接盘失败，白银市场价格出现了下跌。

价格下跌时，索还贷款的要求降临在亨特兄弟面前。他们通过借贷来买进白银，再用白银抵押来贷更多款项。当时他们的抵押品的价值日益缩水，银行要求更多的抵押品。3月25日，纽约投资商Bache向亨特兄弟追索1.35亿美元，但是他们无力偿还。于是Bache公司指示卖出亨特兄弟抵押的白银以满足自己的要求。白银倾泻到市场上，价格崩溃了。短短几个月，白银从50.35美元的历史高位下挫至10美元，跌幅达到八成以上。

## 昨日锋芒毕露，今日怀才不遇

经历了不到2年时间，银价奇迹般地把之前的超级大牛市吞没得干干净净，甚至跌入20美元/盎司下方，如图1-4所示。

20美元/盎司下方意味着什么呢?

在大约10年前，银价盘桓于10～20美元/盎司的价格区间，这就是当时的合理价格区间。经历了10年的通胀和经济发展，银价早该上一个台阶。但事实是，目前银价已经跌进10年前的价格区间。这是市场对银价严重的低估!

在发达国家，白银和原油投资已有100多年的历史，国际上的白银投资市场交易体系完善、运作机制健全，投资环境成熟。相比之下，中国的白银市场起步相对较晚，目前在中国还是新兴的投资市场，有待进一步发展。而中国的原油市场起步虽然比白银市场还要早一点，但起步的路途有点坎坷。

中国金融行业自对外开放以来，直到2002年上海黄金交易所成立，中国的白银投资市场才开始起步。随着中国经济的快速发展，国民收入和国民总财富持续增加。人们的理财形式也逐渐从储蓄转向其他投资市场，而白银作为一个耀眼的新投资品种，很快就受到广大投资群体的关注。

在上海黄金交易所成立初期，中国的白银市场都是相对封闭的市场，金交所的交易主要以场内交易、实物白银交易为主，缺乏以投资为目的的机构和个人参与，白银价格的波动幅度和弹性都较差，不能完全和国际市场接轨。上海

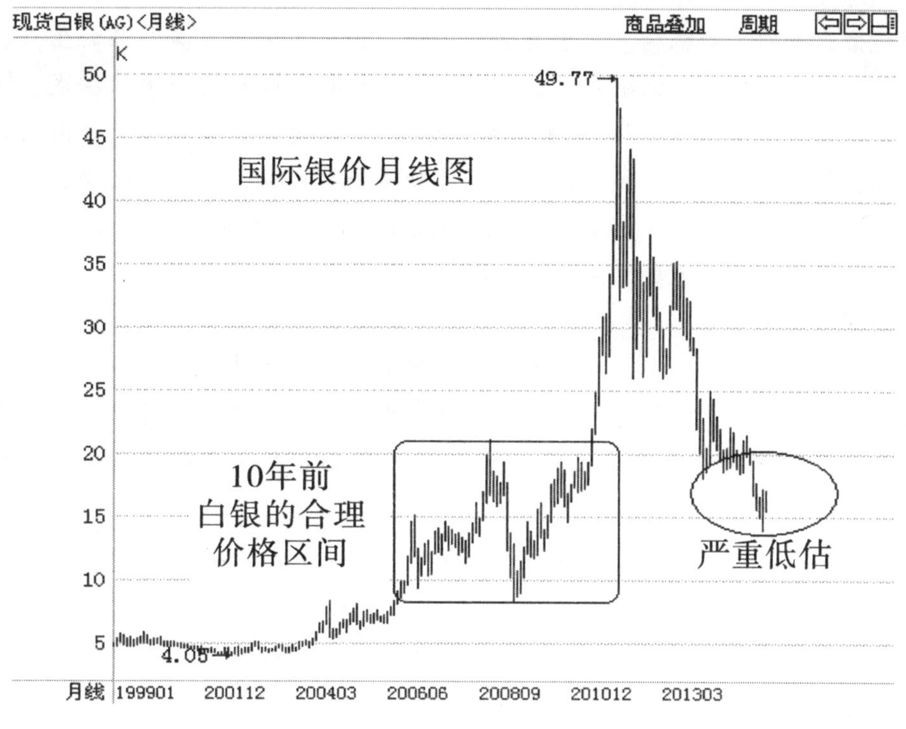


图1-4

期货交易所的原油期货也是相似的情况。相比之下，国际白银市场则是场外交易市场，而且是白银现货延期交割的交易模式，因此很多机构和个人都参与到国际投资当中。

为了完善我国白银市场，使白银更具投资吸引力，我国也积极向国际投资市场学习，不断推出新的白银投资品种，使白银市场逐渐活跃起来。目前，国内最早活跃起来的白银投资品种是上海金交所的白银 T+D。2008 年，天津贵金属交易所成立，推出了可以 24 小时不间断交易的现货白银交易，也称天通银，其连续交易的优势使其投资群体逐渐赶上白银 T+D。国内的市场正不断地完善，进一步与国际市场接轨，上海期货交易所也紧随其后推出白银期货新品种。

## 上海黄金交易所

2002 年 10 月 30 日，上海黄金交易所正式成立。上海黄金交易所的正式开业是我国贵金属管理体制改革的重大突破，为我国金融市场建设了新的篇章。

上海黄金交易所是经国务院批准，由中国人民银行组建，在国家工商行政管理局登记注册的，不以营利为目的，实行自律性管理的法人。上海黄金交易所遵循公开、公平、公正和诚实信用的原则组织黄金、白银、铂等贵金属交易。

上海交易所实行会员制组织形式，会员由在中华人民共和国境内注册登记，从事黄金业务的金融机构，从事黄金、白银、铂等贵金属及其制品的生产、冶炼、加工、批发、进出口贸易的企业法人，及具有良好资信的单位组成。现有会员162家，分散在全国26个省、市、自治区；交易所会员依其业务范围分为金融类会员、综合类会员和自营会员。金融类会员可进行自营和代理业务及批准的其他业务，综合类会员可进行自营和代理业务，自营会员可进行自营业务。目前会员单位中年产金量约占全国的80%；用金量占全国的90%；冶炼能力占全国的90%。

上海黄金交易所的交易方式是：标准黄金、铂金交易通过交易所的集中竞价方式进行，实行价格优先、时间优先撮合成交；非标准品种通过询价等方式进行，实行自主报价、协商成交。会员可自行选择通过现场或远程方式进行交易。

上海黄金交易所主要实行标准化撮合交易方式。交易时间为每周一至周五（节假日除外）9：00～11：30，13：30～15：30，21：00～2：30。

目前，交易的商品有黄金、白银和铂金，交易标的必须符合交易所规定的标准。黄金有Au99.95、Au99.99、Au50g、Au100g四个现货实盘交易品种，Au（T+5）与Au（T+D）两个延期交易品种及Au（T+N1）、Au（T+N2）两个中远期交易品种；白银有Ag99.9、Ag99.99现货实盘交易品种和Ag（T+D）现货保证金交易品种；铂金有Pt99.95现货实盘交易品种。

中国银行、中国农业银行、中国工商银行、中国建设银行和深圳发展银行、兴业银行和华夏银行等作为交易所指定的清算银行，实行集中、直接、净额的资金清算原则。交易所实物交割实行“一户一码制”的交割原则，在全国37个城市设立55家指定仓库，金锭和金条由交易所统一调运配送。

上海黄金交易所采用撮合交易制度，撮合投资者之间进行交易，交易所本身并不参与市场交易。这样的交易模式只有当市场达到相当高的容量后才具备较高的有效流动性。其目前的市场流动性对于一般个人和中小机构而言已经足够。

### 深圳前海首华国际商品交易中心

深圳前海首华国际商品交易中心在上一节已经介绍过。深圳前海首华国际商品交易中心不仅是国内原油的主要交易所之一，也是国内主要的白银交易所之一。这是它区别于其他原油交易所的优势之一。

下面通过对世界最大的白银ETF持仓变化和白银T+D业务起步前后的成交量的增长情况的简要介绍，体现国内外日益活跃的白银市场。

## 白银 ETF 持仓路线

白银 ETF 基金是指一种以白银为基础资产，追踪现货白银价格波动的金融衍生产品。由大型白银生产商向基金公司寄售实物白银，随后由基金公司以此实物白银为依托，在交易所内公开发行基金份额，销售给各类投资者，商业银行分别担任基金托管行和实物保管行，投资者在基金续存期内可以自由赎回。白银 ETF 在证券交易所上市，投资者可像买卖股票一样方便地交易白银 ETF。

白银 ETF 持仓量很高，所以他们的白银买进卖出操作往往会影响白银市场的价格。世界上最大的白银 ETF 基金是美国巴克莱资本旗下的 iShares Silver Trust（SLV）公司的白银 ETF，它很大程度上代表了白银基金的持仓，对白银市场的走势有标杆的作用。其持仓量变化往往对白银价格的后续走势产生较大的影响。随着世界白银市场的逐渐活跃，白银 ETF 的持仓也日渐增加。图 1－5 所示的是白银 T＋D 业务起步前后的持仓量变化，在短短的 16 个月内，白银持仓量已经大幅增加了 20% 以上。

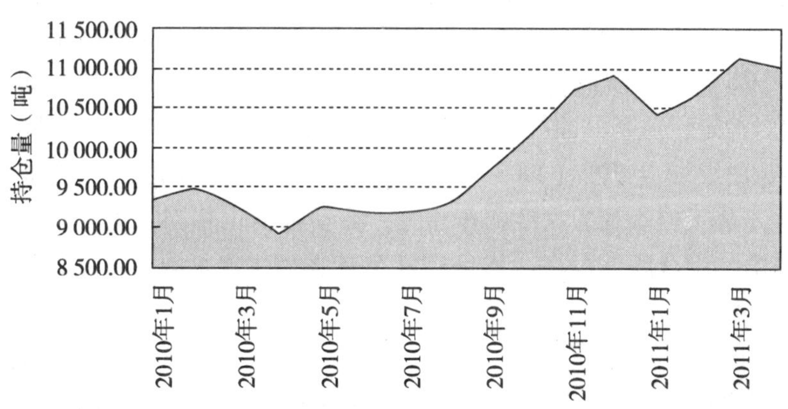


**图 1－5 美国 SLV 公司的白银 ETF 月末持仓量（2010—2011 年）**

虽然经历 2011 年 5 月暴跌以来，银价似乎一蹶不振，但从白银 ETF 的持仓量来看，白银 ETF 并没有像普通投资者那样大量抛售白银，而是悄然重新加仓布局。2011 年到 2014 期间，持仓量稳守在 2010 年起步加速突破的起步线（9500 吨）上方，如图 1－6 所示。

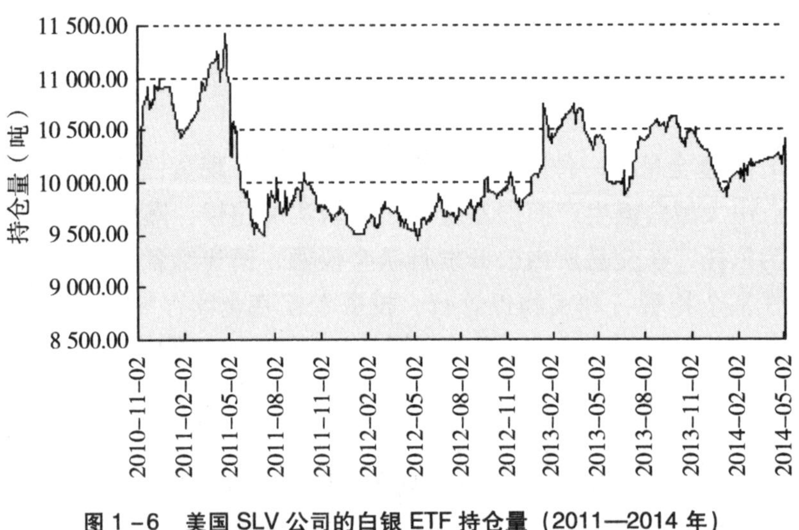


图 1-6　美国 SLV 公司的白银 ETF 持仓量（2011—2014 年）

## 第 3 节　最具投资价值的商品

原油是大宗商品的代表，好比股市里面航母级别的蓝筹股。原油在大宗商品指数（CRB 指数）里的权重最高，所以原油价格即使有暴涨暴跌的时候，其走势也相对稳定，这是原油投资价值的一个重要体现。图 1-7 是国际油价与大宗商品指数的叠加走势图（2003—2014 年的周线图），可以看到，原油价格的走势与 CRB 走势不但表现为高度的正相关，波动幅度也相当接近，所以原油价格与 CRB 指数的吻合程度很高。其中 2011 年的偏离主要是源于黄金大牛市，黄金在大宗商品指数中的权重也很高。

原油价格的稳定性还体现于它的可替代性（详见下文“其他产油办法”）。因为随着科技的进步和人类不断的探索，原油并不是无法取代的，所以油价不会泡沫式暴涨；但是原油的替代物或替代生产方法成本较高，所以油价也不会出现非理性暴跌。因此，在商品市场暴涨的时候，原油市场发挥稳定、缓冲市场的作用；在商品市场泡沫破灭的时候，原油市场也是受冲击较小的。

此外，原油的投资价值并不在于盲目看涨。原油走势很大程度上反映和取决于宏观经济形势，因此原油的投资价值是蕴藏在经济周期之中的。

### 其他产油办法[①]

随着油价的飞涨，其他生产油的技术越来越重要。这些技术中最重要的是

① 本段内容来源：维基百科（http：//zh. wikipedia. org/wiki/石油）。

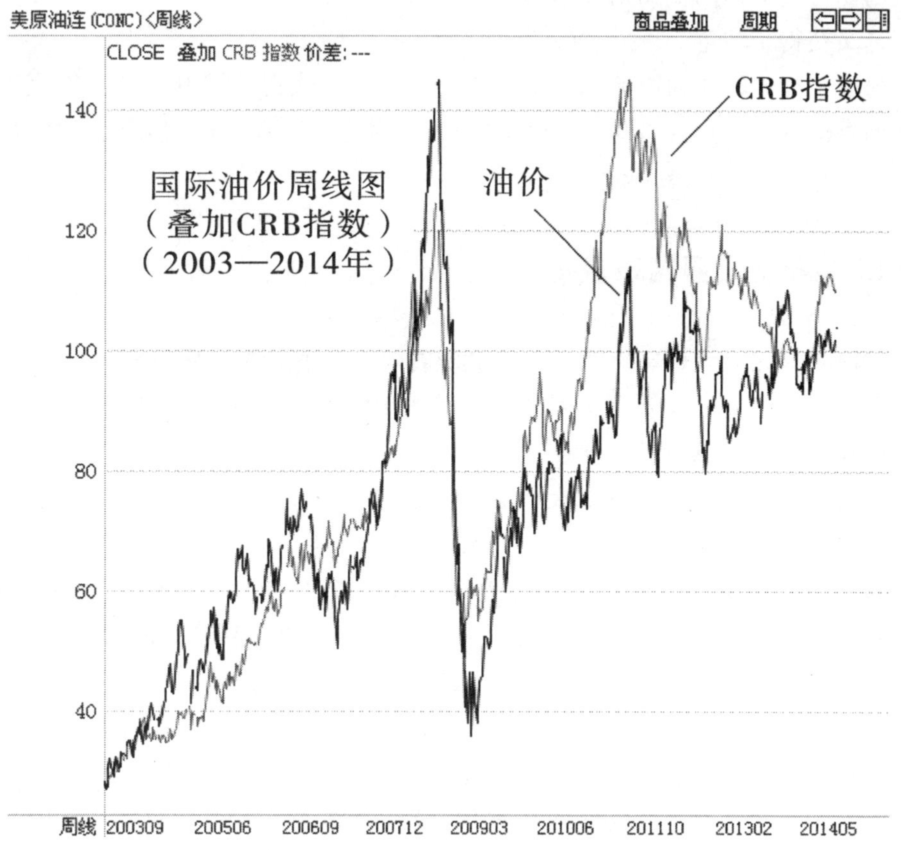


**图 1-7 国际油价与大宗商品指数的叠加走势图**

从焦油砂和油母页岩提取石油。虽然地球上已知的有不少这些矿物，但是要廉价地和尽量不破坏环境地从这些矿物提取石油依然是一个艰巨的挑战。另一个技术是将天然气或者煤转化为合成石油（这里指的是石油中含有的不同的碳氢化合物）。

这些技术中研究得最透彻的是费托合成。这个技术是第二次世界大战中纳粹德国为了补偿德国进口石油被切断而研究出来的。当时德国使用国产的煤来制造代替石油。"二战"中德国半数的用油是使用这个工艺产生的，但是这个工艺的成本比较高。在油价低的情况下它无法与石油竞争，只有在油价高的情况下它才有竞争力。通过多重工艺过程，这个技术可以将高烟煤转换为合成油，在理想状况下从 1 吨煤中可以提炼 200 升原油和众多副产品。

目前有两个公司出售它们的费托工艺技术。马来西亚民都鲁的壳牌公司使用天然气作为原料生产低硫柴油燃料，南非的沙索公司使用煤作为原料生产不同的合成油产品。今天南非的大多数柴油是使用这个技术生产的。当时南非发展了这个技术以克服它因为种族隔离受到制裁所导致的能源紧缺。近年来对柴油机的环保要求提高使得对低硫柴油的需求量加大，再加上油价上涨，因此这个工艺又获得了注意。

另一个将煤转化为原油的技术是20世纪30年代在美国发明的卡里克工艺。最新的类似的技术是热解聚，使用这个工艺理论上可以将任何有机废物转化为原油。

## 12届年会凸显国家重视

2013年9月4～6日，第十二届中国国际白银年会在昆明隆重召开。值得注意的是，2013年已经是第十二届了，在过去10多年里，当白银表现还是默默无闻的时候，国家已经一直在重视这个领域。

中国国际白银年会是由五大协会（中国五矿化工进出口商会、世界白银协会、中国珠宝玉石首饰行业协会、中国商业联合会、中国有色金属工业协会）鼎力铸就的一个国际化的、多赢的平台。从2002年开始，已经成功举办了11届。作为业内最重要的专业性会议，白银年会是全行业智慧交融的舞台，是云集国内、外业界名流，获得各级政府支持和关注的国际会议。

2013年，中国国际白银年会将迎来第十二届庆典。在全球经济“低增长”常态化及中国经济增长放缓的大背景下，白银工业的健康发展备受瞩目。上游冶炼行业如何利用副产白银提高竞争力，下游加工企业如何实现产品转型升级；整个行业如何推进技术进步，发展循环经济链条，加强产业金融融合，提高整体实力，是年会讨论的热点。

图1－8　第十二届中国国际白银年会盛况（1）

图1－9　第十二届中国国际白银年会盛况（2）

9月5日上午，举行了《世界白银年鉴2013》中文版首发式。该书由世界白银协会编纂，中国五矿化工进出口商会和北京安泰科信息开发有限公司编译。9月6日上午11时50分，举行了会鼎和会旗交接仪式。

会议期间，中宝协参会人员就白银产业的现状、前景等与其他参会代表进行了交流。部分人士对此表示乐观。与前几届一样，白银首饰企业参会人员非常少。有个别目前生产白银制品的企业对白银首饰业的前景非常看好，表示在不久的将来会增加白银首饰制造业务，并愿意加入到中宝协的大家庭中。

## 投资领域，白银更具优势

自上海黄金交易所推出白银延时交易Ag（T+D）以来，因为开户手续、交易机制等方面的不完善，白银市场一直没有得到投资者的热捧。但是，随着天通银、粤贵银等新主流品种的推出，市场机制逐渐成熟、开户手续日益便捷。中国白银市场以2010年9月银价开始暴涨为契机，国民参与程度开始飙升。为什么白银投资在近年来备受关注？下面以交易量增长最快的天通银为代表，跟其他投资领域进行逐一对比，体现白银投资的优势。

## 白银vs股票、基金

2007年第4季度，当上证指数从6000点上方快速下跌至不足2000时，很多股民、基民都对股市怨声四起，被套者比比皆是。随后长达超过7年的低位震荡让股民对股市逐渐灰心丧气。白银市场正是在股市最糟糕的时候平地崛起，虽然在泡沫破灭后同样进入长时间的低迷期，但对比股票、基金市场，白银市场依然受欢迎，大部分白银投资者仍然参与其中。这是因为白银投资在很多方面都具备优势：

1. 交易时间灵活，适合上班族投资

由于天通银可以在晚上进行交易，而且波动最活跃的时候也恰恰是在晚上，所以非常适合平时白天需要上班的投资者，免去了买股票和基金一定要在白天看盘的麻烦。

2. 交易多样化，有做空机制

A股市场因为没有做空机制，资金被套过后，只能等到股票价格涨上去了才会盈利，投资者比较被动。而天通银拥有做空机制，无论银价涨跌，均有盈利机会，不需要像股票、基金那样只能被动等待做多的机会，白银市场无论是牛市还是熊市，均有获利的机会。

3. 保证金模式，投入资金少，获利空间大

天通银只需要8%～20%的保证金就可以投资，这种交易手段减轻了市场参与者的资金压力。不但适合大资金的投资者，也非常适合白领一族，甚至是学生阶层，而且保证金交易令盈利空间大幅提升。

4. T+0机制，实现更高的资金周转率

天通银业务中没有交割的时间限制，持仓多久均可，由投资者自己把握，不像股票和基金，必须等到买入的第二天才能卖出，这样可以大大提高投资者的资金周转率，投资者可以非常灵活地使用投资成本。

5. 交易对象单一，操作方便

股票投资要从近2000只股票里选出几只股票来买卖，基金的品种也日益繁多，选好了还要逐一分析，费时费力，工作量大。而天通银只有方向的选择（做多或做空）及仓位的控制，简单易操作。

6. 市场容量大，庄家控盘难度极大

虽然广大散户没办法控制某只股票的走势，但是主力机构控制是非常容易的，这就导致了散户处于任由宰割的地位。而天通银是以国际现货白银市场为基础，有巨大的市场容量及成熟的交易规则，所以庄家控制的难度极大，从而投资者的利益能得到很大的保障。

## 白银vs股指期货

天通银市场和股指期货市场在国内都属于发展初期，但是对比股指期货交易，天通银除了具备以上和股票市场对比的大部分优势外，还具有以下优势：

1. 入市门槛低

股指期货的开户标准不低于50万元人民币，只适合机构投资者或大资产投资者参与，相比之下，天通银没有入门门槛，适合各个类型的投资者。

2. 交易时间灵活，无交割风险

天通银没有交割时间的限制，不像股指期货，到期必须进行交割，这样就可以让入市资金得到更加灵活的应用，方便投资者对风险的控制。

3. 市场活跃，有较好的流动性

因为股指期货的入市门槛很高，而且在国内建立起市场的时间较短，因为市场活跃程度不够。众所周知，流动性不足的市场走势很多时候不符合技术常态，也就是存在所谓的流动性风险。而天通银市场完全不存在这种问题。

## 白银 vs 黄金

2010 年以来，白银 T + D 业务得到快速发展，成交量和成交额已经远远大于黄金 T + D。黄金和白银的业务有很多相同的特点，为什么白银会更受投资者欢迎呢？除了白银的入门门槛更低、获利空间更大、国家政策倾斜之外，最重要的原因是——白银比黄金涨得快！

如图 1 – 10 所示，虽然随着 2011 年银价暴跌，金银价格比震荡上行，但随着白银市场逐渐成熟，进入 2014 年后，金银价格比初步下破上行通道，而且距离 50 倍基准线较远，预示将迎来一波明显下跌。金银价格比的下跌意味着什么呢？意味着在接下来的阶段，白银的上涨潜力将明显强于黄金！

**图 1 – 10　金银价格比率走势（数据来源：彭博社）**

与白银相似，对比股票、基金、股指期货等，原油也具有同等优势。未来天通原油、原油 T + D 等品种面世后，原油的优越投资价值将会尽情展现。

# 第4节　投资平台的风险防范

做原油投资，甚至所有风险投资，都必须防范两大风险：

一是，行情大幅波动的风险。

二是，投资平台选择的风险。

针对行情大幅波动的风险，最有效的风险范防措施就是给每一笔交易设置止损。设置止损对杠杆投资的意义尤其重要。设置止损的理念在笔者的《贵金属投资宝典》系列丛书中是自始至终都贯穿着的。

针对投资平台选择的风险，有投资者可能会问："正规交易所的会员不都是安全平台吗?"

如果你也是这种想法，那么你会庆幸看了这一节的内容。请记住：

提供安全平台的一定是正规交易所的会员。但正规交易所的会员，不一定都能提供安全的投资环境!

那是因为，目前国内原油市场还处于初级阶段，就像几年前白银市场刚起步一样，这个阶段交易所对会员单位的监管不会太严，从而有些会员单位就会为了竞争而采取一些损害客户利益的手段，他们提供的交易平台是没问题的，但是他们提供的投资环境往往会损害投资者的利益。例如各种的老师带单、催加仓位填补亏损等行为。

真正有实力的老师是很少的，不然二八市场也不会成立。所以那么多的会员单位，甚至会员单位下的代理商，都提供那么多的"老师一对一服务"，想想都知道这是不科学的。大多数所谓的"老师"其实都是懂点皮毛的业务员充当的。跟着这样的"老师"交易，比自己去随便交易还要危险十倍!

以下就是一则案例。案例是节选自2015年3月12日的一道新浪新闻（原链接：http：//gd. sina. com. cn/finance/money/2015 – 03 – 12/0917152797. html？qq – pf – to = pcqq. c2c ）。这里的节选用"某石油交易所／B石油交易所"和"某会员单位／P公司"代替原文指明的交易所和公司，并去除了一些带有主观色彩的语句。

## 8天亏掉七成资金 某石油交易所会员被指设局

石油现货投资正在替代现货白银。与网上铺天盖地的"100%赚钱"相应，现实中投资者往往迅速亏得血本无归，而投资公司还一再催着追加更多资金。

春节前夕，河南焦作的叶女士接到一个介绍某石油交易所（下称B石油交易所）石油投资产品的电话，随后通过B石油交易所某会员（后面简称P公司）开户，在P公司的"老师"QQ在线"指导"下开始投资，"一共8.8万元本金投进去，8 天就亏了 6.1 万元，七成啊！”叶女士说。通过叶女士提供的 QQ 聊天记录和电话录音，南都记者注意到，对于亏损原因，P 公司一再强调说是叶女士的资金太小不好控制仓位，并劝她投入更多，最好拿 30 万元出来激活 100 吨的合约，“这样一天就能把亏的钱给赚回来”。

南都记者致电北京石油交易所查询时，对方表示 P 公司确实是其机构会员。

而在百度输入“北京石油交易所”时，前四条结果都是推销石油投资的，标题甚至说“100% 为你赚钱！”，第五条是北京石油交易所的百度百科。

B 石油交易所以国际原油市场价格为基础，综合国内价格及人民币兑美元汇率来报价。整个交易流程中，客户可以做多亦可做空，双向买卖，无任何实物交收。“每天波动 200 到 300 个点。”B 石油交易所工作人员告诉南都记者。

对于投资风险，P 公司的工作人员称不用太担心，“我们有很多老师，一对一服务客户，老师会一直跟着你，他会帮你赚钱。也可以自己做，有风险但是风险很小”。

这家石油交易所是北方的一家大型的正规石油交易所，尚且未能规范其每一家会员的行为。所以我们在选择投资平台之前一定要先仔细了解清楚，不要贪小便宜去选择一些低佣金或者返佣平台，更不要随便相信所谓的老师带单。

不过，这种现象不会持续很久，一个新的行业始终是要逐渐走向成熟的。就看白银市场，前两年开始，国内主要的几家交易所都开始大力整顿会员单位，把不合规经营的会员单位和代理商大量清除，目前白银市场比 2010 年前要正规得多。所以不久的将来，原油市场的投资平台风险也会快速下降。

归根结底，知识掌握在自己手上，能力掌握在自己心里，经验在累积，只要理性对待，这些风险丝毫威胁不到你！

# 第二章　原油的价值投资分析

原油是大宗商品之首，号称“工业的血液”，其内在价值可想而知。然而，步入2015年，油价被强势美元和强劲的美国本土原油供给压得喘不过气来。本身就已经跌破价值水平的油价，这下子就更加严重地被低估了。越严重的低估，就是越理想的价值投资机会。

当你清楚原油的价值来源之后，你就会深切体会到这种难求的机遇。

## 第1节　价值投资第1步：分析实物需求基础

无论是暴跌跌出机会的原油市场，还是已经怀才不遇的白银市场，无疑都是理想的价值投资品种。

价值投资，大致也等价于长线投资，不过它比长线投资包含得更多。只有投资价值被低估，而且其价格终将重新体现出来的，才算是价值投资。因此，做出价值投资决策之前，我们有必要对原油和白银的实物基础做出分析。只有确认坚实的实物需求还一直存在，才能确保其低估的价格“终将重新体现出来”。

白银和原油的实物需求非常大，这是它们跟黄金的一个很大的区别，它们的投资价值不仅体现于稀有性，而且它们是有很强大的产业需求作为基础和支撑的。白银的产业需求在《白银投资技巧入门篇》里已经做过详细的介绍，本章将详细介绍原油的产业需求。了解原油的具体产业需求情况，有助于在任何时期都能准确分析原油的增值潜力和未来趋势。

在介绍原油的具体产业需求前，有必要先认识一下原油。因为对于大部分人来讲，除了知道车子需要加油之外，对原油是一无所知的。

### 认识原油[①]

原油（英语：crude oil）也称作石油［英语、拉丁语：petroleum，拉丁语词

① 本段部分内容根据维基百科（http：//zh. wikipedia. org/wiki/石油）整理所得。

源希腊语：petra（岩石）+拉丁语：oleum（油）]，是一种黏稠的、深褐色（有时有点绿色的）液体。地壳上层部分地区有石油储存。它由不同的碳氢化合物混合组成，其主要组成成分是烷烃，此外，石油中还含硫、氧、氮、磷、钒等元素。不过不同油田的石油成分和外貌区分很大。石油主要被用来作为燃油和汽油，燃油和汽油组成目前世界上最重要的一次能源之一。石油也是许多化学工业产品如溶液、化肥、杀虫剂和塑料等的原料。目前88%开采的石油被用作燃料，其他的12%作为化工业的原料。由于石油是一种不可再生原料，许多人担心石油用尽会给人类带来严重的后果。石油因其价格高昂，又被称为黑金。

大多数地质学家认为石油像煤和天然气一样，是古代有机物经过漫长的压缩和加热后逐渐形成的。按照这个理论，石油是由史前的海洋动物和藻类尸体变化形成的（陆上的植物则一般形成煤）。经过漫长的地质年代，这些有机物与淤泥混合，被埋在厚厚的沉积岩下。在地下的高温和高压下它们逐渐转化，首先形成蜡状的油页岩，后来退化成液态和气态的碳氢化合物。由于这些碳氢化合物比附近的岩石轻，它们向上渗透到附近的岩层中，直到渗透到上面紧密无法渗透的、本身则中空的岩层中。这样聚集到一起的石油形成油田。通过钻井和泵取，人们可以从油田中获得石油。

地质学家将石油形成的温度范围称为“油窗”。温度太低石油无法形成，温度太高则会形成天然气。虽然石油形成的深度在世界各地不同，但是“典型”的深度为4000～6000米。由于石油形成后还会渗透到其他岩层中，因此实际的油田可能要浅得多。因此，形成油田需要三个条件：丰富的源岩，渗透通道和一个可以聚集石油的岩层构造。

原油在中东地区波斯湾一带的沙特、伊拉克、伊朗、科威特、阿联酋、卡塔尔有丰富的储藏，在俄罗斯、委内瑞拉、加拿大、利比亚、尼日利亚、美国、墨西哥、哈萨克、中国等地也有很大量的储藏。

目前石油是现代工业社会最重要的原料。绝大多数运输工具使用石油驱动，此外，石油还被用来发电，它也是化学工业重要的原材料。诸多国家有战备储油制度。

石油的常用衡量单位“桶”为一个容量单位，一桶是42美制加仑（160升）。因为各地出产的石油的密度不尽相同，所以一桶石油的重量也不尽相同。一般地，一吨石油大约有7.3桶（1160升）。

原油的分类有多种方法，按组成分类可分为石蜡基原油、环烷基原油和中间基原油三类；按硫含量分类可分为超低硫原油、低硫原油、含硫原油和高硫原油四类；按比重分类可分为轻质原油、中质原油、重质原油以及特重质原油四类。

原油是大部分燃料和多数化工产品的原材料，可以加工提炼各种产品，是现代工业社会运转的基础，被称为现代工业的血液。所以，以下将按原油产品的分类来介绍原油的主要用途。原油的分类在不同领域有不同的版本，不过都是大同小异，这里我们以北京石油交易所交易品种的分类方法作为基础。原油产品分为成品油、燃料油、润滑油、液化石油气和综合类化工品5大类。

## 成品油的应用[①]

成品油是指汽油、煤油、柴油及其他符合国家产品质量标准、具有相同用途的乙醇汽油和生物柴油等替代燃料，是用量最大的轻质石油产品之一，是引擎的一种重要燃料。

汽油：消耗量最大的品种。汽油的沸点范围为30℃～205℃，密度为0.70～0.78克/厘米$^3$，商品汽油按该油在汽缸中燃烧时抗爆震燃烧性能的优劣区分，标记为辛烷值70、80、90或更高。标号越大，性能越好，主要用作汽车、摩托车、快艇、直升机、农林用飞机的燃料。

煤油：沸点范围为180℃～310℃，主要供照明、生活炊事用。要求火焰平稳、光亮而不冒黑烟，产量不大。

柴油：沸点范围有180℃～370℃和350℃～410℃两类。对石油及其加工产品，习惯上对沸点或沸点范围低的称为轻，相反称为重。故上述前者称为轻柴油，后者称为重柴油。商品柴油按凝固点分级，如10、0、－10、－20等，表示适用的环境温度。柴油广泛用于使用柴油内燃机的车辆（包含火车）、船舰以及柴油锅炉。由于高速柴油机（汽车用）比汽油机省油，柴油需求量增长速度大于汽油，一些小型汽车也改用柴油。

喷气燃料：主要供喷气式飞机使用。沸点范围为60℃～280℃或150℃～315℃（俗称航空汽油和航空煤油）。为适应高空低温高速飞行需要，这类油要求发热量大，在－50℃不出现固体结晶。

石油溶剂：指石油醚、190号溶剂油、200号溶剂油。其中石油醚分30°～60°、60°～90°和90°～120°三种；溶剂油以油品的干点为牌号，分别用于香精、油脂、油漆行业、试剂、橡胶加工、涂料工业，或清洗仪器、仪表、机械零件。

液状石蜡：包括石蜡（占总消耗量的10%）、地蜡、石油脂等，按用途可分为工业级、化妆级和食品级三档。石蜡主要做包装材料、化妆品原料及蜡制品，也可作为化工原料产脂肪酸（肥皂原料）。

石油沥青：它们是从生产燃料和润滑油时进一步加工得来的，其产量约为所加工原油的百分之几。主要供道路、建筑用。

石油焦：用于冶金（钢、铝）、化工（电石）行业做电极。可视其质量而用于制石墨、冶炼和化工等工业。

---

① 本段内容根据百度百科（http：//baike.baidu.com/view/512443.htm）整理所得。

低硫、优质的熟焦例如针状焦，主要用于制造超高功率石墨电极和某些特种碳素制品；在炼钢工业中针状焦是发展电炉炼钢新技术的重要材料。中国生产的石油焦，大部分属于低硫焦，主要用于炼铝和制造石墨。

中硫、普通的熟焦，大量用于炼铝。

高硫、普通的生焦，则用于化工生产，如制造电石、碳化硅等，也有作为金属铸造等用的燃料。目前很多玻璃厂、水煤浆厂就是用焦粉作为燃料。

## 燃料油的应用

燃料油一般指原油经蒸馏而留下的黑色黏稠残余物，或它与较轻组分的掺和物。燃料油主要是以原油加工过程中的常压油、减压渣油、裂化渣油、裂化柴油和催化柴油等为原料调和而成。其性质主要取决于原油本性以及加工方式。其特点是黏度大，含非烃化合物、胶质、沥青质多。燃料油广泛用于四个领域：

（1）电力行业消耗的燃料油主要用于燃油发电、供热机组？燃煤机组的点火、助燃和稳燃用油。

（2）钢铁行业消耗的燃料油主要用于加热炉、自备电厂发电供热和耐火材料等方面。

（3）建材行业消耗的燃料油主要用于平板玻璃和建筑卫生陶瓷的生产。随着产品质量要求的提高，一部分高档产品生产将会逐步转向以天然气和液化石油气为燃料。

（4）石油化工行业消耗的燃料油主要用于自备电厂的发电、油田生活采暖、炼油厂生产工艺用热、化肥厂生产用原料和燃料以及其他化工生产。

国内燃料油主要包括 200 号重油、250 号重油、180 号燃料油、120 号燃料油、7 号燃料油、工业燃料油、催化油浆、蜡油浆、混合重油、沥青等。

国外燃料油主要包括复炼乳化油、奥里乳化油、180 号低硫燃料油、380 号低硫燃料油、180 号高硫燃料油、M100、M300 等。

## 润滑油的应用

润滑油和润滑脂是用在各种类型汽车、机械设备上以减少摩擦，保护机械及加工件的液体润滑剂，主要起润滑、冷却、防锈、清洁、密封和缓冲等作用，保护机件以延长它们的使用寿命并节省动力。它们的数量只占全部石油产品的 5% 左右，但其品种繁多。

从石油制得的润滑油约占总润滑剂产量的 95% 以上。除润滑性能外，润滑油还具有冷却、密封、防腐、绝缘、清洗、传递能量等作用。商品润滑油按粘度分级，负荷大、速度低的机械用高黏度油，反之用低黏度油。炼油装置生产的润滑油是采取各种精制工艺制成的基础油，再加多种添加剂而成，因此具有专用功能，附加产值高。

润滑油一般由基础油和添加剂两部分组成。润滑油基础油主要分矿物基础油、合成基础油以及生物基础油三大类。

常用的添加剂包括黏度指数改进剂、倾点下降剂、抗氧化剂、清净分散剂、摩擦缓和剂、油性剂、极压剂、抗泡沫剂、金属钝化剂、乳化剂、防腐蚀剂、防锈剂、破乳化剂、抗氧抗腐剂等。

润滑脂是润滑剂加稠化剂制成的固体或半流体，用于不宜使用润滑油的轴承、齿轮部位。常见的有钙基和锂基两种。钙基脂俗称黄油，用量最大，用途最广，适用于大多数情况下的设备润滑：锂基脂适用于使用温度相对较高的环境。

## 液化石油气的应用①

液化石油气（英文：Liquefied Petroleum Gas；简称 LPG）是烃类混合物气体，在加热器和交通工具中作为燃料，而且正在越来越多地替代氯氟碳化合物作为气溶胶喷射剂和制冷剂，以减少对臭氧层的破坏。

液化石油气是丙烷和丁烷的混合物，通常伴有少量的丙烯和丁烯。一种强烈的气味剂乙硫醇被加入液化石油气，这样石油气的泄漏会很容易被发觉。液化石油气是在提炼原油时生产出来，或是从石油、天然气开采过程中挥发出来的气体。

石油气将在室温，6 个大气压的条件下会液化，因此可以装入压力钢瓶。通常液化石油气只充满容量的 85%，这样可以给钢瓶受热时的气体膨胀留出空间。液化石油气的膨胀比约为 250：1。

液化石油气在 1910 年由沃尔特·史内林（Walter Snelling）博士首次生产出来，1912 年出现了第一个商业产品。现在液化石油气占美国能源的 3%。

液化石油气的主要用途是汽车燃料和便携型燃烧用具燃料。

## 液化石油气的引擎汽车

中国国家标准推荐使用的液化石油气汽车标志图形：边框和字体为乳白色、底色为淡绿色。液态石油气被广泛地作为内燃机的绿色燃料使用，以减少废气排放。液化石油气的辛烷值（RON）为 110，所含能量为 95475 加仑（英国热量单位）。丰田公司制造了很多液化石油气发动机在其 20 世纪 70 年代生产的 M、

---

① 本段内容根据维基百科（http：//zh. wikipedia. org/wiki/液化石油气）整理所得。

R 和 Y 发动机家族。

目前，许多汽车制造商如雪铁龙、大宇、菲亚特、福特、现代、欧宝/沃克斯豪尔、标志、雷诺、Saab 和沃尔沃都以 OEM 方式生产双燃料汽车，这些汽车能够在液化石油气和石油两种燃料下同样良好运转。

## 炊用液化气

根据2001 年的印度人口普查，有17.5%的印度家庭或3360 万印度家庭使用液化石油气作为烹饪的燃料。在我国香港，液化石油气也在那些没有煤气的大厦中用作煮食的燃料，部分屋邨例如杏花邨、观塘花园大厦在 1980 年前有中央液化石油气供应（皆为屋苑型住宅，因其需要自行设置中央储存设施）。在内地也有许多人使用液化石油气作为烹饪的燃料，特别是在一些经济欠发达的地区，经常可以看到运液化石油气的货车，但现在已经没有多少了。

此外，液化石油气还有在无法通天然气的偏远地区提供电力和暖气、充当冰箱和空调中的循环压缩制冷介质等用途。

## 综合类化工品

化工产品[①]

在炼油厂中石油的不同成分被分离。分离出原油中不同的化合物是用沸点差异做出的。化学工业中的石油产品的原材料可以回溯到约 300 个基本化合物。今天 90% 的这些化合物是从石油和天然气中获得的。其中包括乙烯、丙烯、丁二烯、苯、甲苯、二甲苯等等。今天 5%～20% 的石油用作化学工业的原材料。几乎所有的化工产品在其生产过程中需要从石油中获得的基本化合物：染料、漆、药物、清洁剂等。

化工产品分类有很多种，主要综合类化工品包括几大类：

有机化工品：基本有机化工的直接原料包括氢气、一氧化碳、甲烷、乙烯、乙炔、丙烯、碳四以上脂肪烃、苯、甲苯、二甲苯、乙苯等。

化学矿：包括硫矿、磷矿、硼矿、钾矿、其他化学矿等。

塑料：根据各种塑料不同的使用特性，通常将塑料分为通用塑料、工程塑料和特种塑料三种类型。合成树脂是塑料的最主要成分，通用的五大品种即聚乙烯（PE）、聚丙烯（PP）、聚氯乙烯（PVC）、聚苯乙烯（PS）和 ABS。

橡胶：按照制成方式的不同，橡胶可以分为合成橡胶和天然橡胶两类。合成橡胶主要包括顺丁橡胶、丁苯橡胶、丁腈橡胶、氯丁橡胶、乙丙橡胶、丁基

---

① 本段部分内容根据维基百科（http：//zh.wikipedia.org/wiki/石油）整理所得。

橡胶、异戊橡胶等。

正因为原油的用途遍及各个基础化工领域，原油的全球需求为原油价格提供了坚实的实物需求基础，从而原油具有非常优越的投资价值，并成为大宗商品市场的航空母舰，发挥带领和稳定全球大宗商品市场的重要作用。

## 第 2 节　价值投资第 2 步：分析投资需求强弱

2009 年的跨年度大牛市让国际白银市场成交量大增，国内白银市场更是呈现几何级别的跃升。随着泡沫破灭，成交量并没有随之下降。而在 2014 年下半年前，原油市场的交投程度更是稳如泰山。

白银和原油的投资市场日趋广阔，投资品种也越来越丰富。面对广阔的投资市场，投资者需要了解各个投资品种的优缺点，结合自身的情况，选择适合自己的投资品种，实现财富的稳步增值。

### 国际市场的投资需求

白银在世界各地都有正规的交易市场，欧洲的白银市场在伦敦和苏黎世等，美洲的交易市场主要集中在纽约和芝加哥，亚洲的交易市场主要在中国上海和中国香港。在亚、欧、美三大势力市场中，比欧洲白银市场更具影响力的是美洲市场，目前纽约商品交易所（COMEX）和芝加哥商品交易所（CME）不仅是美国黄金和白银期货的交易中心，也是世界最大的黄金和白银期货交易中心。两大交易所的交易情况对黄金和白银市场的走势影响极大。

以纽约商品交易所（COMEX）为例。该交易所仅仅为交易者提供一个交易场所和相关设施，本身并不参加期货的买卖。但是它会制定严格的法规，保证交易双方在公平和合理的前提下进行交易，包括对进行现货和期货交易的黄金白银的重量、成色、形状、价格波动的上下限、交易日期、交易时间等都有极其详尽的描述和规定。纽约市场已成为世界上交易量最大、交投最活跃的期金、期银、期油市场。

大部分涉足白银投资已久的投资者，对白银市场都有相当的了解。所以，这里只对原油市场做详细介绍。在参与原油投资之前，不妨先对原油市场做一点了解，如此，在实际交易和分析的时候碰到的问题就会少很多。

### 世界原油市场

在全球基础能源类供应中，原油占据大约 40%，因而原油在领导着全球能源市场。高市场份额和广泛的产业需求让原油成为全球交投最活跃的品种，以及最重要的战略储备。自从 1983 年轻质低硫原油期货合约的引进，原油交易发展成为全球最容易变现的品种。原油是汽油、柴油、航空喷气燃料、锅炉燃料及数以千计的石油化工产品的原料。

石油在除南极洲外的每一个大洲和大多数国家都有商业生产。美国的石油在巴黎郊区和市中心的比弗利山庄提炼生产。这些石油来自阿拉斯加和加拿大在北极圈内荒郊、南美和东南亚的热带雨林的丰富的产油井。美国大多数洲都有产油井，世界最大的三个产油国就是俄罗斯、沙特阿拉伯和美国。全球超过一半的经济油储集中在中东地区。

20 世纪 70 年代早期，原油市场经历了短期的但极大的价格波动，在短短的 6～18个月里面，原油市场经历了两次极端的趋势：先是价格被推动暴涨了超过 2 倍，然后是暴跌了接近 2/3。

美国现货市场的等级标准是，西德克萨斯中质油（WTI）可以在交易所按面值交付兑换轻质原油（WTI）期货合同，而其他国内和国际贸易的等级标准是，按结算价的一定折价或溢价进行交付。因为轻质低硫油的硫含量低，而且能生产石脑油、汽油、中间馏分油和煤油等高价值产品，所以轻质低硫原油是炼油厂的优选油。

由于原油的生成涉及很多资源的保证，流通的 WTI 原油期货远期合约是对其生产影响最深远的，其中最远期的可达9 年。作为原油期货的补充，有原油期权、裂解价差期权、跨期期权和均价期权。

原油期货合约价格是以美元/桶计价，1000 桶为最小交易单位，电子迷你期货合约交易则以500 桶为最小交易单位。电子迷你期货合约是财务结算的交易品种，其定价是基于标准 WTI 期货合约的结算价。

## 原油定价规则

原油不是同质产品，国际原油交易中按不同品质和特性，分成很多不同的品种。轻质、低硫等级的原油的交易价格通常高于重质、高硫等级的原油。

原油在很多国家都有生产，但这些原油的定价一般并非取决于当地，而每一种原油在交易时都与基准油价有一定的溢价或者折价。

原油的现货或期货交易有两种方式。一种是以“固定价格”为基础的交易，另一种是以“理论价格”为基础的交易。理论价格的定价方法把原油船货的合约价格和基准价格关联起来，是目前油价定价系统的基础。目前最大的三个原油基准分别是 WTI、布伦特和迪拜—阿曼。

## 两大原油标准——WTI 原油和布伦特原油

西德克萨斯中质油（WTI）标准在 NYMEX 交易所进行交易，NYMEX 交易所是 CME（芝加哥商业交易所）集团的全资子公司。WTI 是用来定价美国进口原油的主要基准，同时也是定价在北美（包括加拿大）生产的国内原油的主要基准。WTI 有时也被称为轻质低硫原油，即含硫量低的轻质油品种。

WTI 合约是 CME 集团能源产品期货合约中交投最活跃的品种，WTI 基准价格是基于美国中部地区一系列混合的原油产品。特别地，是建立在由墨西哥海岸和美国中部地区通过一系列互联管道运输到俄克拉荷马州库欣集团的原油价格的基础上。

布伦特原油基准是 CME 的第二大期货合约。与 WTI 不同，它是建立在布伦特指数基础上的一个财务结算型的期货。布伦特指数是代表一篮子期货合约在最后交易日的报价。而这些报价是基于英国和挪威北海四大油田的产油量。以指数为基础的主要等级分别是布伦特、福尔蒂斯、奥塞贝格和埃科菲斯克，这些等级被统称为北海现货原油基准。

WTI 和 NYMEX 的布伦特期货合约都是 CME 全球电子交易系统、结算端口和 NYMEX 交易大厅的主要交易品种，品种代号分别是 CL 和 BZ。

CME 全球电子交易系统的第三个重要能源期货合约是阿曼原油期货。阿曼原油期货在迪拜商业交易所交易，与 CME 有重要的利益关系。

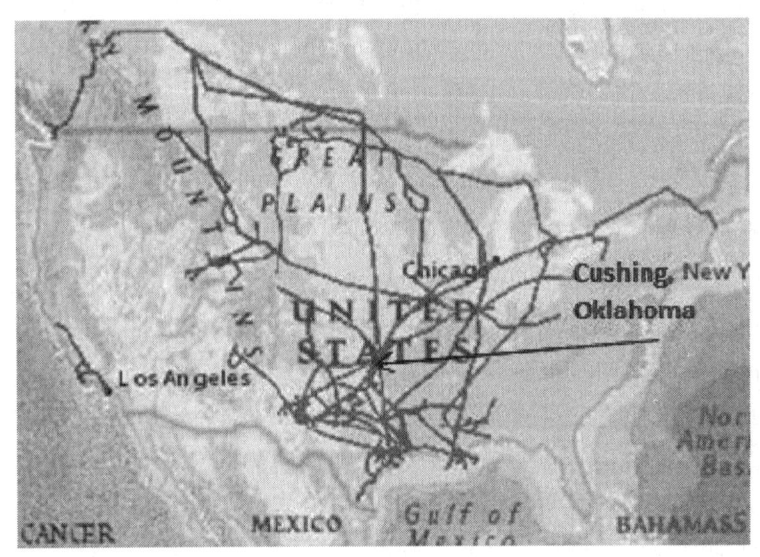


图 2－1　WTI 原油供应网络（来源：EIA）

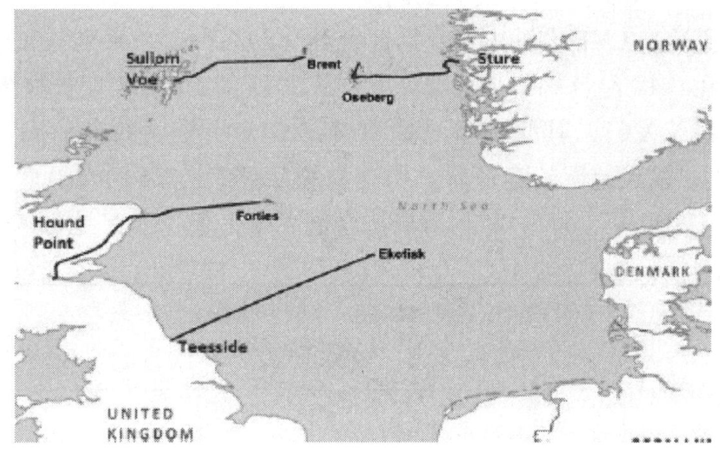

图2－2 北海布伦特综合原油（北海现货原油）供应线路（来源：EIA）

## WTI 和布伦特原油交易

从德克萨斯州地里提取的原油跟在北海提取的原油是不同的。最重要的区别是密度（称为美国石油协会燃油比重度数）和含硫量（低硫、中硫、高硫）。交易商就是根据这些因素来定价全球市场里的各种原油，例如 WTI 和布伦特标准。

传统上，WTI 的交易价格相对布伦特有一点溢价。这是因为 WTI 含硫量更低，而且密度比布伦特原油低；还因为从历史观点上说，美国是原油的边际消费国。然而，全球需求模式和地缘政治因素的转变使布伦特原油在全球金融危机爆发之后的很长一段时期内，价格显著高于 WTI 原油。

类似事件还包括利比亚危机、伊朗核对峙、亚洲的北海原油进口量、日本核问题和例如美国中部大陆的物流制约的一些局部因素。

## CME 全球电子交易系统中的 WTI 和布伦特原油交易

NYMEX（美国纽约商业交易所）的 WTI 原油（交易代码 CL）是一种液体能源期货合约，也是整个美加地区的一个核心基准，合约在 CME 全球电子交易系统上交易。基于 WTI 一系列的场外交易合约，或者作为 WTI 的衍生品种，都可以在 CME 全球电子交易系统的结算端口进行结算。

虽然有点备受争议，但 NYMEX 的布伦特原油（交易代码 BZ）可能更能代表国际油价。BZ 合约是基于 ICE（伦敦洲际交易所）布伦特期货的金融结算期货，而且与 ICE 的合约价同步。这意味着交易者可以用 CME 的 BZ 合约来对冲

ICE 的持仓合约，这两个市场之间的同步性是稳定的。

布伦特原油是 CME 全球电子交易系统的交易品种，一系列与布伦特相关的衍生品种也在 CME 结算端口进行结算。自从 2013 年 1 月 BZ 期货重新在 CME 全球电子交易系统发行，其交易量迅速飙升，2013 年年底的日均成交量已经在 50000 手左右。较大范围的客户群日均交易统计显示，7% 的交易量是 ICE 布伦特原油期货。2014 年 1 月，BZ 的市场持仓量（未平仓合约）是 60000 手。

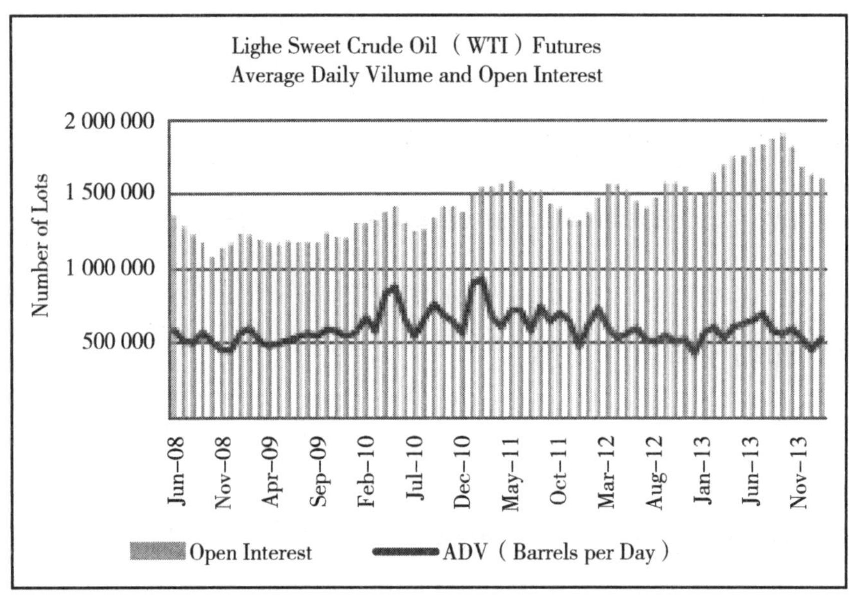


图 2–3　轻质低硫原油（WTI）期货日均交易量与持仓量（来源：CME）

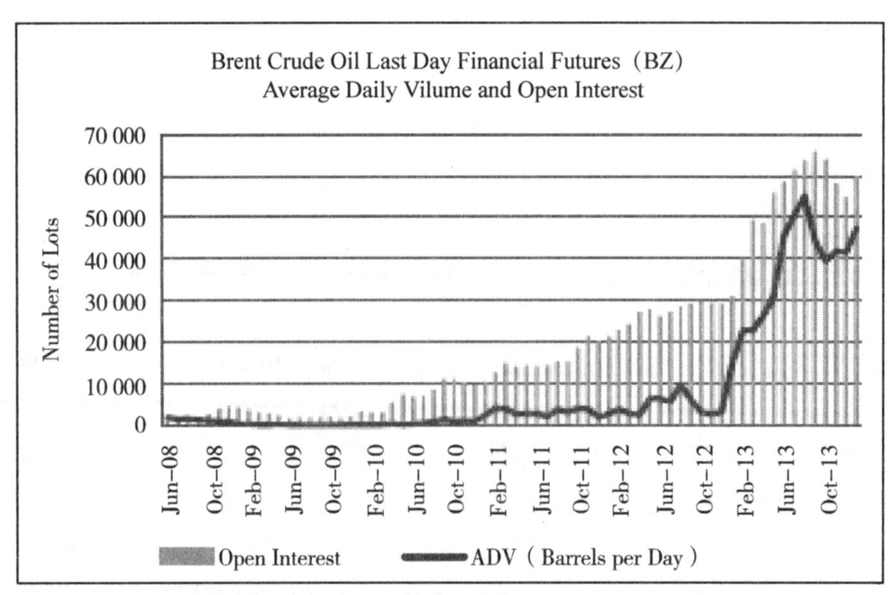


图 2–4　布伦特原油期货结算日日均交易量与持仓量（来源：CME）

表2-1 三大原油标准的关键特征

| 原油标准 | WTI | 布伦特 | 迪拜—阿曼 |
|---|---|---|---|
| 美国石油协会燃油比重度数 | 39.6 | 38.06 | 31 |
| 含硫量 | 0.24% | 0.37% | 2% |

表2-2 CME全球电子交易系统中三大原油的交易特征

| 特征 | WTI | 布伦特 | WTI-布伦特 |
|---|---|---|---|
| 品种代码 | CL | BZ | CL-BZ |
| 结算类型 | 实物 | 财务（金融） | 财务（金融） |

交易量是一个市场交易活跃程度的直接反映。一般来说，交投越活跃，波动幅度越大；交易量越稳定，市场的可分析度就越高，便越是理想的交易品种。

黄金市场在贵金属市场和商品市场中都是极具代表性的稳定型大市场，如图2-5所示，从步入21世纪10年代以来，黄金经历了一轮超级大牛市，随后又是深幅回吐的大熊市。如果在股票里面，这期间交易量肯定会出现翻天覆地的变化，从牛市爆发的交易量暴增，到被庄家遗弃的交易量一落千丈，这只股

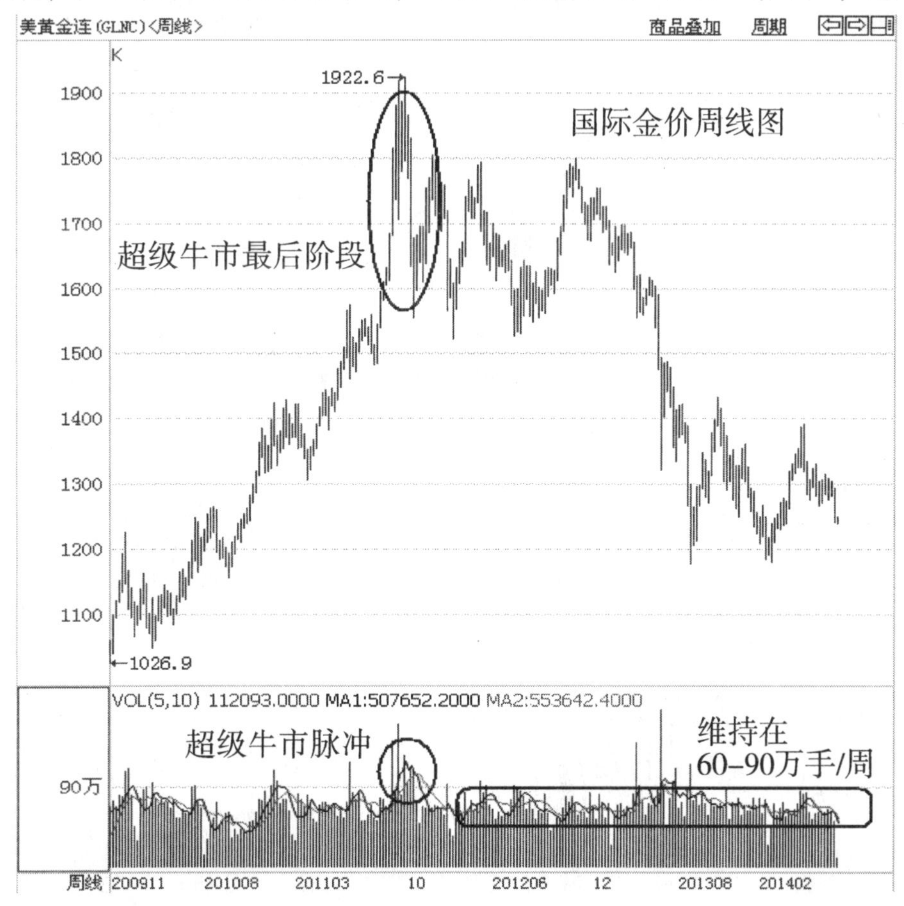


图2-5

票在相当长的一段时间内几乎完全丧失投资价值。但是黄金市场显然不一样，除了超级牛市最后的疯狂阶段带来交易量的一个小脉冲之外，整个轩然大波之中，交易量始终维持在 60 万～90 万手/周的均值。这个超级大市场的稳定性和投资价值就是体现在这里。

这两年有部分中国白银投资者开始担心一个问题：2010 年 5 月以拉登事件为导火索的银价泡沫破灭以来，银价几乎完全回吐了超级牛市的全部涨幅，元气大伤；那么，白银市场会不会交易量不足而失去投资价值呢？从国内交易所（以上海黄金交易所为例）的交易数据来看，白银市场牛市结束后交易量的确下跌得比黄金市场严重。不过，这是因为中国贵金属市场处于起步阶段，投资者不成熟，追涨杀跌跟风现象比国外成熟市场厉害得多。如果看看全球白银市场的交易量数据，就会知道中国白银市场并不具备代表性。

如图 2－6 所示，这是同期国际银价的周线图，在超级牛市启动前，白银市场交易量不高，而且很不稳定。超级牛市的启动可以说是激活了白银市场。而当白银完全回吐牛市涨幅的时候，交易量并没有像银价、像国内市场那样一起回吐，而是稳稳地维持在 20 万～30 万手/周的水平。所以，对于全球白银市场

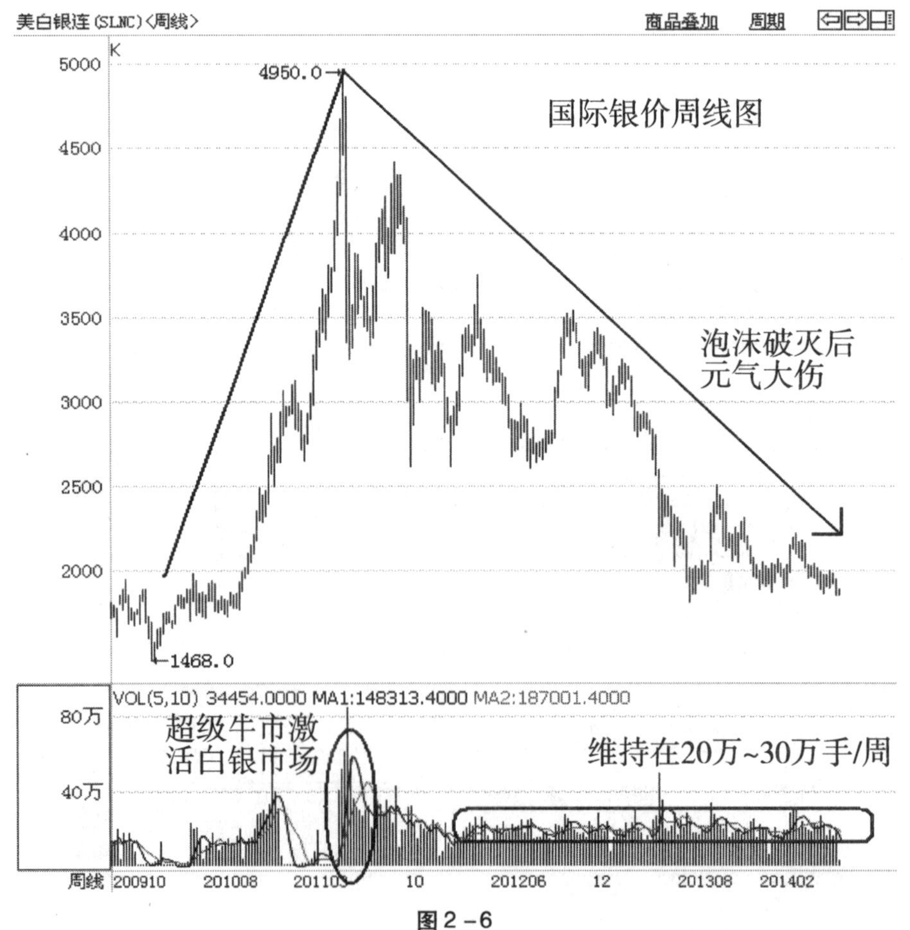


图 2－6

来说，这次大牛市从启动到破灭，其影响并非停留在像价格那样的表面，而是让全球白银市场走向成熟。交投稳定的白银市场从此具备实实在在的投资价值。

至于原油市场，我们看图 2 -7，这是同期的国际油价周线图。就像前面章节介绍的，原油市场是商品市场中的航母，其一大优势是稳定（除非发生极大级别的战争），包括价格、交易量。可以看到，在黄金和白银市场经历超级大牛市和大熊市的动荡期间，油价表现相对稳定得多，既没有出现非理性上涨，也没有迎来非理性的极致回吐。只是在交易量方面，因为全球经济衰退而导致流动性不足，从 2011 年年底开始，交易量下了一个台阶。尽管如此，这个台阶并不大，而且交易量依然保持非常好的稳定性。

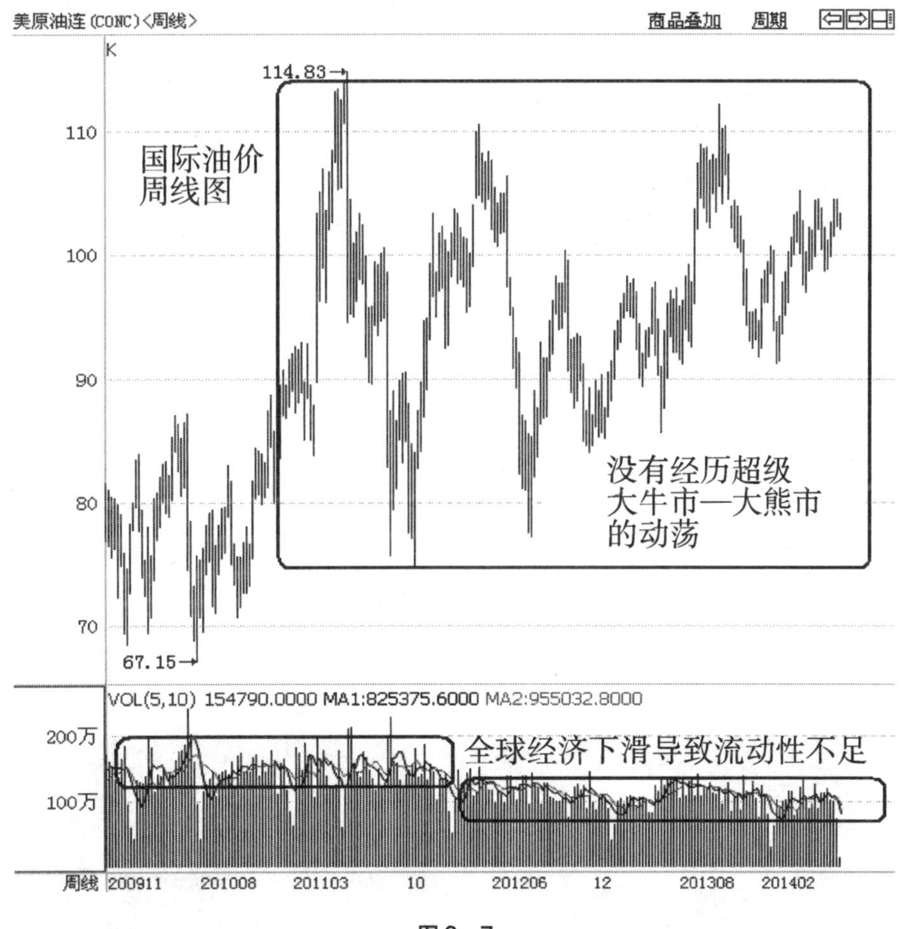


图 2 -7

黄金市场具有很好的投资价值，但是碍于国内投资渠道，我们选择其兄弟市场——白银市场会来得更加方便，因为白银市场同样具有很高的投资价值。原油市场甚至具有比黄金白银市场更强的投资价值，只是同样碍于国内投资渠道的限制，不为多数投资者所知晓。但原油市场的巨大潜力是毫无疑问的，等待的只是一个契机。

## 国内原油投资渠道如何选择

知己知彼，百战不殆。即使同一个品种，也存在各式各样的投资渠道，每个渠道都有自己的利弊，选择最适合自己的投资风格和投资情况的渠道，是成功关键的第一步。

原油市场在国内刚刚正式兴起，目前已经有好几种投资渠道。每个投资品种都有自身的优点和缺点，因此投资者有必要结合自身期望收益和风险承受能力，选择最适合的投资渠道进行投资。下面详细介绍各个渠道的优劣特征，以便投资者从中参考，选择最适合自己的投资品种。

1. 实物原油

约5盎司（约150克）的白银就价值100美元，与盎司的白银也就杯口大小的一枚银币；而100美元可以买下足足一大桶原油（约135千克）。所以，如果投资实物原油，往往需要很大的场地（仓库），而且由于原油是易燃易爆的产品，保管方面也要耗费较大成本，所以一般人并不会去做实物原油的投资。实物原油只适合部分机构或厂家投资者，不适合个人投资者。

2. 首华原油

首华原油是前海首华国际商品交易中心的首要交易品种，是目前国内极少数交易机制已成熟的原油投资品种之一，交易机制与天通银、白银T+D等成熟品种一致，大部分白银投资者都可以顺利进行首华原油的投资。而且在投资成本、风险可控性方面都具有更好的优势，是目前国内最理想的原油投资品种。

首华原油有首华油100、首华油500、首华油1000三种规格，如图2-8

系统(S)　黄金(G)　外汇(F)　期货(Q)　新闻(N)　经济指标(E)　技术分析(T)　功能(C)　帮助(H)

行情列表[前海首华]　技术分析[首华油1000]

| | 代码 | 名称 | 时间 | 买价 | 卖价 | 现价 | 涨跌 |
|---|---|---|---|---|---|---|---|
| 1 | OIL | [T]首华油1000 | 155722 | 284.78 | 284.50 | 284.50 | -0.91 |
| 2 | OIL100 | [T]首华油100 | 155722 | 284.78 | 284.50 | 284.50 | -0.91 |
| 3 | OIL500 | [T]首华油500 | 155722 | 284.78 | 284.50 | 284.50 | -0.91 |
| 4 | CU50 | [T]首华铜50T | 155624 | 34537 | 34503 | 34503 | -91 |
| 5 | CU5 | [T]首华铜5T | 155624 | 34537 | 34503 | 34503 | -91 |
| 6 | CU | [T]首华铜1T | 155624 | 34537 | 34503 | 34503 | -91 |
| 7 | PT100 | [T]首华铂金100G | 155722 | 246.47 | 245.98 | 245.98 | -0.76 |
| 8 | PT | [T]首华铂金1KG | 155722 | 246.47 | 245.98 | 245.98 | -0.76 |
| 9 | PD100 | [T]首华钯金100G | 155712 | 152.16 | 151.56 | 151.56 | 0.90 |
| 10 | PD | [T]首华钯金1KG | 155712 | 152.16 | 151.56 | 151.56 | 0.90 |
| 11 | AG100 | [T]首华银100KG | 155725 | 3345 | 3339 | 3339 | 12 |
| 12 | AG50 | [T]首华银50KG | 155725 | 3345 | 3339 | 3339 | 12 |
| 13 | AG15 | [T]首华银15KG | 155725 | 3345 | 3339 | 3339 | 12 |
| 14 | AG5 | [T]首华银5KG | 155725 | 3345 | 3339 | 3339 | 12 |

图2-8

所示。

3. 原油期货

国内最早的原油期货在上海期货交易所交易，已有近20年的历史。但由于投资者普遍对原油市场缺乏认识，国家也不曾大力支持，甚至这个渠道本身就有点生不逢时，以致国内原油期货交易量历经多年依然相当有限。原油期货是以原油的远期价格为标的的投资品种，它的优缺点与白银期货相似。原油期货只适合有相当经验的大资金投资者，而且要求投资者的风险承受能力很高。

4. 北油现货

北油所（北京石油交易所）是国内首家推出原油现货交易的交易所。北油所自股改以来，在市委、市政府的领导下，在央企股东的大力支持下，各项业务进展顺利，2012年全年现货交易额达到1005.86亿元，发展驻场会员320余家，为北京市贡献税收近亿元，成为首都首家实现千亿规模的大宗商品交易平台。

2012年11月底，北油所联合中国石油和化学工业联合会共同打造“中国燃料油现货交易平台”，自平台上线以来，交易量取得重大突破，2013年总交易额突破2000亿元。

目前北油所提供的交易品种有燃料油、汽油、柴油、煤油、润滑油等10个品种，但交投最活跃的目前只有93号汽油。北油现货是撮合成交制度，与白银T+D的模式相似，如图2-9所示。北油现货适合中短线投资者，要求投资者有较强的风险承受能力。

交易大厅 现货供求

全部 燃料油 汽油 柴油 煤油

| 品名 | 指标 | 价格 | 数量 | 产地 | 查看 |
|---|---|---|---|---|---|
| 95号汽油 | 京五 | 8805 | 1000 | 山东 | 查看 |
| 92号汽油 | 京五 | 8498 | 1000 | 山东 | 查看 |
| 93号汽油 | 国四 | 8220 | 2000 | 山东 | 查看 |
| 93号汽油 | 国四 | 8150 | 1500 | 山东 | 查看 |
| 95号汽油 | 国四 | 8150 | 2000 | 山东 | 查看 |
| 93号汽油 | 国四 | 8050 | 3000 | 山东 | 查看 |

红色：现货供应 绿色：现货求购 免费发布 查看更多

图2-9

5. 深油现货

深油所（深圳石油化工交易所）以国内国际需求量最大的原油、成品油、燃料油、航空煤油、LNG、LPG等原油化工产品为主要交易品种，并将逐步拓展至原油化工产业链的绝大部分产品，包括润滑油、溶剂油、石脑油、液化原油气、酸碱、芳烃、烯烃、酚醛、醇类、合成橡胶等，丰富交易品种体系。

深油所目前处于运营初期，以现货交易为主，主要交易方式有现货协议交易、现货挂牌交易、现货专场交易和现货即期交易，如图2－10所示。目前逐步向电子交易过渡，以现货交易为基础，积极开展远期合约、期货等金融产品交易模式。因为深油所将发展为做市商模式的电子交易，行情与国际市场接轨，因此适合短线投资者，但要求投资者有较强的风险承受能力。

现货协议交易　现货挂牌交易　现货专场交易

| 委托时间 | 商品名称 | 挂牌价(元) | 挂牌量(吨) | 剩余量(吨) | 交收地 |
|---|---|---|---|---|---|
| 20140508 | 石脑油 | 7030 | 100 | 100 | 正和厂库 |
| 20140616 | 93号汽油 | 8210 | 2000 | 2000 | 莱州东方石油化工港储有限公司 |

买方挂牌　卖方挂牌　数据筛选　　日期：2014年06月19日 12:30:09

图2－10

6. 纸原油（账户原油）

纸原油是目前唯一与国际市场完全接轨的投资渠道（以工商银行的账户原油为典型代表），是目前最理想的原油交易品种。所以这里重点介绍纸原油的特性和交易细则。

（1）开户。与纸白银相似，纸原油账户可在网银上直接申请，通过风险评估后就可以正式进行交易。

（2）交易品种。账户原油按照报价参考对象不同，分为账户北美原油和账户国际原油。其中，账户北美原油参考纽约商业交易所西德克萨斯轻质低硫原油期货合约（WTI）价格报价，账户国际原油参考纽约商业交易所或洲际交易所布伦特原油期货合约（Brent）价格报价。图2－11是纸原油的交易界面。

遵循国际市场原油产品计量单位使用惯例，工行账户原油产品的交易单位为"桶"（每桶相当于约158.9873升），客户买卖的单笔交易起点数量为0.1桶，递增数量单位也为0.1桶。客户按照交易报价买卖账户原油，工行不另行收取手续费。

（3）账户原油转期功能。纸原油与纸白银有一个很大的不同点：纸白银的标的是国际现货白银市场，是连续市场；纸原油的标的是国际原油期货，不是连续市场。所以纸原油的交易品种的最后面都有一个日期，如图2－11所示，人民币账户北美原油1407的标的，就是WTI 2014年7月到期的原油期货；人民币账户国际原油1408的标的，就是布伦特原油2014年8月到期的原油期货。

因此，在账户原油交易里面，就有一个账户原油转期功能。转期功能是指

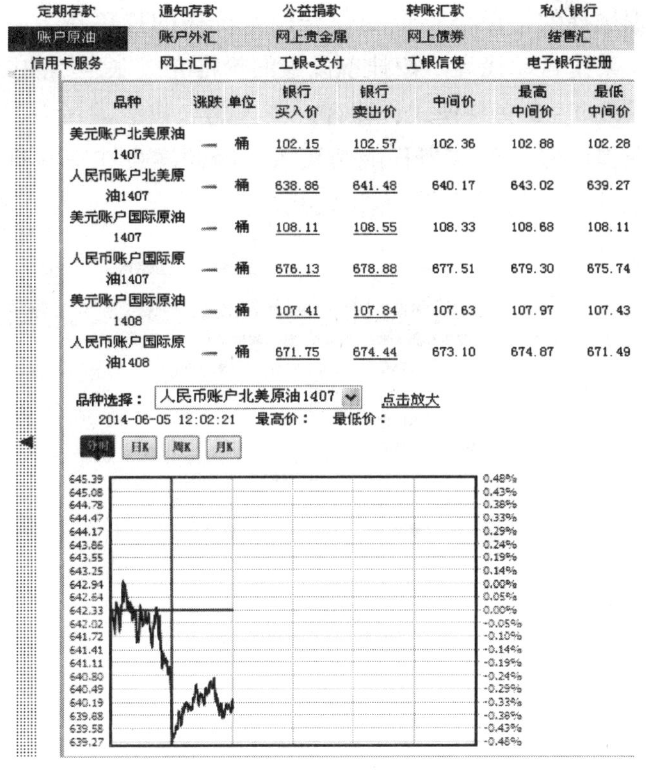


| 品种 | 涨跌 | 单位 | 银行买入价 | 银行卖出价 | 中间价 | 最高中间价 | 最低中间价 |
|---|---|---|---|---|---|---|---|
| 美元账户北美原油1407 | — | 桶 | 102.15 | 102.57 | 102.36 | 102.88 | 102.28 |
| 人民币账户北美原油1407 | — | 桶 | 638.86 | 641.48 | 640.17 | 643.02 | 639.27 |
| 美元账户国际原油1407 | — | 桶 | 108.11 | 108.55 | 108.33 | 108.68 | 108.11 |
| 人民币账户国际原油1407 | — | 桶 | 676.13 | 678.88 | 677.51 | 679.30 | 675.74 |
| 美元账户国际原油1408 | — | 桶 | 107.41 | 107.84 | 107.63 | 107.97 | 107.43 |
| 人民币账户国际原油1408 | — | 桶 | 671.75 | 674.44 | 673.10 | 674.87 | 671.49 |



图 2-11

银行为持有账户原油产品的客户提供的，根据客户的相关指令，在产品可转换期内（同一品种账户原油相邻两个期次产品期限的重叠期，一般为 5 个交易日），通过系统自动完成平仓上期产品并开仓下期产品的交易功能。

（4）买卖价差与交易时间。工行在综合考虑全球相关原油市场价格走势、国内人民币汇率走势、市场流动性等因素的基础上向客户提供交易报价，具体分为银行买入价和银行卖出价，其中银行卖出价是客户买入账户原油的价格，银行买入价是客户卖出账户原油的价格。在同一时点对于同一品种，银行卖出价要高于银行买入价。

工行账户原油报价中买入价和卖出价之间的价差不是固定的。一般来看，每个交易日欧美时段（北京时间 17：00 至次日 3：00）的价差较窄；亚洲时段（北京时间 9：00 至 17：00）的价差较宽。

目前网上银行渠道的账户原油交易时间暂定如下：

周一：09：00～24：00。

周二至周五：00：00～03：00，09：00～24：00。

周六：00：00～03：00。

（5）交易方式。账户原油交易有实时交易和挂单交易两种交易方式。

客户选择实时交易，将按照实时交易报价完成账户原油交易；客户选择挂单交易，需根据选择的挂单类型提交包含设定价格的挂单指令，当交易报价满足挂单条件时，系统自动代客户按挂单设定的价格完成账户原油交易。

账户原油采取 T+0 交易模式，即客户买入的账户原油可在当日卖出，客户卖出账户原油获得的资金可在当日继续买入，因此客户在交易日当天可进行多次账户原油交易。

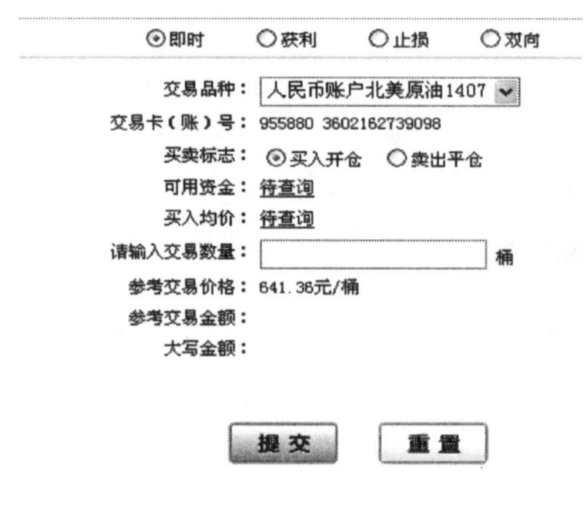


图 2-12

（6）先卖出后买入交易（做空机制）。先卖出后买入交易，是指客户首笔交易为卖出交易，然后在卖出的数量内部分或全部买入账户原油的交易。客户累计买入账户原油的数量不能大于累计卖出的数量。在该交易类型下，客户卖出时的操作称为卖出开仓，客户买入时的操作称为买入平仓。

客户进行账户原油先卖出后买入交易，在卖出交易前，应先从资金账户中划转相应足额资金到保证金账户作为交易保证金。

例如，2012 年 9 月 6 日“美元账户国际原油 1211”价格在 116～117 美元水平，客户预期后期该合约价格将下跌，在存入保证金账户 1166 美元后以 116.6 美元/桶的价格卖出 10 桶，系统冻结 1166 美元保证金。9 月 10 日“美元账户国际原油 1211”价格下跌至 112.6 美元/桶，客户买入 10 桶原油平仓，客户此前被冻结的保证金解冻，并获得收益(116.6－112.6)×10＝40 美元。

客户进行账户原油先卖出后买入交易，在卖出交易前，应提供 100% 交易保证金（保证金金额等于卖出开仓数量乘以卖出价格）。当客户保证金比例小于或等于 20% 时，我行可进行强制平仓。保证金比例计算公式为：（保证金账户金额＋账面盈亏）÷卖出账户原油冻结保证金×100%。

例如，某客户 10 月 23 日在转入保证金账户 880 美元后，以 88 美元/桶价格卖出 10 桶“美元账户北美原油 1212”。未来假如该期产品价格上涨到 158.4 美元/桶时，客户账面盈亏为－704 美元，保证金比例达到 20%，我行可对客户交易账户中卖出的 10 桶账户原油强制买入平仓，并将剩余清算资金划入客户保证

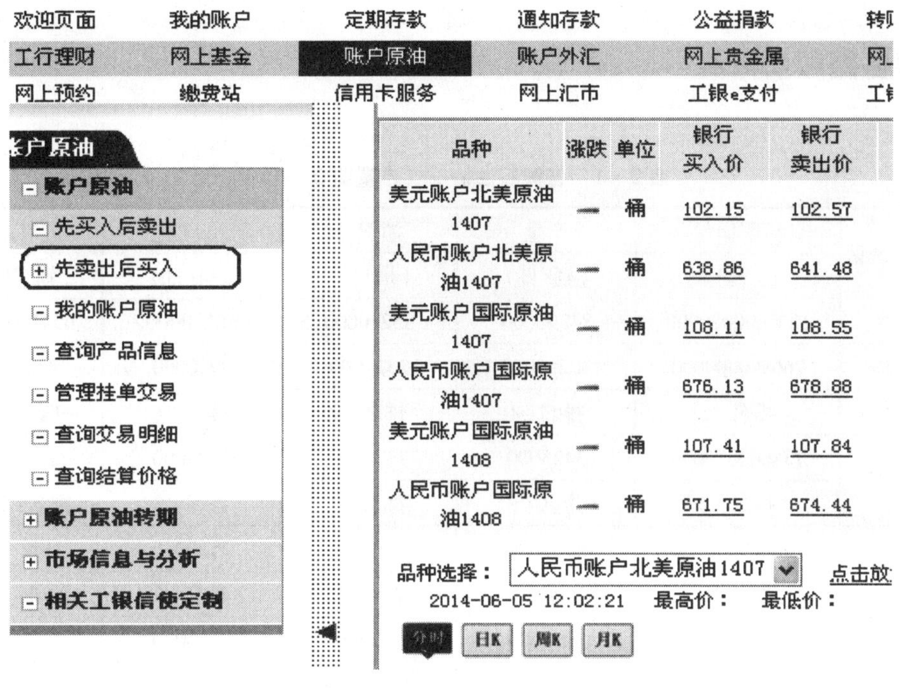


图2-13

金账户。

客户进行先买入后卖出交易和先卖出后买入交易两种方式相互独立，分别操作，对应的交易账户分为两个相互独立的交易子账户，所记载的账户原油数量不能累加或相互抵消。也即，客户通过先买入后卖出方式买入的账户原油，只可通过先买入后卖出方式的卖出平仓交易卖出；客户通过先卖出后买入方式卖出的账户原油，只可通过先卖出后买入方式的买入平仓交易进行平仓。

## 第3节 价值投资第3步：从世界供需格局看长期趋势

价格围绕价值波动，价格波动最终体现为供需关系的变化。要分析一个商品价格波动，特别是长期波动趋势的本质，必须了解这个商品在世界范围内的供需格局。供需格局由三大领域构成：生产、供给、需求。

众所周知，像沙特阿拉伯、伊朗这些中东地区国家有极大的原油储量，所以，一旦出现涉及这些国家的战争或者内乱，油价就会引发轩然大波。但很多人可能还不知道，加拿大和美国的石油储量也是名列前茅，中国的石油储量和产量只是仅次于美国。

表2-1所示的是2008年大规模统计的一组数据，包含世界各国石油的储量、产量、消费量和进出口量。了解这些数据和相互关系，就可以第一时间正确判断突发消息，而不需要慢慢等待众说纷纭的市场评论。

## 各国原油概况

表 2-1　各国石油概况（产量前 32 名）①

| 国家/地区 | 探明储量（桶） | 产量（桶/日） | 消费量（桶/日） | 出口量（桶/日） | 进口量（桶/日） |
|---|---|---|---|---|---|
| 世界 | 1332000000000 | 84790000 | 85270000 | 66190000 | 65410000 |
| 沙特阿拉伯 | 266800000000 | 10250000 | 2311000 | 8900000 | 41680 |
| | 排名：1 | 排名：1 | 排名：9 | 排名：1 | 排名：85 |
| 加拿大 | 178600000000 | 3425000 | 2371000 | 2225000 | 1229000 |
| | 排名：2 | 排名：7 | 排名：8 | 排名：8 | 排名：13 |
| 伊朗 | 138400000000 | 4033000 | 1679000 | 2520000 | 167800 |
| | 排名：3 | 排名：4 | 排名：15 | 排名：5 | 排名：45 |
| 伊拉克 | 115000000000 | 2094000 | 295000 | 1670000 | |
| | 排名：4 | 排名：15 | 排名：39 | 排名：13 | |
| 科威特 | 104000000000 | 2613000 | 334700 | 2356000 | 8022 |
| | 排名：5 | 排名：10 | 排名：36 | 排名：7 | 排名：132 |
| 阿联酋 | 97800000000 | 2948000 | 381000 | 2703000 | 232300 |
| | 排名：6 | 排名：8 | 排名：31 | 排名：4 | 排名：36 |
| 委内瑞拉 | 87040000000 | 2667000 | 738300 | 2203000 | |
| | 排名：7 | 排名：9 | 排名：22 | 排名：10 | |
| 俄罗斯 | 60000000000 | 9876000 | 2858000 | 5080000 | 73140 |
| | 排名：8 | 排名：2 | 排名：4 | 排名：2 | 排名：65 |
| 利比亚 | 41460000000 | 1845000 | 278700 | 1455000 | 575 |
| | 排名：9 | 排名：17 | 排名：42 | 排名：15 | 排名：176 |
| 尼日利亚 | 36220000000 | 2352000 | 312000 | 2473000 | 154300 |
| | 排名：10 | 排名：12 | 排名：37 | 排名：6 | 排名：49 |
| 哈萨克斯坦 | 30000000000 | 1445000 | 243100 | 1236000 | 127600 |
| | 排名：11 | 排名：19 | 排名：48 | 排名：16 | 排名：53 |
| 美国 | 20970000000 | 8457000 | 20680000 | 1165000 | 13710000 |
| | 排名：12 | 排名：3 | 排名：1 | 排名：19 | 排名：1 |
| 中国 | 16000000000 | 3725000 | 7578000 | 79060 | 3190000 |
| | 排名：13 | 排名：5 | 排名：2 | 排名：63 | 排名：3 |

① 表格数据来源：维基百科（http：//zh. wikipedia. org/wiki/各国石油）。

续表

| 国家/地区 | 探明储量（桶） | 产量（桶/日） | 消费量（桶/日） | 出口量（桶/日） | 进口量（桶/日） |
|---|---|---|---|---|---|
| 卡塔尔 | 15210000000 | 1125000 | 108900 | 1026000 | |
| | 排名：14 | 排名：20 | 排名：69 | 排名：20 | |
| 阿尔及利亚 | 12200000000 | 2173000 | 279800 | 1844000 | 13110 |
| | 排名：15 | 排名：14 | 排名：41 | 排名：11 | 排名：116 |
| 巴西 | 12180000000 | 2277000 | 2372000 | 481100 | 648800 |
| | 排名：16 | 排名：13 | 排名：7 | 排名：28 | 排名：17 |
| 墨西哥 | 11650000000 | 3501000 | 2119000 | 2204000 | 385400 |
| | 排名：17 | 排名：6 | 排名：11 | 排名：9 | 排名：26 |
| 安哥拉 | 9035000000 | 1910000 | 55640 | 1230000 | 19550 |
| | 排名：18 | 排名：16 | 排名：87 | 排名：17 | 排名：101 |
| 阿塞拜疆 | 7000000000 | 1099000 | 160000 | 795600 | 4267 |
| | 排名：19 | 排名：21 | 排名：62 | 排名：21 | 排名：148 |
| 挪威 | 6865000000 | 2565000 | 224500 | 2714000 | 92650 |
| | 排名：20 | 排名：11 | 排名：52 | 排名：3 | 排名：60 |
| 欧盟 | 6144000000 | 2674000 | 14390000 | 6979000 | 17710000 |
| 印度 | 5625000000 | 880500 | 2722000 | 450700 | 2159000 |
| | 排名：21 | 排名：23 | 排名：5 | 排名：30 | 排名：9 |
| 阿曼 | 5500000000 | 714300 | 69100 | 722000 | 15440 |
| | 排名：22 | 排名：26 | 排名：82 | 排名：22 | 排名：110 |
| 苏丹 | 5000000000 | 466100 | 79760 | 282100 | 7558 |
| | 排名：23 | 排名：31 | 排名：79 | 排名：38 | 排名：134 |
| 厄瓜多尔 | 4517000000 | 511600 | 160500 | 421700 | 47060 |
| | 排名：24 | 排名：30 | 排名：61 | 排名：31 | 排名：77 |
| 印尼 | 4370000000 | 1044000 | 1219000 | 470000 | 500000 |
| | 排名：25 | 排名：22 | 排名：17 | 排名：29 | 排名：21 |
| 马来西亚 | 4000000000 | 753700 | 501100 | 546300 | 308500 |
| | 排名：26 | 排名：25 | 排名：29 | 排名：26 | 排名：31 |
| 埃及 | 3700000000 | 664000 | 652700 | 204700 | 140000 |
| | 排名：27 | 排名：27 | 排名：24 | 排名：49 | 排名：50 |
| 英国 | 3600000000 | 1690000 | 1763000 | 1749000 | 1673000 |
| | 排名：28 | 排名：18 | 排名：13 | 排名：12 | 排名：12 |

续表

| 国家/地区 | 探明储量（桶） | 产量（桶/日） | 消费量（桶/日） | 出口量（桶/日） | 进口量（桶/日） |
|---|---|---|---|---|---|
| 也门 | 3000000000 | 320600 | 135400 | 336600 | 62850 |
| | 排名：29 | 排名：36 | 排名：65 | 排名：36 | 排名：73 |
| 阿根廷 | 2587000000 | 790800 | 525100 | 339900 | 23380 |
| | 排名：30 | 排名：24 | 排名：26 | 排名：34 | 排名：99 |
| 叙利亚 | 2500000000 | 433200 | 261000 | 254500 | 160000 |
| | 排名：31 | 排名：32 | 排名：45 | 排名：43 | 排名：47 |
| 加蓬 | 2000000000 | 243900 | 13170 | 255500 | 2485 |
| | 排名：32 | 排名：39 | 排名：128 | 排名：42 | 排名：156 |

例如，沙特阿拉伯的内乱对油价的推升力度肯定强于利比亚内乱。

又如，这样一则消息："某年某月，美国探明原油储量大增，产量上升。"作为一个原油进口量远大于出口量的消费大国，美国对油价的抑制作用将非常明显。

更复杂一点的情况，一国内乱，另一国原油产量大增，那么就要综合考虑前者内乱对出口的减少量和后者增产的数量。这些数据将起到很重要的作用。

## 地下储藏量和各国的备用储藏[1]

由于石油储量不能统计，只能通过估算得出，所以石油储量的统计有多个不同的来源，各个不同的来源对世界上的石油储藏量的估计各不相同。2004 年艾克森美孚估计世界的总储藏量为 1.26 兆（万亿）桶（1717 亿吨），同年英国石油公司的估计为 1.15 兆桶（1566 亿吨），《科学》甚至估计世界总储藏量为 3 兆桶。今天已经确定的和使用目前的技术能够经济地开采的储藏量近年来有所上涨，2004 年的数据是目前最高的。由于每年的开采和勘探工作的不足，中东、东亚和南美洲的储藏量有所下降，同时非洲和欧洲的储藏量有所上升。

2008 年，英国石油公司曾发表过调查报告，根据世界各国的石油储藏量与石油消耗资料，推断目前全球石油的世界储藏量还够用 41.6 年。但由于过去就已经有过类似的预言，而且石油从未告罄，这个数据也被人戏称为"石油常数"。2003 年最大的石油储藏位于沙特阿拉伯（2627 亿桶）、伊朗（1307 亿桶）和伊拉克（1150 亿桶），其后为阿联酋、科威特和委内瑞拉。

① 本段内容根据维基百科（http：//zh.wikipedia.org/wiki/石油）整理所得。

批评者怀疑这些数据，他们指出出于政治原因许多国家篡改这些数据，此外，许多国家虽然每年开采大量原油，但其数据始终不变，这说明这些数据已经很陈旧了。

因此许多国家备有短期的储藏以防止短期供不应求导致的危机。欧洲联盟的国家必须拥有足够 90 天的备用储藏。

迄今为止人类一共开采了约 0.95 兆桶石油。大多数储藏是在 20 世纪 60 年代发现的。2005 年的年开采量为 304 亿桶（相当于每日 0.833 亿桶）。

## 原油分布①

原油的分布从总体上来看极端不平衡：从东西半球来看世界分区域石油探明储量图，约 3/4 的石油资源集中于东半球，西半球占 1/4；从南北半球看，石油资源主要集中于北半球；从纬度分布看，主要集中在北纬 20°～40°和 50°～70°两个纬度带内。波斯湾及墨西哥湾两大油区和北非油田均处于北纬 20°～40°内，该带集中了 51.3% 的世界石油储量；50°～70°纬度带内有著名的北海油田、俄罗斯伏尔加及西伯利亚油田和阿拉斯加湾油区。约 80% 可以开采的石油储藏位于中东，其中 62.5% 位于沙特阿拉伯（12.5%）、阿拉伯联合酋长国、伊拉克、卡塔尔和科威特。世界原油储量分布比例如图 2－14 所示。

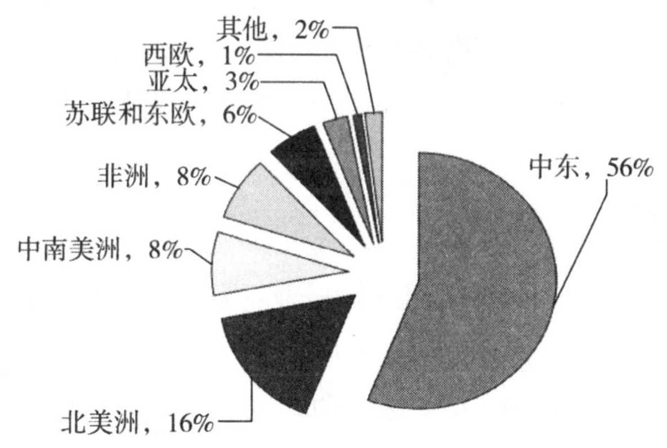


**图 2－14 世界原油储量分布比例**

1. 非洲

非洲是近几年原油储量和石油产量增长最快的地区，被誉为“第二个海湾地区”。2006 年，非洲探明的原油总储量为 156.2 亿吨，主要分布于西非几内亚湾地区和北非地区。专家预测，到 2010 年，非洲国家石油产量在世界石油总产

① 本段内容根据百度百科（http://baike.baidu.com/view/16263.htm）整理所得。

量中的比例有望上升到20%。

利比亚、尼日利亚、阿尔及利亚、安哥拉和苏丹排名非洲原油储量前五位。尼日利亚是非洲地区第一大产油国。尼日利亚、利比亚、阿尔及利亚、安哥拉和埃及等5个国家的石油产量占非洲总产量的85%。

### 2. 北美洲

北美洲原油储量最丰富的国家是加拿大、美国和墨西哥。加拿大原油探明储量为245.5亿吨，居世界第二位。美国原油探明储量为29.8亿吨，主要分布在墨西哥湾沿岸和加利福尼亚湾沿岸，以德克萨斯州和俄克拉荷马州最为著名，阿拉斯加州也是重要的石油产区。美国是世界第二大产油国，但因消耗量过大，每年仍需进口大量石油。墨西哥原油探明储量为16.9亿吨，是西半球第三大传统原油战略储备国，也是世界第六大产油国。

### 3. 中南美洲

中南美洲是世界重要的石油生产和出口地区之一，也是世界原油储量和石油产量增长较快的地区之一，委内瑞拉、巴西和厄瓜多尔是该地区原油储量最丰富的国家。2006年，委内瑞拉原油探明储量为109.6亿吨，居世界第七位。2006年，巴西原油探明储量为16.1亿吨，仅次于委内瑞拉。巴西东南部海域坎坡斯和桑托斯盆地的原油资源，是巴西原油储量最主要的构成部分。厄瓜多尔位于南美洲大陆西北部，是中南美洲第三大产油国，境内石油资源丰富，主要集中在东部亚马孙盆地，另外，在瓜亚斯省西部半岛地区和瓜亚基尔湾也有少量油田分布。

### 4. 亚太地区

亚太地区原油探明储量约为45.7亿吨，也是世界石油产量增长较快的地区之一。中国、印度、印度尼西亚和马来西亚是该地区原油探明储量最丰富的国家，分别为32亿吨、9亿吨、6.8亿吨和5亿吨。中国和印度虽然原油储量丰富，但是每年仍需大量进口。

由于地理位置优越和经济的飞速发展，东南亚国家已经成为世界新兴的石油生产国。印尼和马来西亚是该地区最重要的产油国，越南也于2006年取代文莱成为东南亚第三大石油生产国和出口国。印度尼西亚的苏门答腊岛、加里曼丹岛，马来西亚近海的马来盆地、沙捞越盆地和沙巴盆地是主要的原油分布区。

### 5. 中东波斯湾沿岸

中东海湾地区地处欧、亚、非三洲的枢纽位置，原油资源非常丰富，被誉为“世界油库”。据美国《油气杂志》2006年最新的数据显示，世界原油探明

储量为1804.9亿吨。其中，中东地区的原油探明储量为1012.7亿吨，约占世界总储量的2/3。在世界原油储量排名前十位的国家中，中东国家占了五位，依次是沙特阿拉伯、伊朗、伊拉克、科威特和阿联酋。其中，沙特阿拉伯已探明的储量为355.9亿吨，居世界首位；伊拉克已探明的石油储量从先前的115.0亿吨升至143.1亿吨，跃居全球第二位；伊朗已探明的原油储量为186.7亿吨，居世界第三位。

6. 欧洲及欧亚大陆

欧洲及欧亚大陆原油探明储量为157.1亿吨，约占世界总储量的8%。其中，俄罗斯原油探明储量为82.2亿吨，居世界第八位，但俄罗斯是世界第一大产油国，2006年的石油产量为4.7亿吨。中亚的哈萨克斯坦也是该地区原油储量较为丰富的国家，已探明的储量为41.1亿吨。挪威、英国、丹麦是西欧已探明原油储量最丰富的3个国家，分别为10.7亿吨、5.3亿吨和1.7亿吨，其中挪威是世界第十大产油国。

我国石油资源集中分布在渤海湾、松辽、塔里木、鄂尔多斯、准格尔、珠江口、柴达木和东海陆架八大盆地，其可采资源量为172亿吨，占全国的81.13%；天然气资源集中分布在塔里木、四川、鄂尔多斯、东海陆架、柴达木、松辽、莺歌海、琼东南和渤海湾九大盆地，其可采资源量为18.4万亿立方米，占全国的83.64%。

## 现今原油供需格局

经历2008年金融危机爆发牵引的油价轩然大波之后，2009年油价迎来剧烈反弹，延续至2011年年中才开始缓和下来。在没有重量级地缘政治因素影响的背景下，油价的长期趋势完全由基础供需格局决定。表2－2和表2－3是美国能源信息署（EIA）公布的2010—2014年的全球原油消耗数据和产量数据。基础供需格局就是全球消耗量和全球生产量之间的差距。

**表2－2 各地区原油消耗（百万桶/天）**

| | 2010年 | 2011年 | 2012年 | 2013年 | 2014年 |
|---|---|---|---|---|---|
| 北美 | 24.10 | 24.07 | 23.79 | 23.83 | 23.85 |
| 欧盟 | 14.70 | 14.37 | 13.80 | 13.61 | 13.58 |
| 太平洋地区 | 8.10 | 8.13 | 8.45 | 8.46 | 8.44 |
| 经合组织 | 46.90 | 46.57 | 46.04 | 45.90 | 45.87 |
| 独联体 | 4.20 | 4.43 | 4.55 | 4.69 | 4.84 |
| 中国 | 8.80 | 9.24 | 9.54 | 9.97 | 10.37 |

续表

| | 2010年 | 2011年 | 2012年 | 2013年 | 2014年 |
|---|---|---|---|---|---|
| 其余亚洲地区 | 10.80 | 11.00 | 11.37 | 11.75 | 12.17 |
| 拉丁美洲 | 6.00 | 6.29 | 6.46 | 6.66 | 6.90 |
| 中东 | 7.30 | 7.37 | 7.58 | 7.81 | 8.12 |
| 非洲与欧盟的无经合组织 | 4.10 | 4.01 | 4.11 | 4.21 | 4.36 |
| 非经合组织 | 41.20 | 42.34 | 43.61 | 45.09 | 46.76 |
| 合计 | 88.10 | 88.91 | 89.65 | 90.99 | 90.62 |
| 变化年率（%） | 3.0 | 0.9 | 0.8 | 1.5 | 1.8 |

表2-3　世界原油产量统计（百万桶/天）

| | 2010年 | 2011年 | 2012年 | 2013年 | 2014年 |
|---|---|---|---|---|---|
| 欧佩克原油 | 29.23 | 29.86 | 31.01 | 31.73 | 32.79 |
| 欧佩克天然气凝析液 | 5.38 | 5.78 | 6.21 | 6.39 | 6.52 |
| 欧佩克合计 | 34.61 | 35.64 | 37.22 | 38.12 | 39.31 |
| 变化年率（%） | 1.7 | 3.0 | 4.4 | 2.5 | 3.1 |
| 经合组织 | 18.9 | 18.9 | 19.7 | 20.2 | 20.4 |
| 拉丁美洲 | 4.1 | 4.2 | 3.7 | 3.9 | 4.1 |
| 亚洲 | 7.8 | 7.7 | 7.7 | 7.7 | 7.9 |
| 非洲 | 2.6 | 2.6 | 2.3 | 2.3 | 2.4 |
| 其他地区 | 17.2 | 17.2 | 17.1 | 17.3 | 17.4 |
| 非欧佩克合计 | 50.6 | 50.6 | 50.5 | 51.4 | 52.2 |
| 变化年率（%） | 2.5 | 0.1 | -0.1 | 1.8 | 1.4 |
| 处理增益 | 2.1 | 2.1 | 2.1 | 2.2 | 2.2 |
| 合计 | 87.31 | 88.34 | 89.82 | 91.72 | 93.71 |
| 变化年率（%） | 2.1 | 1.3 | 1.7 | 2.1 | 2.1 |

将两者的总量提取出来做直接对比，如表2-4所示，2010年和2011年的日均消耗量都大于日均生产量，所以世界原油处于供不应求的格局，油价延续2009年以来的反弹趋势。进入2012年后，日均产量逐渐反超日均消耗量，所以油价反弹趋势就得到抑制。

表 2-4 全球原油供给与需求（百万桶/天）

| | 2010 年 | 2011 年 | 2012 年 | 2013 年 | 2014 年 |
|---|---|---|---|---|---|
| 产量（包括处理增益） | 87.27 | 88.39 | 89.91 | 91.80 | 93.72 |
| 消耗量 | 88.10 | 88.91 | 89.65 | 90.99 | 90.62 |
| 净产量 | -0.83 | -0.52 | 0.26 | 0.81 | 3.10 |
| 经合组织总库存 | 2693 | 2621 | 2724 | 2710 | 2708 |
| 库存消耗比率（周） | 8.31 | 8.17 | 8.56 | 8.57 | 8.58 |

另外，世界原油市场的供给特点也对原油供给具有重大影响。目前世界原油市场的供给方主要包括原油输出国组织（欧佩克）和非欧佩克国家。欧佩克拥有世界上绝大部分探明原油储量，其产量和价格政策对世界原油供给和价格具有重大影响。而非欧佩克国家主要是作为价格接受者存在，根据价格调整产量。

从这 5 年的趋势来看，似乎是消耗量和生产量都在增加，但是消耗量的增加明显不及生产量增加得快，从而未来几年将出现供过于求的现象。其实不然，2014 年美国逐步走出经济低谷、进入复苏阶段的信号越来越明显，经济复苏伴随的是工业复苏、服务业复苏，届时原油需求量将出现大幅增加。《BP 2035 世界能源展望》对世界主要的几个地区的液态能源损耗趋势做了预测，即使在美国经济全面复苏之前，中东和亚太地区的原油消耗也将出现加速增长，如表 2-5 所示。

表 2-5 全球主要地区液态能源（包含所有液态原油）消耗趋势（百万吨）

| | 1990 年 | 2000 年 | 2012 年 | 2015 年（预测） |
|---|---|---|---|---|
| 北美 | 923 | 1062 | 1017 | 1014 |
| 欧盟与亚欧大陆 | 1128 | 929 | 880 | 854 |
| 中东 | 174 | 243 | 376 | 395 |
| 亚太 | 665 | 999 | 1389 | 1460 |

## 美国原油供需格局有重大影响力

美国是原油消耗的超级大国，美国原油供需格局的意义就像美国经济一样，对全球格局有着最为重要的影响。

据 EIA 公布，2013 年美国原油产量上升对全球原油价格稳定做出很大的贡献，使年均油价维持在前两年的水平。2013 年 WTI 原油现货价格平均是

98 美元/桶，比 2012 年高 4%，创 2008 年以来的年均价新高（这也为 2014 年美国以此打压油价、狙击卢布埋下铺垫）。新管道和铁路基础设施建设缓解了运输限制，已对 WTI 原油价格产生下行压力。北海布伦特原油现货价格 109 美元/桶，比 2012 年下降 3%。布伦特原油价格承压，因为美国轻质低硫原油的增产降低了美国的进口需求，从而提高了布伦特品质的原油对全球市场的供应。

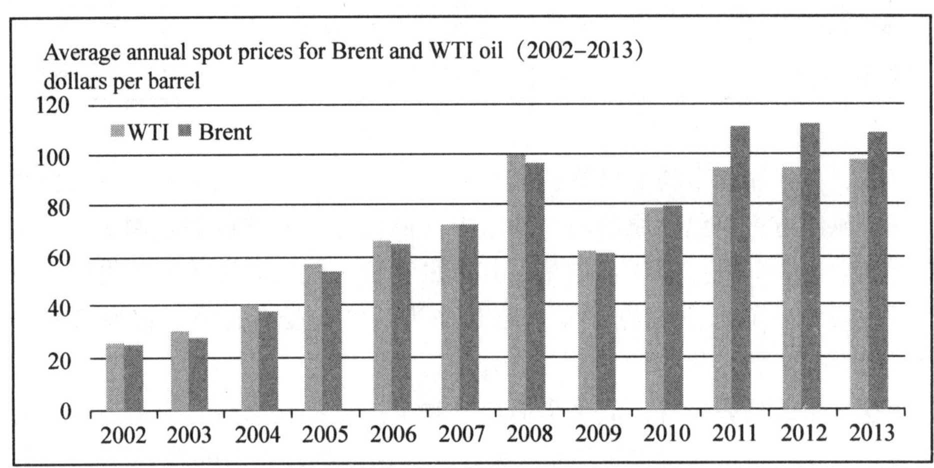


图 2－15　布伦特与 WTI 现货原油年均价（来源：EIA）

图 2－16 和图 2－17 分别是美国原油产量和储量的历史走势。早在 1970 年，美国的原油产量和储量就达到峰值，所以其通过对外掠夺的手段，以满足经济与科技进步带来的不断增加的原油需求，原油价格也开始一路扶摇直上。步入 21 世纪 10 年代，美国的产油量快速上升，这使不断上涨的油价进入相对稳定的阶段。

图 2－16

美国原油储量历史曲线
单位：百万桶
45000
40000
35000
30000
25000
20000
15000
10000
5000
0
1899 1909 1919 1929 1939 1949 1959 1969 1979 1989 1999 2009

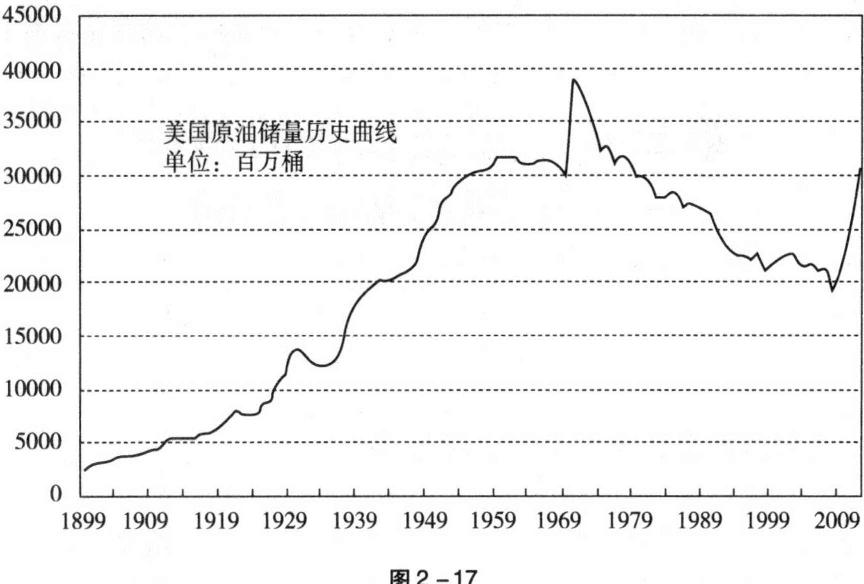

图2－17

# 第三章　短线投机的基础——中期趋势的判断

## 原油与白银市场相互影响，相互印证

这一章开始，我们将正式进入原油的行情分析阶段。行情分析分为基本面分析和技术分析两大部分。而无论是哪一部分，你都会见到不少白银市场的案例。

这是因为原油市场和白银市场的运行方式和技术特征实在太相似了。

原油和白银都是全球市场的商品，都是以美元计价，都是商品属性远高于避险属性。以至于原油市场和白银市场是相互影响、相互印证的。有经验的白银投资者都知道，分析白银行情的时候，往往要参考原油市场。有经验的原油投资者也都知道，分析原油行情的时候，往往也需要参考白银市场。这样可以确定很多关键位置的有效性，可以过滤很多的假突破陷阱。而且有一些经典的技术走势在近年内还没出现在原油市场，但是我们可以在白银市场里面看到。

在基本面分析方面，原油和白银的关系尤其密切。对于原油和白银来说，基本面分为两部分：供求关系和世界政治经济格局。

原油的供求关系波动比白银明显得多，白银对世界政治经济格局的敏感度比原油高。

因此，相互印证的价值就非常明显了：因为原油能把供求波动的影响放大，所以当供求情况出现变动的时候，白银投资者就可以参考原油市场来指导自己的交易。而白银市场能反映出世界政治经济格局的微妙变化，所以在供求信息真空期，原油投资者就很有必要参照白银市场来进行交易。

基本面决定原油和白银的趋势，其中全球供需格局决定长期趋势，本章介绍的另外三层基本面分别依次决定中短期趋势。多数时候，原油和白银的波动方向呈正相关，因为影响原油价格的基本面和影响白银价格的基本面大致相同。而由于油价对供求格局更敏感，所以分析油价的时候还需额外考虑一些局部的因素。

# 第1节 基本面分析最大的秘密——层次关系

判断趋势是行情分析的第一步，也是展开其他分析的前提。很多投资者并没有理解趋势的意义，往往将趋势与方向混为一谈。趋势和方向有着实质性的分别，在系列丛书的《白银投资技巧实战篇》中有详细阐述，趋势是指市场在一段时期内的总体倾向，而方向是影响短线交易的随机波动。

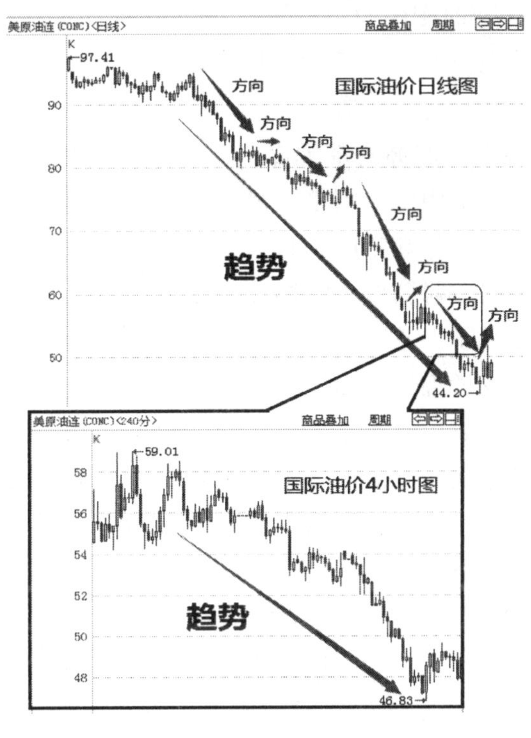


图3－1

从图3－1中可以清晰地看到趋势与方向的本质区别。对于短线交易来讲，因为基本上每一天都有两个方向的波动，所以无论做多还是做空，都有机会获利。但是从中我们可以看到，在空头趋势当中，做空的进出场比做多的要明显来得简单；做空的盈利空间也明显大于做多。即使对比交易中最差的情况，至少做多不会被套。所以，判断趋势是行情分析的大前提。而基于方向判断的短线交易分析方法将在后面章节详细介绍。

顺势而为的道理其实可谓家喻户晓，绝大部分的投资者，无论是刚入门的投资者，还是有数年经验的投资客，都知道要“顺势而为”，他们每天都会竭尽办法获知当时的趋势。然而事实却是，市场中大多数的投资者在亏损。那就说明，“顺势而为”只是一句空话，谁都知道要顺势而为，但是在预测趋势上却无能为力。因为趋势是无法预测的。操作上，我们只能去跟随；分析上，我们只能去“假设”。

“假设”并不是指随机的假设，而是通过一些有效的方法，判断出一个大概率的趋势。判断趋势最有效的途径是通过基本面分析，判断趋势是基本面分析发挥最大作用的战场。

介绍基本面分析之前，先补充极其重要的一点：趋势和方向还有另一重关系，这是绝大多数投资教材从来没有阐明过的问题。趋势和方向在一定条件下是可以相互转化的。如图 3－1 所示，日线图里的“方向”，在 4 小时图中上升为“趋势”。同样，1 小时图中的“趋势”，在 4 小时图中往往只是“方向”。所以，分析交易之前首先要明确自己的交易是短线、中线还是长线，只有明确自己的交易周期，才有“趋势”可言。

影响原油和白银价格走势的基本面因素可以归为四大类：地缘政治因素、经济因素、金融因素、实物供求因素。很多学习过行情分析的投资者都知道基本面可分为这四大类，但是在实际分析过程中却不知道如何处理各种因素间的关系，仍然停留在根据即时新闻去判断多空影响的阶段。这距离发挥基本面分析的真正作用实在太远了。基本面分析要做得好，在深度和广度两个方面都要兼顾：深度是指当天或者近期的消息面要掌握全面，广度则是指不能光是关注近期的基本面，要把近期和前期的基本面在时间跨度上联系起来。

以下要介绍的是基本面分析的一个最大秘密，很多投资者做了一辈子的基本面分析还是做不到位，归根到底就是没有弄明白一个很重要的关系，即四大类基本面之间的层次关系。

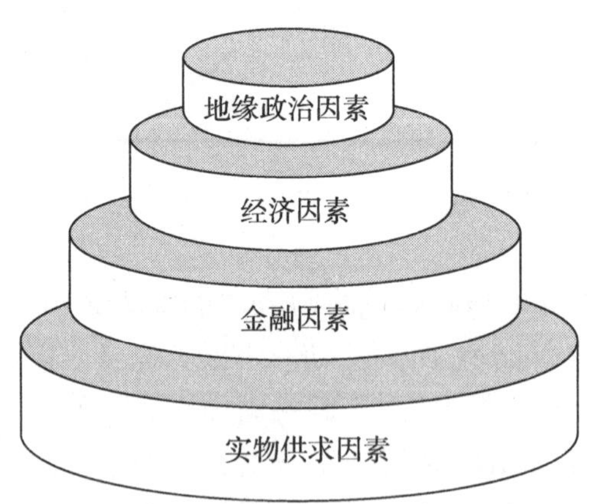


**图 3－2　四大类基本面因素之间的层次关系**

图 3－2 是四大类基本面因素的层次关系图。基本面的基础层次关系并不是什么新理论，在很多传统教材中都有介绍从地缘政治因素到经济因素，到金融因素，到实物供求因素的影响力从强到弱的关系。这种关系本身并没有问题，但是不全面，缺乏四大因素的影响持久力方面的层次关系。而笔者提出的蛋糕模型正是把四大因素的这两种层次关系形象地描绘了出来。

四大因素的关系就像一个四层的蛋糕，四者客观同时存在，四者之间存在层次关系，但是互不包含。越是顶层的蛋糕，越容易被吃到，但是也越容易被吃完。越是底层的蛋糕，越不容易被吃到，也越耐吃。所以同样的，越是底层的因素，越是不容易被市场重视，但是它的影响范围越大，影响时间也越持久；而越是上层的因素，越受市场重视，影响力越大，越明显，但也越短暂。

地缘政治因素处于最顶层，也就说明地缘政治的影响力最大，但影响的时间最短促。经济因素的影响力仅次于地缘政治因素，但是影响的时间较地缘政治因素要长。实物供求因素处于最底层，是四大类基本面中影响力最小的，但是影响的持久力最强。金融因素的影响持久力仅次于实物供求因素，而影响力比实物供求因素强。

因此，当你的交易计划周期越长，就要关注越长期的影响因素。只有找对了层次，才能找到适合你的“趋势”。例如中线的交易需要知道的是中期趋势，所以要优先关注金融因素；而长线的交易需要知道的是长期趋势，就要关注实物供求因素。对于中短线投资，要按地缘政治因素—经济因素—金融因素的顺序去分析基本面环境。例如，当有重要的地缘政治方面的基本面出现时，就要紧盯这个基本面，经济因素和金融因素可以放在次要地位；而当地缘政治方面没有有影响力的事件出现时，就要优先关注经济因素；而当经济环境稳定，没有明显起伏的时候，金融环境就是指导我们交易的重要依据。

基本面因素从地缘政治因素、经济因素、金融因素到实物供求因素的推动力度由强到弱，持续时间由短到长的关系，在实际分析行情的时候只要理清就足够。至于基本面因素层次关系背后的原理，并不干预实际操作，所以这里只是简单地介绍一下。

商品价格是由整个市场的所有参与者共同作用的总和的反映，所以不同的基本面因素对价格的影响力度和影响持续时间的不同，归根到底是市场参与者对基本面因素做出的反应不同。

只要你参与过实际交易就会有这样的体会：既定经济数据公布或者突发事件刚出现的时候是最激动人心的，行情是波动最剧烈的，主动交易的冲动也是最强烈的。而随着时间的推移，无论是市场反应还是自己的交易冲动都会逐渐消淡。

这种剧烈和强烈是人类的感性情绪导致的，称作感性交易。感性交易是交易者根据短期大脑内认为最新鲜、最有影响力的消息的影响效果总和来做出的交易决策，包括进场方向、持仓量、止损止盈的设置等。在当今信息量爆炸的年代，人类对新鲜信息的记忆和敏感度一般都很短，所以感性交易的特点就是持续时间短、影响力集中。

交易者决策的依据是自己大脑内对各消息处理的总和，而商品价格是所有市场参与者行为的总和。这里涉及另一个因素，那就是不同的交易者，他们对同一条消息的获取和理解都会存在不同。例如在某国家发生了一些有影响力的消息，但是该国不愿意让消息外传而刻意封闭，这样就只有很少数的交易者了解到，也就是说，朝着该影响方向交易的交易者不多，所以对商品价格的影响就很有限；又或者一些没有引起国际媒体足够关注的消息，也是类似状况。又例如美国经济数据的走强，因为黄金白银既具有商品属性，也具备货币属性，所以这种因素在不同时期对它们价格的影响方向会截然不同，表现在微观上就是在不同的交易者脑中的理解存在分歧，这样也不能形成一致的影响。

地缘政治事件是各大国际媒体争相报道的热门素材，是人们最关心的消息，在人们的心目中也基本上不存在理解分歧，所以地缘政治因素的影响有非常好的一致强化效应。在地缘政治因素的推动下，大多数的交易者都进行同向的感性交易，从而推动大幅度的单边行情。而同时，感性记忆的持续时间不长，因而这种感性交易推动的单边行情持续时间也不长。这就是地缘政治因素推动行情的力度最强、持续时间最短的根本原因。

经济因素方面的消息也是相当透明，好比经济数据和各国央行议息会议，因为是全球公布的，而且在既定时间公布，所以全球交易者都能在同一时间了解到。但是，与地缘政治因素的消息不同，交易者对同一经济因素或者经济事件的理解不尽相同，不同的经济学家评论观点也扩大了这种分歧。所以，经济因素同样引发市场参与者普遍的感性交易，但是这种感性交易在大部分情况下存在着不同程度的分歧，因此推动力度不如地缘政治因素强。但正因为这种分歧，使其在交易者脑中的记忆时间更长，从而推动商品价格运行的持续时间更长一些。

与感性交易相对的另一个极端是理性交易。理性交易主要由长期存在的、稳定的影响因素决定，这些因素一般很小分歧，而且很稳定，不容易出现变化。例如工业需求以及全球流通泛滥，这些因素都是长期存在的，所以对交易者的影响就是，不会有特别重视的时候，但是总会记得，一有相对好的机会出现，就会去交易。理性交易的特点就是微观推动力度不强，但是影响的持续时间很长。

举个最简单的例子，每年金价下跌的淡季，人们都会蜂拥去购买金饰和投资性金条、金币等，这种行为虽然不会造成对金价的冲击性推高，但是长期存在。同样，人们对投资性银制品、银制品企业对白银的需求也是理性投资的集中表现；随着经济周期变化的原油需求导致的油价波动也是同样原理。

最后看金融因素。金融因素里面最重要的一方面是国际资本流动，关于这些方面的消息一般投资者很难获知，但是这类消息还是偶有出现在国际媒体。基于金融因素消息的获知难度，金融因素引起的感性交易明显比不上经济因素和地缘政治因素。但是，金融因素反映的是国际资本流动，这是直接决定商品价格走势的，所以金融因素在市场参与者中基本上没有分歧。当然，由于一些机构操作的需要，这种资本流动的现象有时只是表象，所以引起的理性交易不如实物供求因素强。

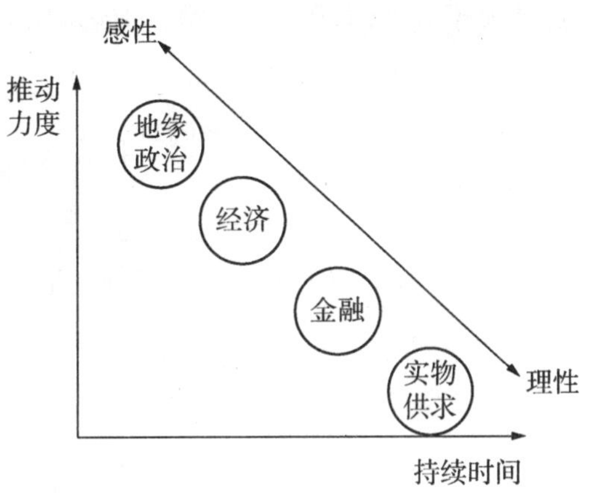


图 3－3

简单来说，地缘政治因素、经济因素、金融因素和实物供求因素的本质关系可以表示成一个此消彼长的三角形关系，如图 3－3 所示。

实物供求因素（世界供需格局）对长期趋势的影响机理已在上一章做过详细的介绍，下面对中短期的三层基本面进行介绍。

## 第 2 节 地缘政治因素分析

地缘政治因素对原油和白银价格的影响最直接、最明显，是短线投资者必须重点关注和分析的因素。世界上重大的政治事件、重要国家的战争、重大突发事件和核心国家安全战略调整，都会对油价或金价造成很大的影响，从而很大程度上影响银价的运行。

对于原油市场，发生在中东地区的战争或动乱对原油市场的影响尤其敏感，因为中东地区是世界原油的主要产地，这些地区的战争会直接影响原油的供应，造成原油的大幅波动。原油价格反映欧美国家的通胀水平，油价上涨过快会使通胀情况恶化；而油价上涨也会令美元间接承压，从而间接推高白银和原油价格。另外，战争本身就会引发人们的避险情绪，从而使人们大量买进黄金。相应的，在战争结束或者缓和的时候，白银和原油价格在没有其他驱动因素支撑的情况下就会快速回落。

历史上的中东战争、伊朗伊斯兰革命、伊拉克战争等都推动原油和黄金价格在一定时期内出现脉冲式行情。因为白银价格的波动方向很大程度上受金价走势带动，所以这些战争为白银带来的推动或打压作用也是相当显著的。

图 3－4 是 2011 年 2～5 月的国际现货白银日线走势图，这段走势是近年来地缘政治因素影响最典型的一个集中反映。3 月中下旬至 4 月下旬的超级牛市行情就是由引发供油恐慌的利比亚战争所驱动。而代表海上霸权得到巩固的拉登

被击毙事件则造成5月上旬的大级别暴跌行情。可以很明显地看到，地缘政治事件引发的行情级别明显大于其他时间段的行情，但影响的持续时间不长。

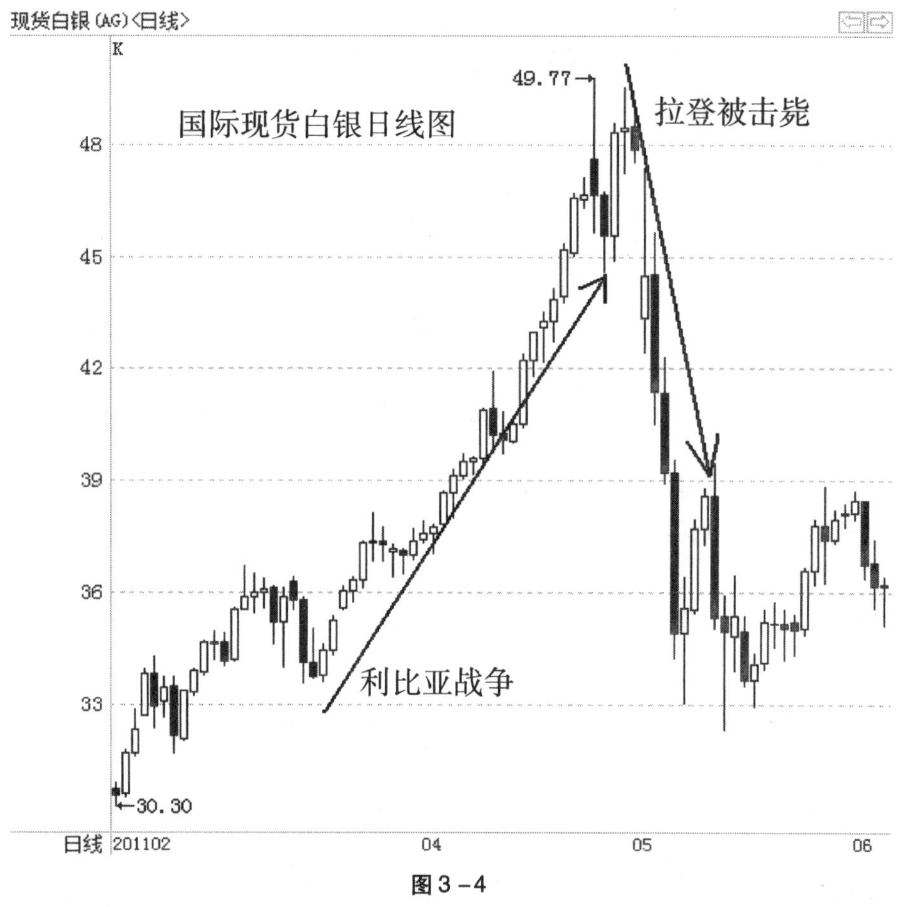


图3-4

很多人误认为地缘政治因素就是战争，其实不然，战争只是地缘政治因素里的一部分。2014年油价暴跌就是地缘政治因素推动，而这期间并没有伴随任何战争。如图3-5所示。

地缘政治因素并非像多数投资者理解的那样只会对金银、原油市场产生利好作用，甚至不一定会产生影响。地缘政治因素与原油、白银的关系体现为很强的阶段性特征，这个特征主要体现在三方面：

第一，受地缘政治影响的国家货币信用是否遭遇冲击，进而激发受影响的区域性黄金需求，从而带动白银市场。若非经济大国或者黄金需求大国，金银价格受影响非常有限。这种情况对原油的影响不大。

第二，因纯粹的政局动荡引发对黄金的避险买盘，从而带动银价上涨。这种情况下如果该国不是原油的出产大国或者原油运输的重要交通枢纽，对油价也没有影响。

第三，基于地缘政治是否影响全球能源供应格局，并进而引发对通胀预期

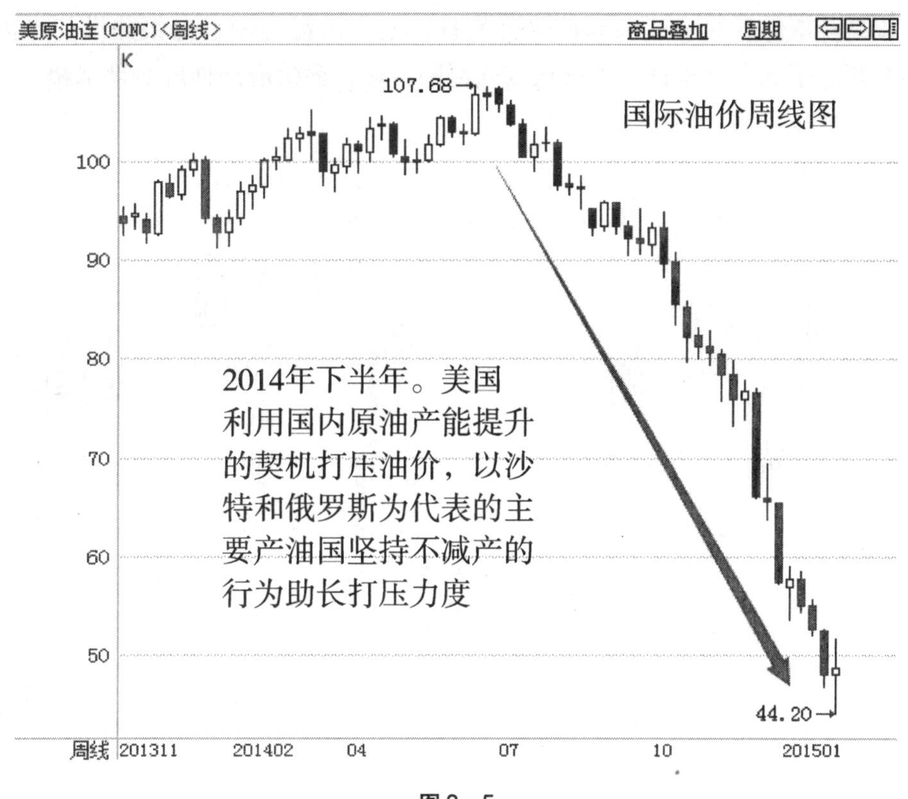


图 3－5

的担心。这种情况油价是主动，金银市场是被动跟随。

总体而言，地缘政治对金银、原油市场的影响就像一阵飓风，风起时（特别投机力量进一步煽风），潮起众人狂；风过后，潮落归平静。

地缘政治不稳定会影响原油供应格局或信用货币吸引力，从而影响原油和黄金白银市场。在当今世界，信用货币被作为经济调控的重要工具。在经济和政治局势发生动荡的时候，信用货币的信用度将受到不同程度的影响，使信用货币吸引力发生变化，市场资金会大量流向商品市场和避险市场，而白银具有天然的货币属性和保值功能，也是作为有限的商品资源，因此是这种情况下资金流向的理想归宿。即原油的影响机理是简单直接的，而白银的影响机理则相对间接，有时候还会面临矛盾。

值得注意的是，很多地缘政治事件并非偶然，由于最大的投机资金——美国政府和对冲基金可以轻易控制国际媒体，所以很多所谓的“突发的地缘政治事件”的报道其实是早有安排的，甚至事件本身就是蓄谋已久的。回顾以往历史，很多地缘政治事件的启动点都是精确的行情转折点，转折之前往往出现明显的诱空（诱多）和方向接盘迹象。如图 3－6 所示，“9・11”事件前，白银价格是明显的空头格局，但就在小幅创下新低之后出现了大量的低位接盘，走出了不寻常的反技术走势。短短的几个交易日之后，“9・11”事件爆发，银价被大幅拉高。事件后的第三和第四个交易日，上方抛盘剧烈，白银并没能走出应有的涨幅。第五个交易日，美国正式入侵阿富汗，银价应声回吐全部涨幅。

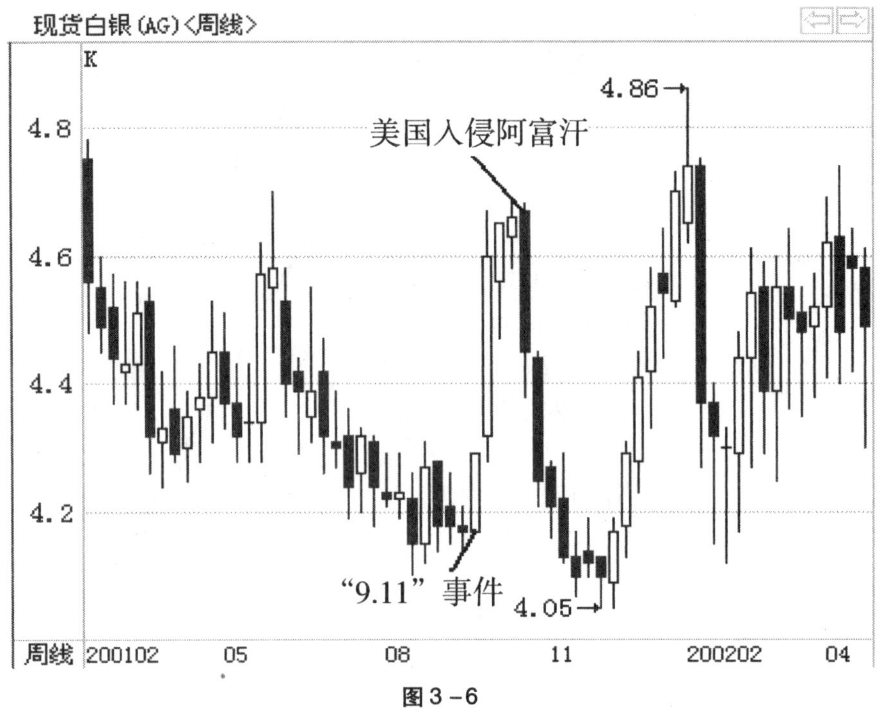


图3-6

很多投资者会有这样的错觉：只要发生战争，只要出现动乱，那么金价油价就会带动银价大涨。这只是片面的看法。的确，在很多时候，战争或动乱有推动金银、原油价格上涨的作用，但并不是所有的战争或动乱都能产生推动作用，甚至有些战争或动乱会对金银价格造成强烈的打压，就如上面例子中的美国入侵阿富汗，对金银造成打压，但对原油市场没有明显影响，因为阿富汗不是石油高产国。战乱对金银价格是否有影响，产生什么性质的影响，涉及战乱的外在因素与内在性质。

能推升银价的战乱必须是威胁到以美国为主的主要经济体，使美元的霸主地位产生动摇，使以黄金和白银的天然货币优势凸显，从而使金银作为避险市场，价格大幅上涨。而当战乱结束或者美国重新控制局势之时，金银价格就会大幅回落。

这里顺带提一下"海权"和"陆权"的对立。从世界地理格局及历史来看，世界各国主要分为"海权"和"陆权"两大对立势力。美国、英国、日本是海权的代表，东亚、西欧和印度是陆权的代表。战争中，陆权一方占优势，对金银价格是利好；海权一方占优势，对金银价格是利空。

2011年2月21日，中东地区多个国家相继爆发民众抗议动乱，其后甚至扩散到北非地区。这两个地区都是世界原油的主要生产地区，事件严重影响海权

在中东地区的资源控制力。3 月 18 日，英、意、法三国联军发动利比亚战争。虽然美国基于经济衰弱以及本身需要应付三大主战场的原因，在这场战争中只是消极参与，但以英国为首的三国在利比亚的利益与美国本身利益一致。

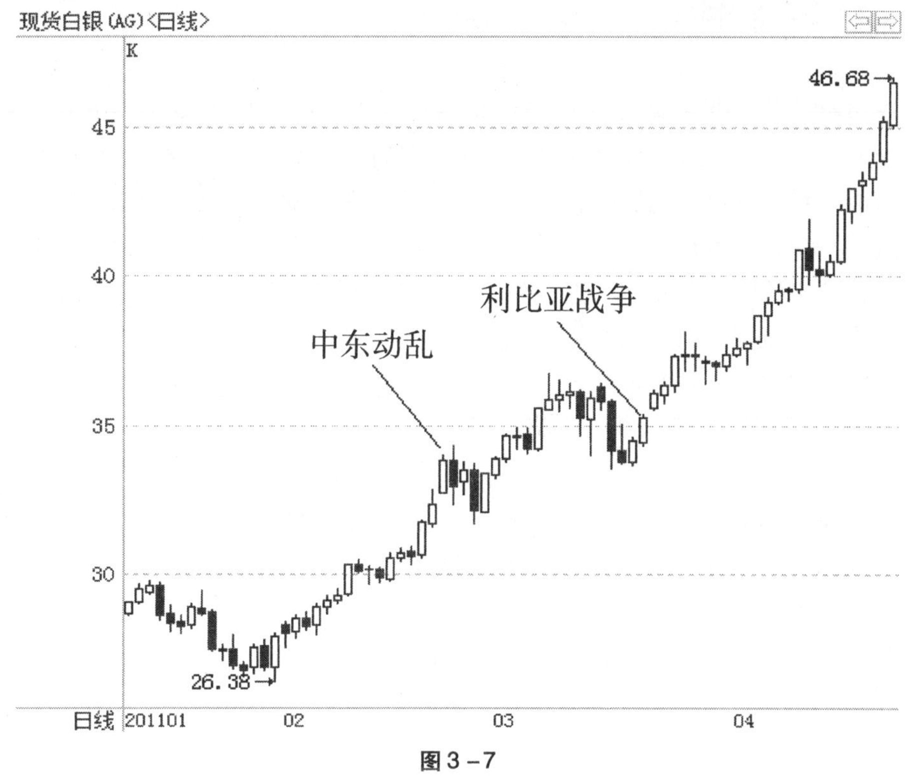


图 3 -7

三国联军从战争一开始便寸步难行，银价虽然在一个多月以来持续上涨，已经开始出现严重超买和上升动力衰竭的现象，但在此推动下，出现了持续一个月的非理性上涨。如图 3 -7 所标注。

白银的货币属性使白银在避险属性方面跟随黄金的价格波动，而白银的商品属性使白银很多时候跟随作为大宗商品的代表——原油的价格波动。石油是现代经济的血液，石油价格的动荡会引发恶性通胀和经济停滞。

20 世纪后期，国际原油价格发生过三次剧烈波动，对全球经济产生了巨大影响。这三次剧烈波动，被称为三次石油危机。

## 第一次石油危机（1973—1974 年）

1973 年 10 月第四次中东战争爆发，为打击以色列及其支持者，石油输出国组织的阿拉伯成员国当年 12 月宣布收回石油标价权，并将其基准原油价格从每桶 3.011 美元提高到 10.651 美元，使油价猛然上涨了超过两倍，引发了第二次世界大战之后最严重的全球经济危机。持续三年的石油危机对发达国家的经济造成了严重的冲击，在这场危机中，美国的工业生产下降了 14%，日本的工业生产下降了超过 20%，所有的工业化国家经济增长都明显放缓。

### 第二次石油危机（1979—1980 年）

1978 年年底，世界第二大石油出口国——伊朗的政局发生剧烈变化，亲美温和派的国王巴列维下台，从而引发第二次石油危机。此时又恰逢两伊战争，全球石油产量受到严重的影响，从每日 580 万桶的产量骤降到 100 万桶以下。随着产量的剧减，油价在 1979 年开始暴涨，从每桶 13 美元猛增至 1980 年的 34 美元。这种状态持续了半年多，这一轮危机成为 20 世纪 70 年代末发达国家全面衰退的一个主要原因。

### 第三次石油危机（1990 年）

1990 年 8 月初，伊拉克攻占科威特以后，遭受到了国际经济制裁，由此伊拉克的原油供应中断，国际油价急升至 42 美元/桶的历史高点。美国、英国经济再次步入衰退，全球 GDP 增长率在 1991 年跌破 2%。后来国际能源机构启动了紧急计划，以每天 250 万桶的储备原油投放市场，而以沙特阿拉伯为首的欧佩克也迅速增加产量，国际原油价格才得以稳定下来。

油价上涨背后的本质，离不开美国和其他国家在中东地区的利益争夺关系。随着全球工业化的高速发展，各国对重要经济能源，特别是石油的需求量大增，需要进口大量的原油供国家工业生产所需，例如美国就有 70% 的重要经济能源需要依靠进口。所以，中东地区丰富的石油资源自然成为各国相互争夺的对象。

因此，中东地区几乎每个年代都会发生大型的冲突，平均每年都有小冲突或者内乱。每次国际政治局势动荡的时候，就是原油和白银投资者难得的“乱世”投机的机会。

## 第 3 节　世界经济因素分析

经济因素中最常见的就是平时每个交易日都会公布的欧美经济数据。所以，不少人误认为经济因素影响力小，影响的持续时间短，于是将其用来指导超短线交易。这种认识并不完全错误，因为当重要数据公布值与市场预期值有较大出入的时候，的确是决定短期波动方向的主因，也是有时候国际投机主力启动攻势的导火线。但如果仅把眼光放在这方面，那么经济因素的作用就只被发挥了很小的一部分。

一方面，经济数据只是反映经济状况的一些特定部分，而非经济全景，经济因素还包括其他各种经济事件，例如议息会议、债务危机等。另一方面，相信不少有经历的投资者都有这样的体会，经济数据公布值与市场预期值对比呈利好结果时，白银和原油价格不一定就会上涨，有时候涨得特别多，有时候只是涨一点点，有时候全无反应，有时候甚至下跌。这是因为经济数据并非独立的，国外成熟投资者关注的经济数据不是独立的，而是投放于当前经济环境中综合考虑的，好比技术分析的主要对象并不只是价格本身。特定经济数据在特定的经济环境下影响会特别显著，例如，市场关注焦点在美国是否即将推出新一轮货币宽松制度上的时候，美国 CPI 数据公布值的影响力就会特别大。

由于一国经济的稳定性和增长情况直接体现在外汇市场上，因此，在分析经济因素对原油和白银价格的影响时，必须结合外汇走势和外汇对原油和白银价格的影响进行跨市场分析。因为国际原油白银都是以美元标价，美国经济的稳定性对其的影响尤其重要。美元经济的繁荣和稳定程度直接体现在美元指数的走势中。因此，在经济阶段转换的情况下，美国经济的复苏将形成压力，美国经济的衰退就会提供强劲的支撑；在经济阶段稳定的情况下则相反。而因为原油的商品属性比白银更纯粹，所以经济因素对两者的影响有时也不尽相同。

当原油和白银以其他货币标价时，该货币所属国家的经济稳定性在很大程度上影响该国货币标价的原油白银价格走势。

总的来说，世界经济因素包括国际经济形势、通货膨胀以及美国经济数据三大方面。

## 国际经济形势

在全球经济形势中，美国经济形势对原油和白银的价格有着最重要的影响，这是由美国的国际货币地位决定的。美国经济的好坏对世界经济发展影响巨大，美国经济保持平稳增长使得美元保持坚挺，直接导致油价银价受压；相反，美国经济下滑会致使美元贬值，直接支撑油价银价上涨。

在分析国际经济形势对原油和白银价格的影响时，要注意以下五点：

第一，非美重要经济体发生经济危机时，原油和白银价格也会出现强烈的波动。例如，欧债危机、日债危机都会有不同程度的推动作用，虽然作用及不上美债危机，但这些世界主要经济体的危机引发的避险情绪也是不容忽视的。

第二，如果地缘政治形势稳定，国际经济形势对银价走势就会起决定性作用；而一旦地缘政治形势有不稳定预期时，就需要综合考虑地缘政治和国际经济形势变化对银价的综合影响。

第三，重要经济体的政治经济也会对原油和白银价格产生重要的影响。比如，重要经济体经济形势发生变化后，该经济体会采取各种经济手段和政策对经济形势进行调节，而政策传导会表现在原油和白银价格的变化上。因此，通过重要经济体的政策、经济手段等变化来判断原油和白银价格走势是非常有效的途径。美联储和欧洲央行不同时期的货币政策、经济调节手段都是需要时刻关注的。

第四，美国经济运行状况对油价和银价影响尤其明显。美国是世界经济强国，经济总量占世界的1/3，股市市值占全球股票市值的四成以上；最重要的是，美元是主要的国际储备货币，全球央行外汇储备的2/3都是美元，重要的大宗商品，如石油、黄金和白银，都是以美元标价和结算的，因此，美国经济形势直接影响着世界经济形势的发展变化。在分析经济因素的时候，美国经济在很大程度上能作为全球经济的缩影。

第五，虽然多数时候油价与银价的波动同步，但由于白银拥有一部分原油不具有的货币属性，所以在一些敏感的经济环境阶段，两者的运行步伐会有所不同。这一点在实际分析交易的时候尤其需要注意。

下面来看两个经济环境影响油价银价运行的例子。

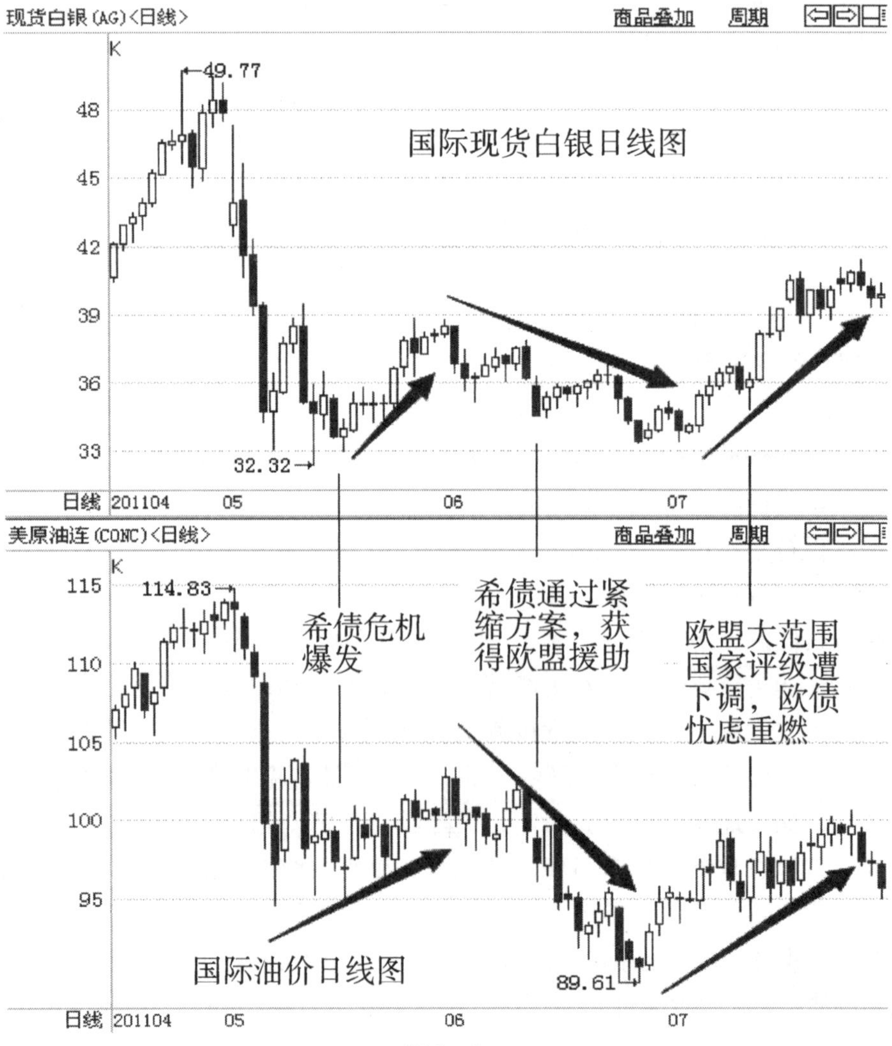

图3-8

图3-8是2011年5～7月油价和银价的日线走势图，这里展现了受欧洲经济环境影响的3个中期波段。5月中旬，希腊债务危机爆发，油价和银价总体持续反弹了超过1个月。到6月下旬，由于希腊政府不顾民间严重抗议情绪，强行通过了紧缩方案，从而获得欧盟的救助，希债危机得到较为有效的缓解，油价和银价再次展开下探波段。但到了7月上旬，美国评级机构大举下调欧盟多个国家的评级，市场对欧债危机的担忧情绪被重新激发，受此影响，油价和银价展开更强劲的反弹。

图3-9是2014年3～6月油价和银价的日线走势图。步入2014年后，美国经济数据从房屋数据、制造业数据等领先指标到通胀数据、就业数据整体持续复苏，美国经济复苏的整体环境初步成立。银价持续承受压力，形成明显的下行趋势。但由于美国经济初步稳定复苏，油价得到很好的支撑，明显比银价抗跌。

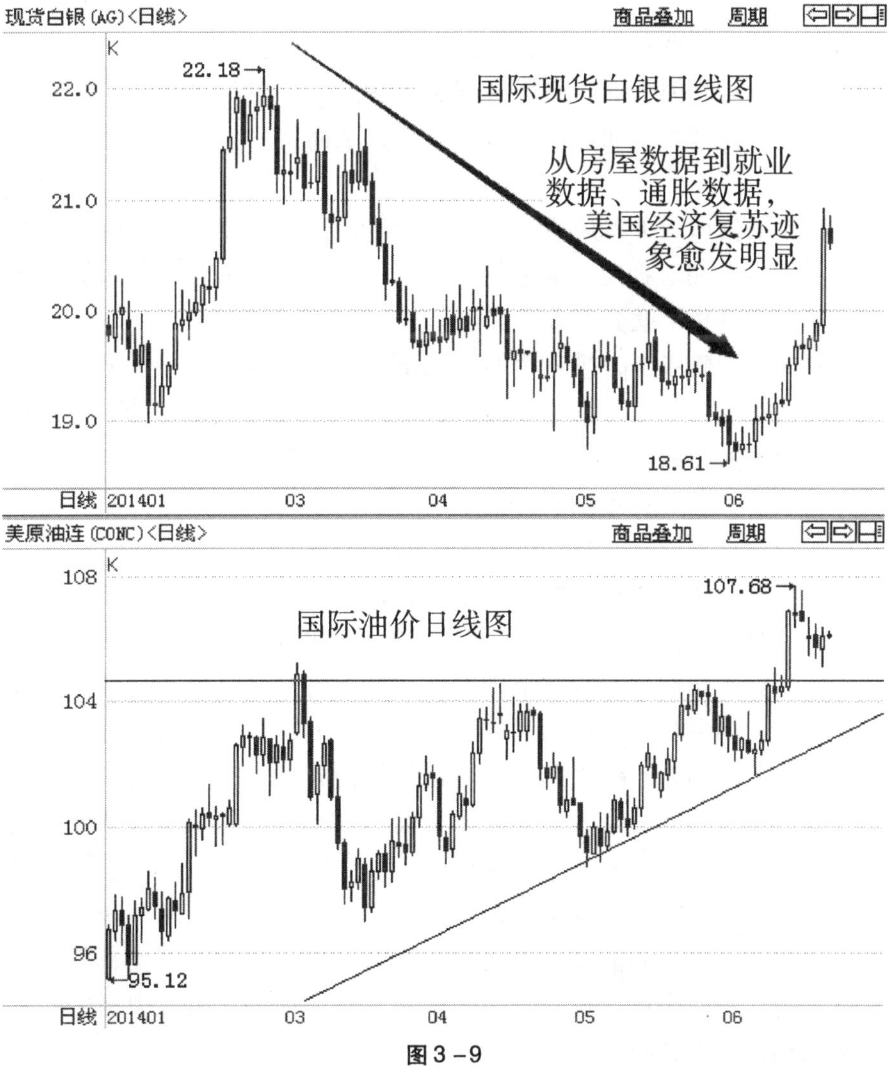

图3-9

## 通货膨胀

白银和黄金一直被人们视为财富的象征，这是金银天然的货币属性在人们心中的反映。虽然白银已经退出了世界的货币体系，但黄金仍是世界上唯一的非信用货币。自古金银不离家，白银是黄金投资最好的替代品，这使白银具有很好的保值和抗通胀功能。

白银的商品属性和天然货币属性都使白银本身具备价值，它不像纸币、存款等只是价值的代表，本身没有任何价值。所以，白银具备很好的保值功能。在极端情况下，纸币会丧失信用货币的功能，等同于白纸；但白银在任何时候都不会失去作为货币的价值。这体现了白银在通货膨胀时代的投资价值。特别是在货币流动性泛滥、通货膨胀严重的年代，白银会因为它的抗通胀特性而备受投资者青睐。

当 CPI 上涨给投资者的财富和购买力带来威胁的时候，黄金白银是投资者很好的避风港。这是因为通货膨胀意味着各种资产的价格上涨，白银在全球的资源储备量并不会增加，而需求量日益增长，从而使白银拥有很好的保值功能和增值功能。

各个国家的货币购买力是基于该国的物价指数决定的。当一国的物价稳定，货币的购买能力也相对稳定。如果物价飞涨，通货膨胀恶化，货币的购买力就会持续下降，这种货币就会失去吸引力。

在温和的通货膨胀下，投资者的获利全凭投资对象的价格上升。当通货膨胀加剧时，持有现金对自己的财富几乎没有保障，收取利息也赶不上物价的上升速度，纸币的实际购买力不断下降。由于全球白银的资源有限，它的价格会随着商品价格的上涨、货币购买力的下降而迅速上涨。白银的商品和货币双重属性让白银成为这时候人们避险和投资的首选。

要真正了解通胀对银价的影响，还要从长期和短期两个角度来分析。从长期的角度看，每年的通胀率若是在正常范围内变化，那么对银价的波动影响不会很明显；而如果长期高于正常范围的话，那么将对银价形成持续的支撑。从短期的角度看，如果物价短期内大幅上升，货币的购买力快速下降，即使通胀率仍然在正常范围内，也会引起人们恐慌。因为人们总是喜欢直线联想，短期的趋势会让人们联想到直线发展的未来情况非常严重，所以这种情况下银价也会明显上升。

西方主要国家的通胀率越高，以黄金白银作为保障的需求就越大，白银价格也上涨得越厉害。其中，美国的通胀率最容易左右银价的变动，其次是欧盟的通胀率，近年来中国在全球经济中的影响力逐渐增加，因此中国的通胀率也开始逐渐对银价产生影响。

至于原油，它往往是通货膨胀的领头羊，在通货膨胀推动银价上涨之前，油价往往早已涨了一大段。在通胀因素方面，原油是主动，白银是被动。在通缩的情况下也是这样。

## 美国经济数据

经济数据是我们平时接触最多的经济因素，而最具影响力的美国经济数据几乎每一天晚上都有公布，这也给我们提供了很多超短线交易机会。关注美国定期公布的经济数据是把握美国经济变化的最好途径。

经济数据有很多种，要进行系统和关联分析，理清思路，就必须先对经济数据进行分类。美国经济数据可以分为国家收支数据、就业数据、物价数据、工业数据、房屋数据五大类。下面详细介绍五大类中一些重要的经济数据及简要介绍其超短期影响机制。因为超短期的独立影响是基于美元的，所以对原油和白银的影响机制同向，而且白银的幅度一般较大，所以以下主要以白银市场来展示。

### 1. 国家收支数据

（1）国内生产总值（GDP）：是宏观经济中最受关注的经济统计数据，是衡量国民经济发展情况最重要的一个指标。GDP 越高，意味着经济发展越好，美国 GDP 上升，美元走强，金银价格相应走弱。应该考察该季度 GDP 与前一季度及去年同期数据相比的结果，增速提高或者高于预期，均可视为利好美元，利空白银和原油；反之亦然。

GDP 每个季度公布一次初值，一段时间之后会公布终值，GDP 的公布一般会引起很大的行情波动，要密切注意交易机会。

（2）贸易账：如果出口大于进口，称为“贸易顺差”；如果进口总额大于出口，便会出现“贸易逆差”的情形；如出口等于进口，就称为“贸易平衡”。如果一个国家经常出现贸易逆差现象，国民收入便会流出国外，使国家经济转弱。政府若要改善这种状况，就必须将该国的货币贬值，变相把出口商品价格降低，提高出口产品的竞争力。

国际贸易状况是影响外汇汇率十分重要的因素，所以，当美国贸易赤字扩大时，就会利空美元，利多白银和原油；反之亦然。

（3）净资本流入：指减去了美国居民对国外证券的投资额后，境外投资者购买美国国债、股票和其他证券而流入的净额。被视为衡量资本流动状况的一个标志。

资本净流入处于顺差状态，或好于预期，说明美国外汇净流入，对美元利好，对白银和原油利空；如果处于逆差（负数）状态，说明美国外汇净流出，利空美元，利好白银和原油。

2013 年 11 月 18 日 22：00 公布美国 9 月长期资本净流入高于预期和前值，受此影响，数据公布后银价大幅下滑，如图 3－10 所示。

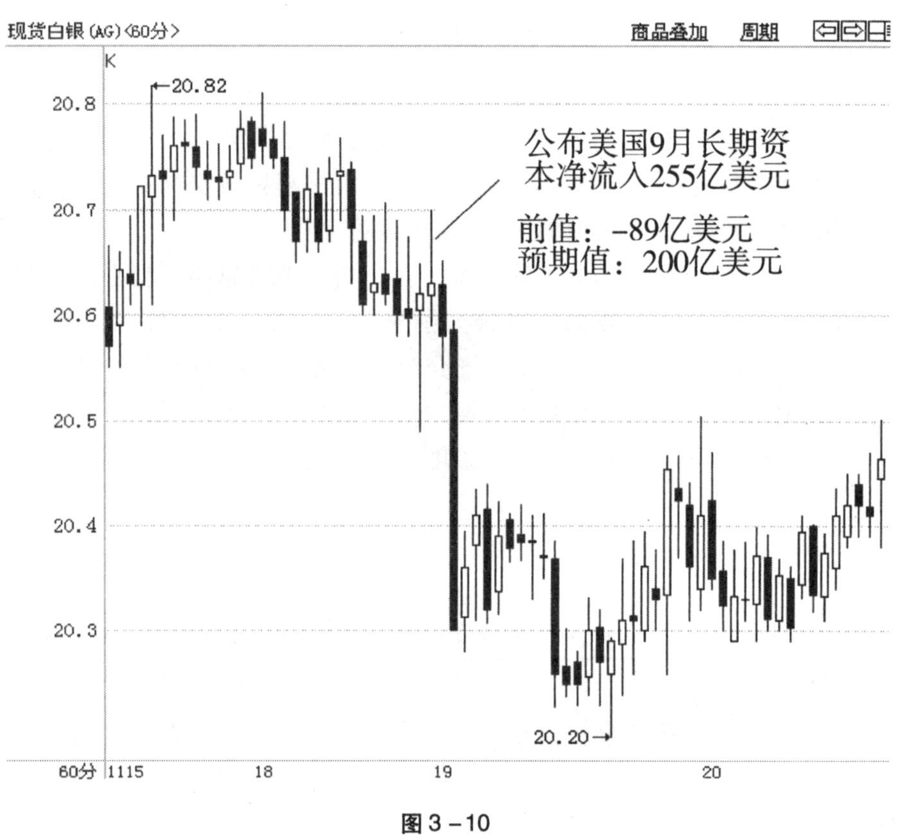


图 3－10

2. 就业数据

（1）非农就业数据、失业率：这两个数据是美国就业状况最有代表性的数据，分别由两个独立的调查得出——企业调查和家庭调查。企业调查提供非农业部门的就业情况；家庭调查提供失业率情况。非农就业数据上升或者失业率下降，反映美国就业市场向好，利多美元，利空白银和原油；反之亦然。

这两个数据固定在每个月第一个周五 20：30（冬令时 21：30）公布，是影响波动幅度最大的一组经济数据，全球大部分投资者都会高度关注，被视为最珍贵的短线淘金机会。天通银在数据公布前后几分钟内来回波动超过 100 个点是常有的事。

2014 年 1 月 10 日 21：30 公布美国 12 月非农就业人数低于预期和前值，受此影响，数据公布后银价大幅跳涨，如图 3－11 所示。

（2）每周申请失业金人数：分为初次申请和持续申请。是受到较高重视的经济指标。美国是个完全消费型的国家，如果每周因失业而申请失业救济金人

数增加，会严重抑制消费信心，也会引发对就业市场的担忧，从而利空美元，利多白银和原油。如果申请失业金数据降低，说明劳动力市场改善，对经济前景乐观，利多美元，利空白银和原油。

两个失业金人数数据固定在每周四晚上公布，其中初次申请失业金人数的影响更为明显。

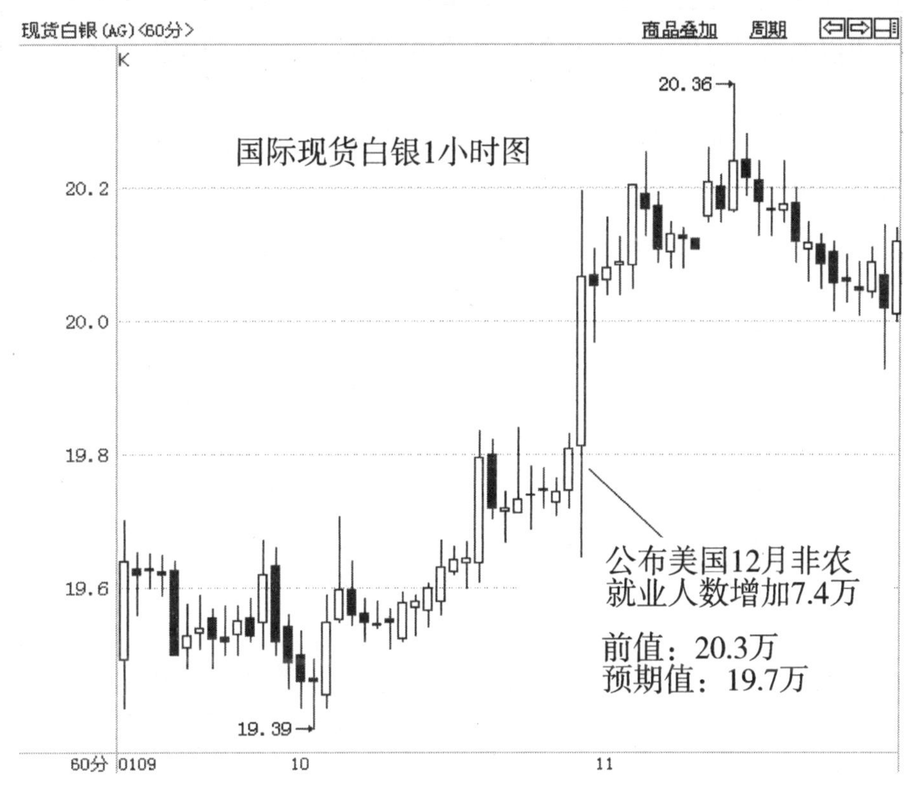


图3－11

3. 物价数据

（1）消费者物价指数（CPI）：反映与居民生活有关的产品及劳动的价格变动指标，通常作为观察通货膨胀水平的重要指标。正常情况下（2.0以上），CPI上升，有通货膨胀的压力，此时具有抗通胀属性的白银和原油就会受到利好刺激；反之亦然。

但处于经济不景气的时期，例如近几年，美国CPI长期低于2.0的水平，这种情况下CPI上升反而有利于美国退出货币宽松政策，从而利空白银和原油。

（2）生产者物价指数（PPI）：主要用于衡量商品在生产阶段的价格变化情况，与CPI一样，通常被作为观察通货膨胀水平的重要指标。生产成本的提高意味着商品价格的提高。所以一般而言，PPI对白银和原油价格的影响机理跟

CPI 同向。

PPI 没有像 CPI 那样明确的分水岭，所以考虑不同情况的时候需要借助 CPI 的水平（大于还是小于 2.0）来判断。

2013 年 11 月 21 日 21：30 公布美国 10 月核心 PPI 年率高于预期和前值，受此影响，数据公布后银价承压下行，如图 3－12 所示。

（3）零售销售指数：零售销售数额的统计汇总，包括所有主要从事零售业务的商店以现金或信用形式销售的商品价值总额。服务业所发生的费用不包括在零售销售中。

一般情况下，零售额提升代表个人消费支出的增加，经济情况好转，对美元利好，利空白银和原油；反之亦然。

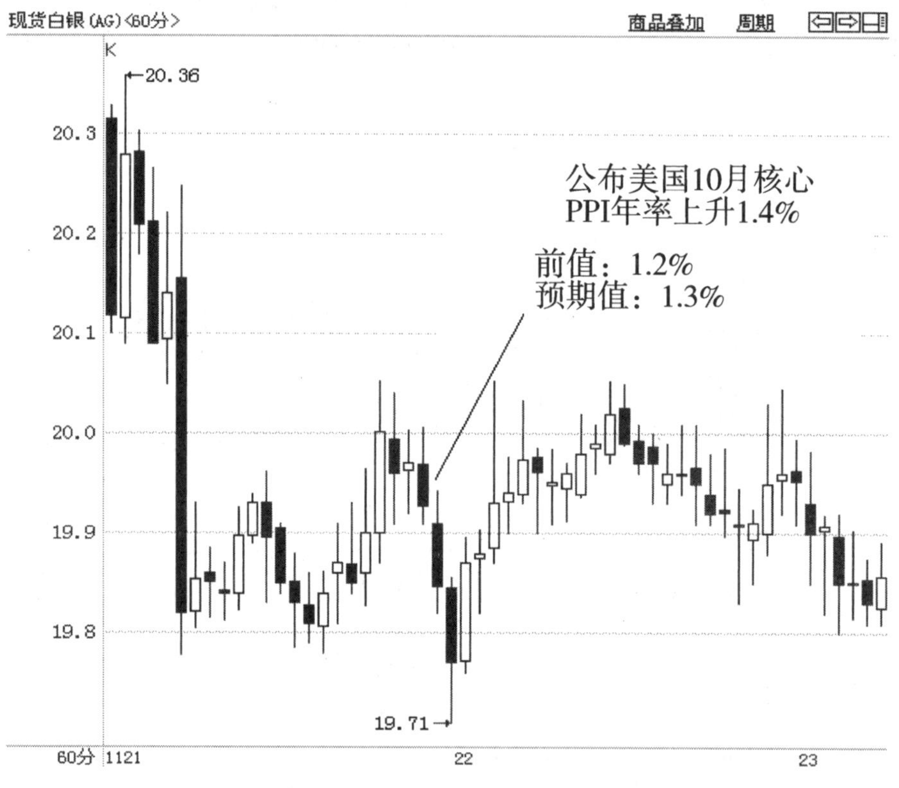


图 3－12

4. 工业数据

（1）工业生产指数：反映的是某一时期工业经济的景气状况和发展趋势。一般情况下，指数上扬代表经济好转，对美元利好，对白银和原油利空；反之亦然。

但如果处于美国经济衰退，美元成为世界避险市场的时候，工业生产指数的上扬就会激发风险偏好情绪，使避险资金流出美元市场，从而利好白银和原

油；而指数的下降将助长避险资金流入美元市场，令白银和原油承压。

（2）采购经理人指数（PMI）：是衡量制造业在八大范畴（生产、新订单、商品价格、存货、雇员、订单交货、新出口订单和进口）的状况。它以百分比来表示，50%作为经济强弱的分界线，在跨越分界线的时候会引起市场高度关注。

PMI增加是经济扩张的信号，利多美元，利空白银和原油；反之亦然。

（3）耐用品订单：代表未来一个月内对不易耗损的物品的订购数量，该数据反映了制造业的活动情况。

如果数据增长，表示制造业情况乐观，利好美元，利空白银和原油；如果数据降低，表示制造业出现萎缩，对美元利空，利多白银和原油。

2014年4月24日公布美国3月耐用品订单月率高于预期和前值，显示美国工业复苏步伐稳健，数据公布后油价扭转回调格局强势冲高，如图3－13所示。

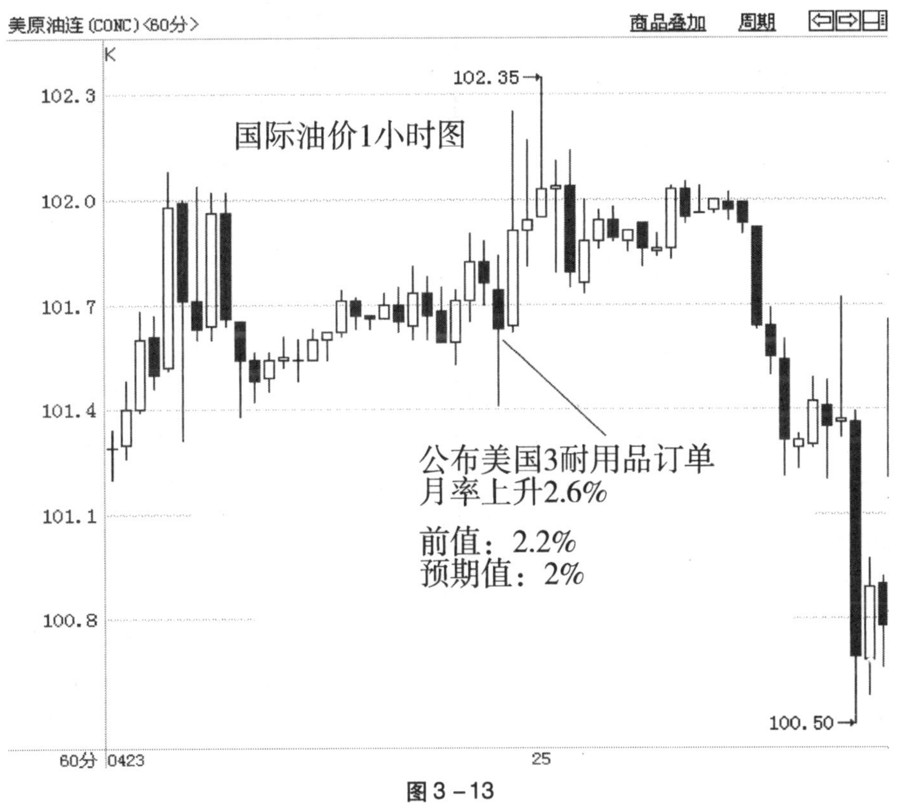


图3－13

5. *房屋数据*

（1）新屋销售数据：指签订出售合约的房屋数量。由于购房者通常都是通过抵押贷款、按揭贷款形式认购房屋，因此对当前的抵押贷款利率比较敏感。房地产市场状况体现出居民的消费支出水平，消费支出若强劲，表明该国经济运行良好，因此，新屋销售增加，对美元是利好因素，将推动美元走强，利空白银和原油；反之亦然。

2013 年 12 月 24 日 23：00 公布美国 11 月新屋销售月率低于预期和前值，受此影响，即使在圣诞休市前夕，银价也单边震荡上行，如图 3－14 所示。

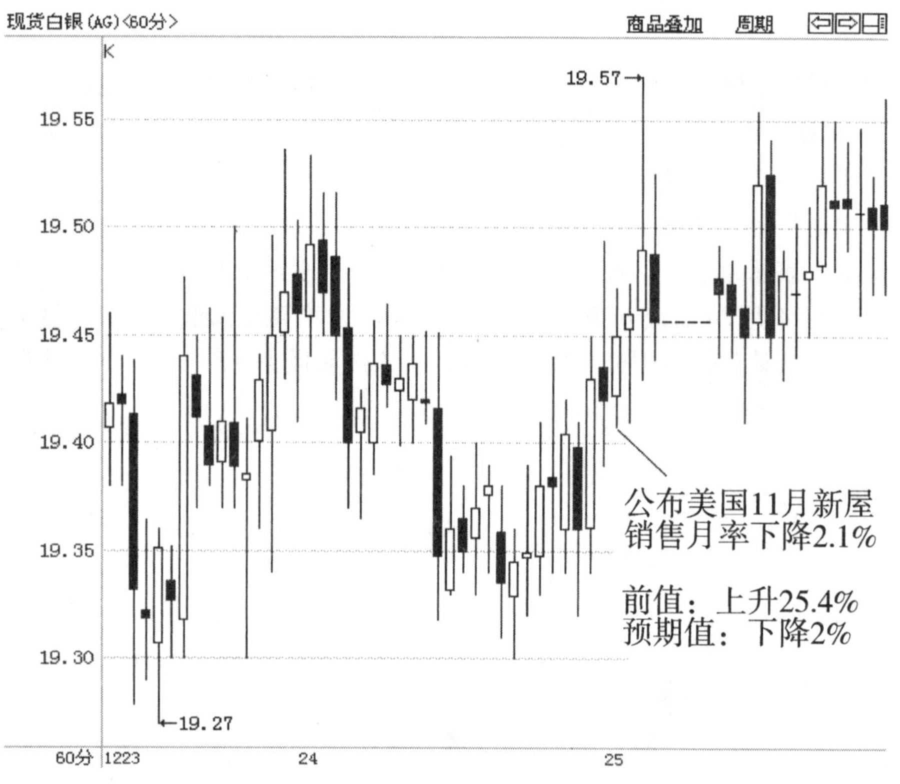


图 3－14

（2）新屋开工及营建许可建筑类指标：因为住宅建设的变化将直接指向经济衰退或复苏。通常来说，新屋开工与营建许可的增加，对美元是利好因素，将推动美元走强，利空白银和原油；反之亦然。

### 6. 消费者信心指数——一个独立的经济数据

这个数据不属于前面任何一类，但影响不可忽视。密歇根大学消费者信心指数在非农后 2～3 小时公布，仍可以激起第二波行情。

消费者支出数占美国经济的 2/3，对美国经济有重要影响。因此，分析师追踪消费者信心指数，以寻求预示将来的消费者支出情况的线索。每月公布两次消费者信心指数，一次在月初，一次在月末。

数据走强，表明消费者对未来收入预期看好，消费支出有扩大的倾向，从而有利于经济发展，利多美元，利空白银和原油；反之亦然。

2013 年 12 月 6 日 22：55 公布美国 12 月密歇根大学消费者信心指数高于预

期和前值，受此影响，此前非农数据引发的涨幅大幅回吐，如图 3－15 所示。

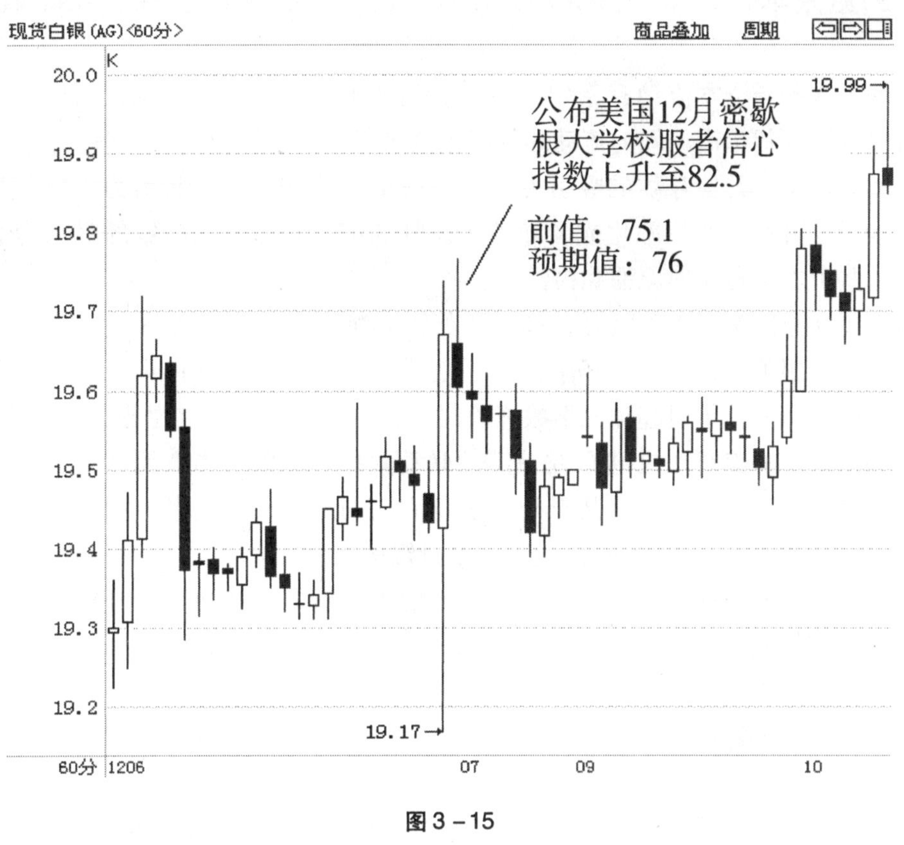


图 3－15

## 第 4 节 世界金融因素分析

金融因素指的是全球资本流动对原油和白银价格的影响。由于总体资本流动具有较强的持久性和稳定性，所以金融因素的影响持久时间比较长。资本流动包括个人资本流动与机构资本流动。

个人资本流动指个人投资者和消费者交易虚拟或实物原油和白银时所产生的资本流动。虽然个人投资者或消费者产生的资本流动对原油和白银价格的影响极其微小，但是当大部分的投资者和消费者都朝着一个统一的方向交易的话，那就能对原油和白银价格造成明显影响，甚至让其形成大趋势。

机构资本流动包括各国央行、大型对冲基金以及商业银行等投资机构在市场中的资本流动。例如国家对原油储备的增减、对冲基金的投机行为等都是金融因素之列。

由于国际油价和银价以美元计价，所以除了投资、投机和储备行为，影响外汇走势的金融因素也对原油和白银的价格产生影响。包括利率水平与货币供应量。

### 利率水平

利率水平与资本流动有密切的关系。利率水平就是收益差别，而资本流动则可以从国际货币市场间的流动和国际投资市场的游资结构调整来理解。

利率水平上升使存款的吸引力上升、股票和债券交易的吸引力下降，如果利率水平上升源于通货恶化或者导致了恶性通缩，则原油和白银的吸引力会上升，这些资本于是流向原油和白银。

需要注意的是，由于欧元、日元、英镑、澳大利亚元和加拿大元是非美货币的代表，跟美元是外汇市场上的对手货币，而国际原油和白银价格是美元标价的，所以非美货币引起美元指数涨跌时，也会影响到原油和白银价格的走势，原油和白银与非美货币之间存在一定的联动效应。例如，当欧元区处于加息周期，而美元加息机会不多，甚至处于减息周期的时候，追逐息差的资本就会流向欧元，欧元兑美元就会升值，原油和白银的美元价格也会受到提振。所以，通过主要国家的利率水平，可以掌握资本的大致流向，从而间接分析原油和白银市场的资金流向。

### 货币供应量

在宏观经济分析当中，货币供应量是一个很重要的经济指标。它对股市、外汇市场和期货市场都有直接的影响，与原油和白银市场的关系也非常密切。

在不考虑其他因素的情况下，货币供应量的变动方向与原油和白银价格的变动方向是一致的。当货币供应量减少的时候，利率水平就会提高。在套息交易的作用下，该货币的汇率水平也随之提高，以该货币计价的原油和白银价格就会相应下降；相反，货币供应量增加，该货币的利率水平和汇率水平就会下降，以该货币计价的原油和白银价格就会相应上升。

图 3 – 16 是 2008—2011 年国际银价和油价的周线走势图。2008 年爆发全球金融危机，危机爆发后，以美国为首的主要国家先后打开印钞机，实行量化宽松的货币政策，货币供应量持续大幅提升。这段过程中原油价格呈现持续的上行通道运行，而白银的跨年超级大牛市就是在这个契机下爆发的。

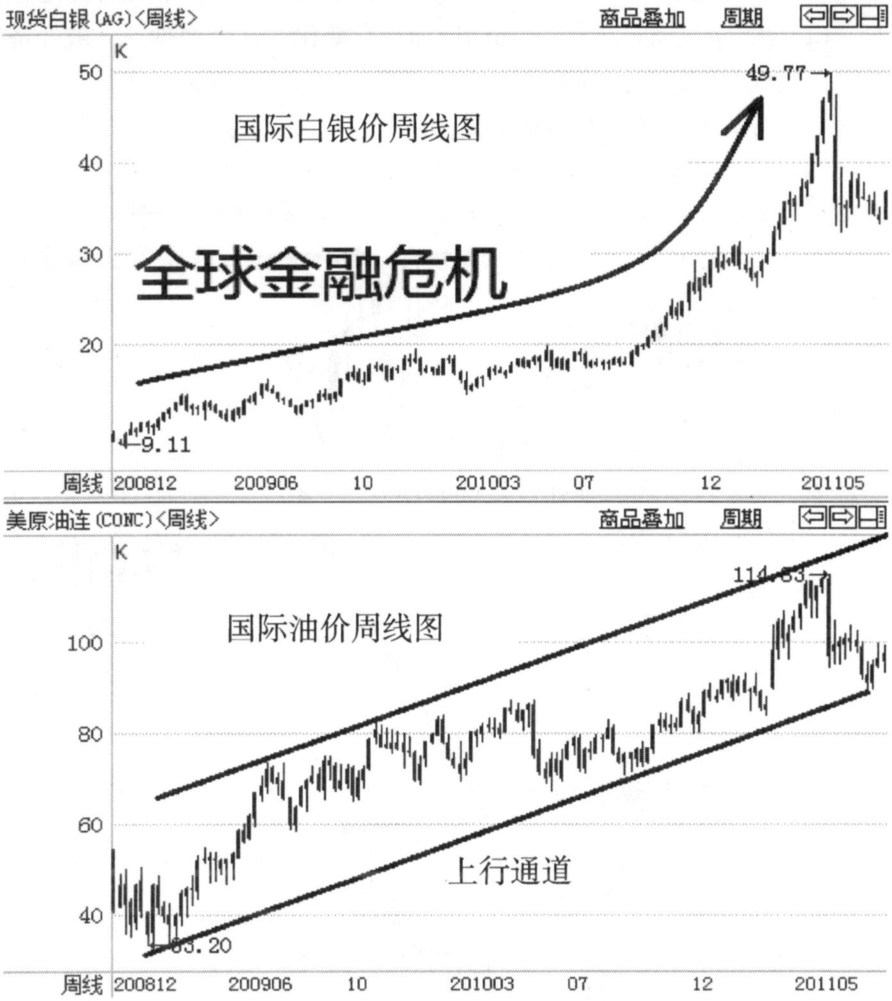

图 3－16

## 第 5 节　额外影响油价的局部因素分析

对于原油市场，除了前面所述的四大因素之外，还有一些能对其产生直接影响的局部因素。因为能产生直接影响，所以实际分析交易时是不可忽略的。这些局部因素包括原油库存变化、欧佩克和 EIA 的市场干预、异常气候和税收政策。

### 原油库存变化

库存是供给和需求之间的一个缓冲，对稳定油价有积极作用。所以，原油库存变化在较大程度上影响市场对原油供求变化的预期，对短期油价走势影响很明显。EIA 在每周三都会公布上周的原油库存变化，这个数据与一般经济数据不同，它一般没有预期值（就算有也影响不大），所以判断非常简单直接，是原油超短线交易者必定关注的一个重要数据。

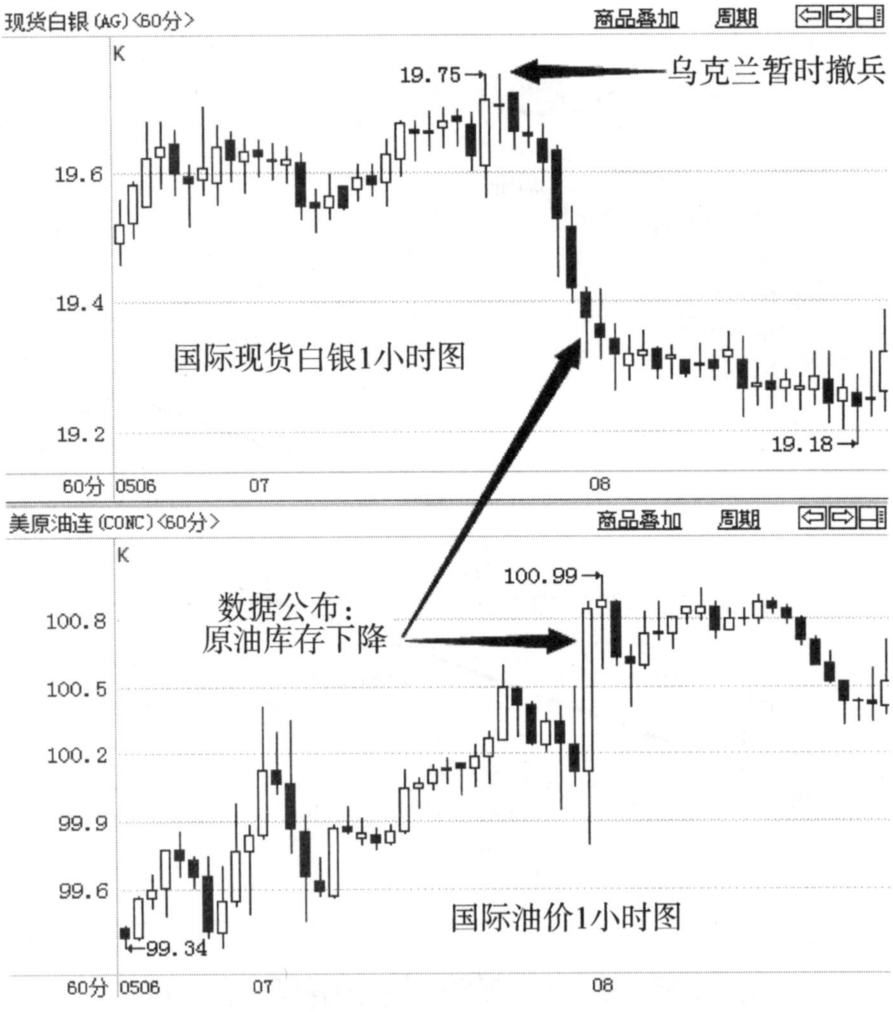

图 3－17

图 3－17 所示的是 2014 年 5 月 7 日的原油和白银 1 小时走势图。当日白天消息称僵持已久的乌克兰暂时撤兵（见下文），地缘政治利好消退，银价大幅回吐。而当晚公布的数据显示原油库存从增加 169.8 万桶下降至减少 178.1 万桶，所以油价经历小幅回调后便顽强上行，独立于银价走强。

### 乌克兰暂时撤兵

俄罗斯总统普京（Vladimir Putin）周三（5月7日）表示，为了促进乌克兰局势走向缓和，俄罗斯方面已经将此前部署在俄乌两国边境的演习部队悉数撤回。

上周，在乌克兰政府宣布对该国东部地区的亲俄武装采取清剿行动之后，俄方即再度决定在俄乌两国边境部署大军进行演习以示恫吓和报复，这使得地区局势变得进一步剑拔弩张。而根据北约（NATO）方面此前的估计，俄罗斯近几周以来已在俄乌边境派驻了约4万人规模的军队。

普京在讲话中指出，此前，外界一直对俄罗斯在俄乌边境派驻大军的状况感到忧心忡忡，因而，为了缓解全球各界的不必要忧虑，俄方已经将大部分兵力从俄乌边境撤离，相关军事人员也已悉数返回了原驻地重新开展日常训练项目。

### 欧佩克和国际能源署（EIA）的市场干预

欧佩克控制着全球剩余原油产能的绝大部分，EIA则拥有大量的原油储备，它们能在短时期内改变市场供求格局，从而改变人们对原油价格走势的预期。欧佩克的主要政策是限产保价和降价保产。EIA的26个成员共同控制着大量原油库存以应付紧急情况。所以，对于欧佩克或EIA的市场干预，需给予高度重视。

### 异常气候

欧美许多国家用原油作为取暖的燃料，因此，当气候变化异常时，会引起燃料油需求的短期变动，从而带动原油和其他油品的价格变化。另外，异常的天气可能会对原油生产设施造成破坏，导致供给中断，从而影响油价。

### 税收政策

政府干预会使得市场消耗曲线凸向现在或未来。跨时期原油开采模式的税收效应依赖于税收随时间变化的现值。例如，税收现值随时间减少会改变开采顺序的决策。和不征税相比，税收最终还是会减少任意时点上的净收益，也即减少了相应时期开采的积极性。而且税收会降低新发现储量的投资回报，从而对油价产生局部影响。

# 第四章　技术分析入门诀窍：3天掌握所有技术指标

随着投资市场在国内逐渐开放，越来越多的投资者参与到市场中来，入门的技术分析能力也逐步普及。本书面向的是有一定基础的投资者，但考虑到仍有不少读者是新生投资者，所以花一章的篇幅做系统和快速的技术分析入门介绍。

入门的技术投资者面对目不暇接的技术指标，往往不是无从下手，就是花太多时间和精力钻研，这都是误区。

其实，主流技术指标可以分为趋势指标、震荡指标和位置指标三大类，同一类的技术指标原理都是相似的，所以只要在每一类指标里选出一到两个适合自己的，就可以组合出科学的分析系统，从而有效指导自己的交易。

## 第1节　第1天——趋势指标

趋势指标是用以判断短期趋势和协助判断长期趋势的工具（判断长期趋势的主要工具是基本面分析），它的主要作用是告诉你目前行情是处于多头行情、空头行情还是震荡行情；是处于局部多头宏观震荡，还是处于局部震荡宏观多头行情等；让你明确接下来的交易是做多还是做空为主。趋势指标包括均线、多空线、多空指数、抛物线、布林带等。

### 均线（MA）

均线是以若干根K线收盘均价连线组成的曲线，5根K线的收盘均价连线就是5均线，20根K线的收盘均价连线就是20均线。常用的均线有5均线、10均线、20均线、30均线、60均线、120均线和250均线。

均线组一般是5条：采用5均线、10均线作为短期均线；20均线、30均线作为中期均线；60均线、120均线作为长期均线。如图4-1所示。特别地，在日线周期上的均线称作“日均线”。

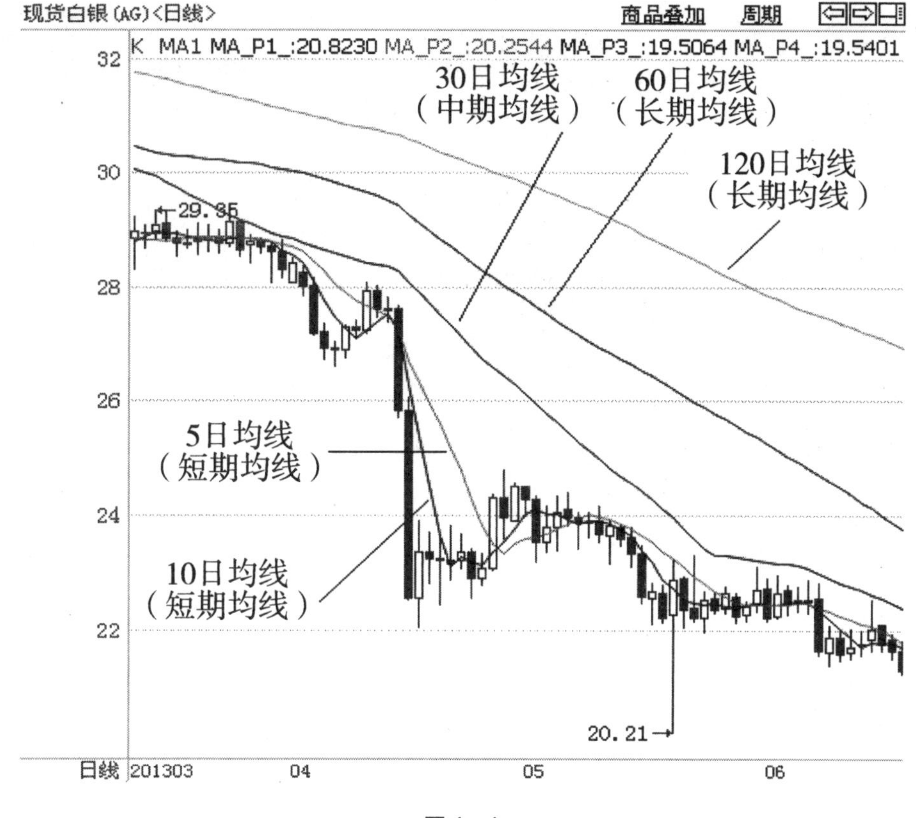


图4-1

以长、中、短期均线为标准，就可以判断当下处于怎样的长期趋势和短期趋势。趋势的判断准则如下。

1. 短期趋势的判断

（1）价格和短期均线都在中期均线的上方时，处于短期多头趋势，如图4-2所示。

（2）价格和短期均线都在中期均线的下方时，处于短期空头趋势，如图4-2所示。

（3）价格和短期均线分布在中期均线的两侧时，处于短期震荡趋势，如图4-3所示。短期震荡趋势往往不能长时间延续，在实际操作中只作为观望信号，过滤脉冲行情，不能进行区间操作。

现货白银(AG)〈60分〉
商品叠加
周期
K MA1 MA_P1_:20.7422 MA_P2_:20.8090 MA_P3_:20.8981 MA_P4_:20.8642
19.88
短期多头趋势
短期空头趋势
中期均线
19.13
19.8
19.7
19.6
19.5
19.4
19.3
19.2
19.1
60分
0612
13
14
17
18

图 4－2

现货白银(AG)〈60分〉
商品叠加
周期
K MA1 MA_P1_:20.7718 MA_P2_:20.8084 MA_P3_:20.8986 MA_P4_:20.8647
19.68
短期震荡趋势
19.24
19.65
19.60
19.55
19.50
19.45
19.40
19.35
19.30
19.25
60分
0516
19
20

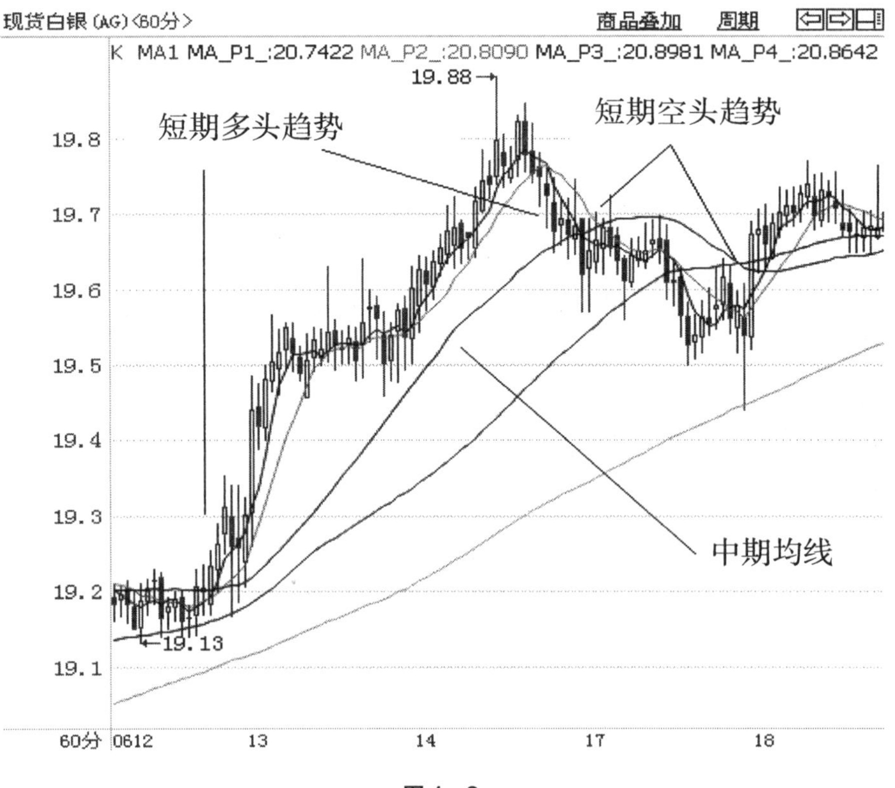

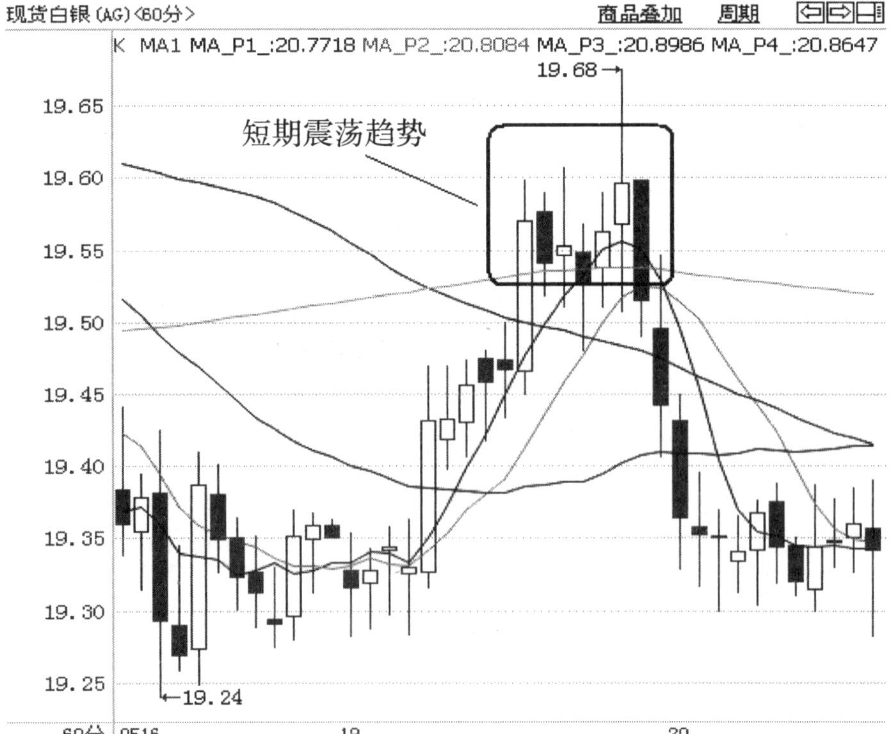

图 4－3

2. 长期趋势的判断：

（1）短期均线和中期均线都在长期均线的上方时，处于长期多头趋势，如图4－4所示。

（2）短期均线和中期均线都在长期均线的下方时，处于长期空头趋势，如图4－4所示。

（3）短期均线和中期均线分布在长期均线的两侧时，处于长期震荡趋势，如图4－5所示。长期震荡趋势一般也只作为观望信号，少数时候可以作为反向运行的参考。

（4）特别地，当长、中、短期均线搅和在一起的时候，是特大级别行情启动的前兆，如图4－6所示。

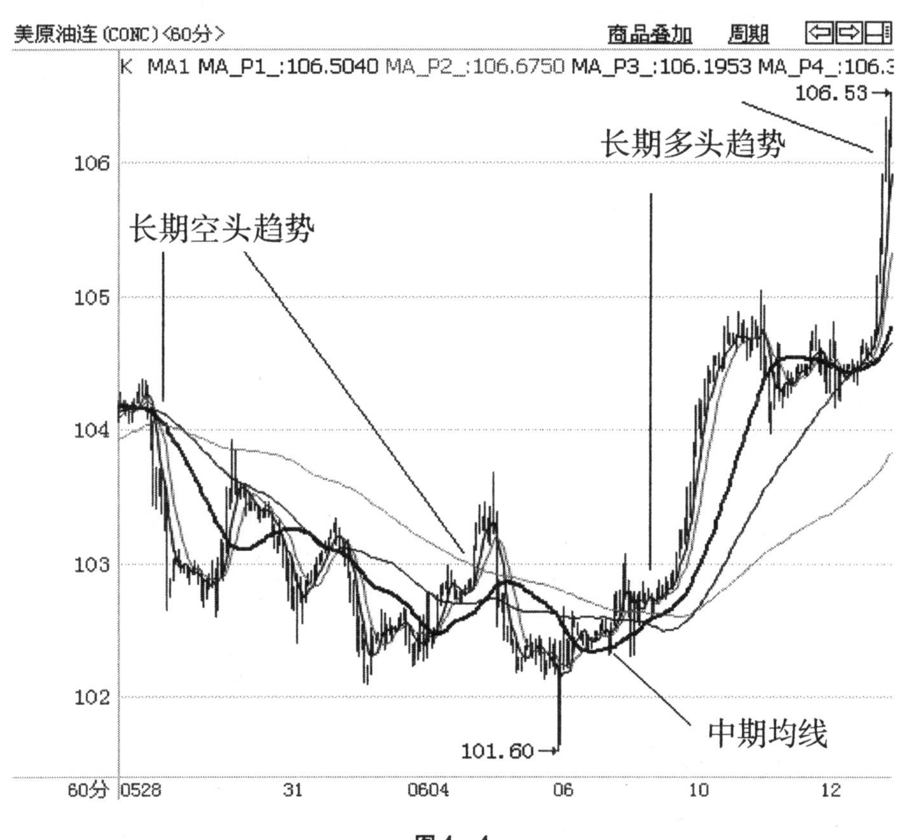


图4－4

美原油连(CONC)<60分>
商品叠加
周期
K MA1 MA_P1_:106.4980 MA_P2_:106.6720 MA_P3_:106.1943 MA_P4_:106.3
107.5
107.0
106.5
106.0
105.5
107.50
长期震荡趋势
中期均线
105.26
60分
0623
24
25

图4－5

美原油连(CONC)<日线>
商品叠加
周期
K MA1 MA_P1_:106.1600 MA_P2_:106.2800 MA_P3_:104.2433 MA_P4_:102.9
112.24
110
105
100
95
90
均线组长期搅和是
特大级别行情启动前兆
85.62
日线
201302
05
06
08
09

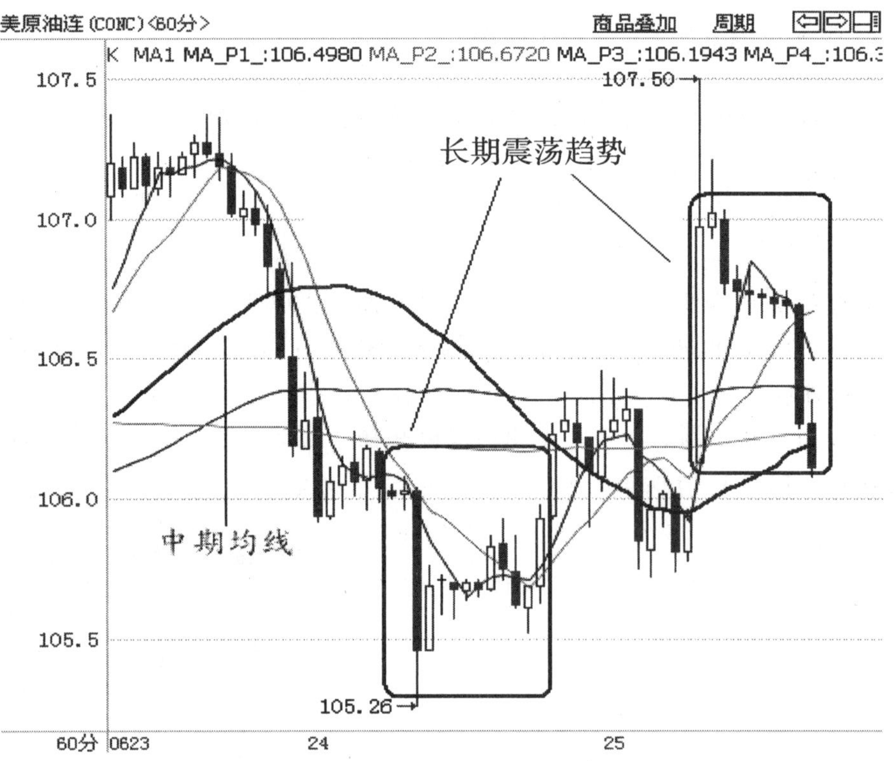

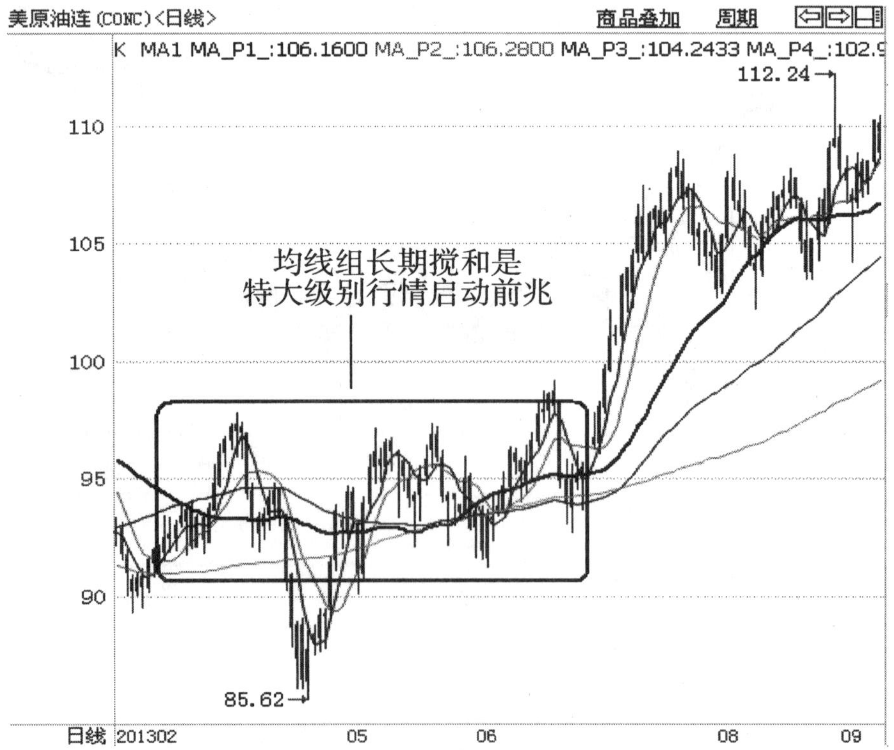

图4－6

以上例子混搭了日线图和小时图，目的是为再次强调所谓的“长期趋势”和“短期趋势”是相对的。在小时图上，一周的趋势就是长期趋势；在日线图上，一个月的趋势也只能算是短期趋势。实际分析交易的时候一定要根据自己的交易计划，选择合适的分析周期，针对自己的交易做针对性的分析。

3. 金叉、死叉能不能作为交易信号

大部分学过均线的投资者，就算不知道判断趋势的方法，也会知道金叉和死叉，因为均线的第一个经典用法就是根据金叉和死叉来进行多空操作。不过，这个最经典的用法其实也是一个经典的误区。均线是用来辅助判断趋势的，它只能告诉你当下的行情处于什么趋势，它先天的滞后性让它不可能成为理想的交易信号。如图4－7所示，如果在长线金叉处布局长线多头，后果会怎样呢？在图中标注的短线金叉做多，后果又会怎样呢？

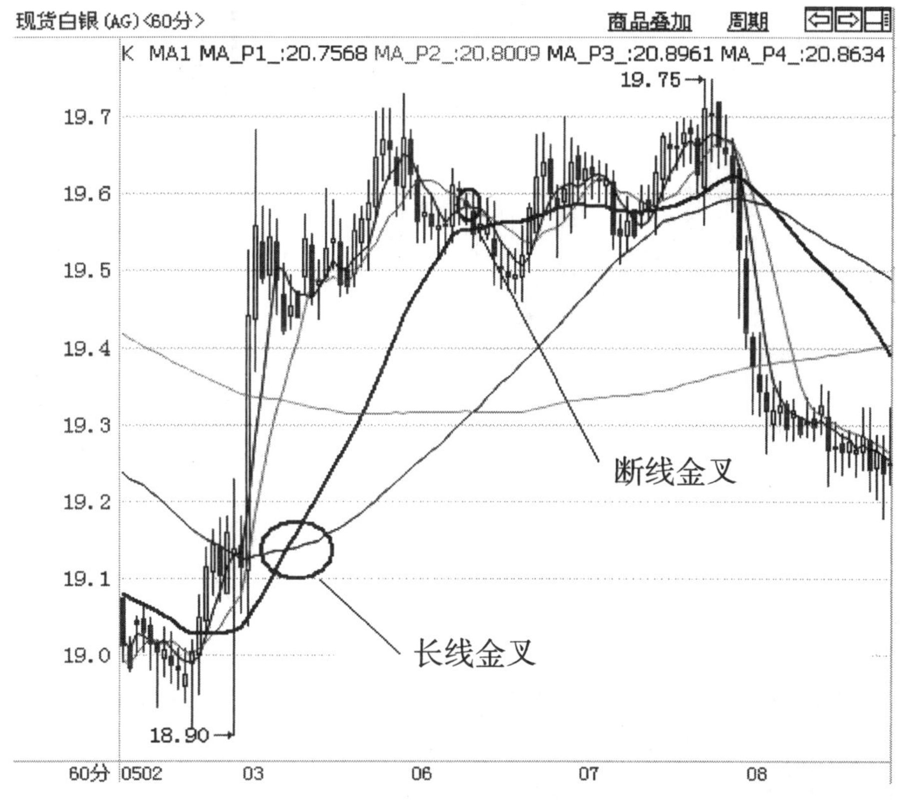


图4－7

## 多空线（DKX）

多空线只有两条均线，而且这是针对中短期趋势，所以这个指标的用法比均线简单直接得多。虽然多空线的两条均线计算方式非常繁复，但对于使用者来说，它就是两条均线而已。两条均线只有两种关系：快线在慢线上方时，是多头趋势；快线在慢线下方时，是空头趋势。如图4－8所示。

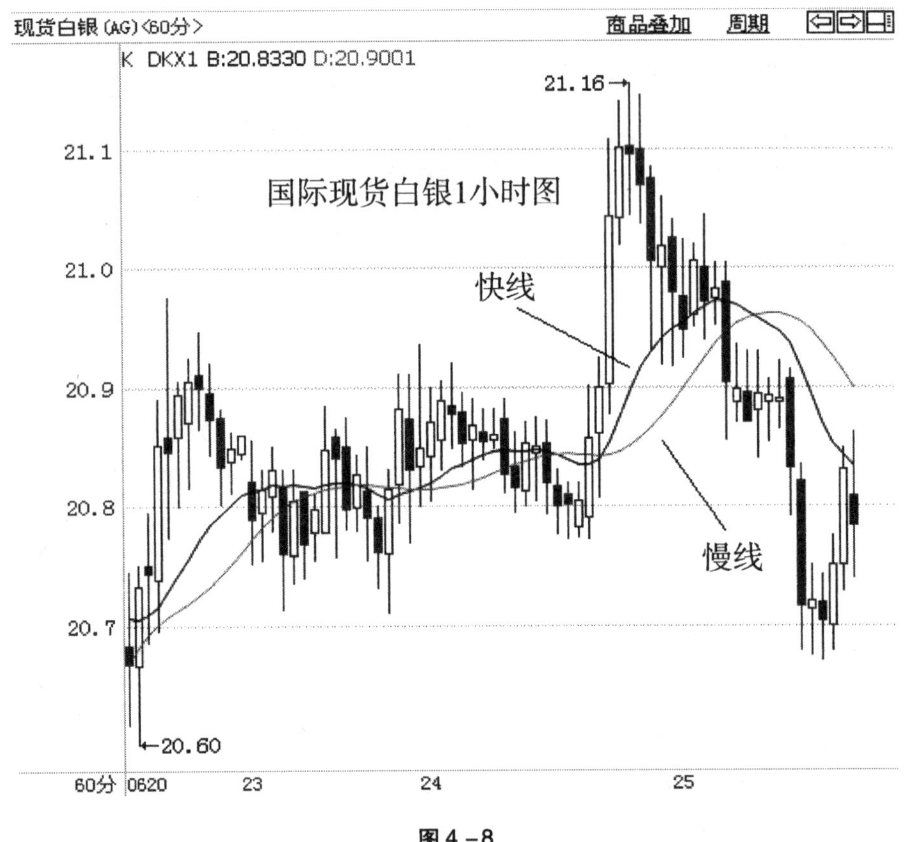


图4－8

与均线不同，多空线的金叉和死叉有较强的操作意义。除了部分较长的横盘外，无论单边行情还是震荡行情，多空线的金叉和死叉都能作为一个效果还不错的交易信号，如图4－9所示。

图 4－9

## 多空指数（BBI）

多空指数比多空线更加纯粹，只有一条复杂均线，所以判断过程更加简单直接，只需要判断 K 线和多空指数的关系。但是，单条均线的缺点也非常明显，由于震荡行情的无序性，在震荡趋势的时候，多空指数会出现非常多的失误。如图 4－10 所示。

一般我们会配合其他指标（例如多空线）运用，或者对其增加一条统计均线（例如 10 均线）。加强后的多空指数可以作类似多空线的用法。图 4－11 所示的就是对图 4－10 的多空指数增加 10 均线之后的效果，可以看到，单条多空指数出现的失误全数被成功过滤。

现货白银(AG)<60分>
商品叠加
周期
K BBI(3,6,12,24) A:20.8279
19.88
19.85
19.80
19.75
19.70
19.65
19.60
19.55
19.50
19.45
多空指数
多空指数的失误
19.44
60分
0613
14
17
18

图 4 －10

现货白银(AG)<60分>
商品叠加
周期
K BBI(3,6,12,24) A:20.8279 B:20.8548
19.88
19.8
19.7
19.6
19.5
19.4
死叉
多空指数
的10均线
多空指数
金叉
19.44
60分
0613
14
17
18

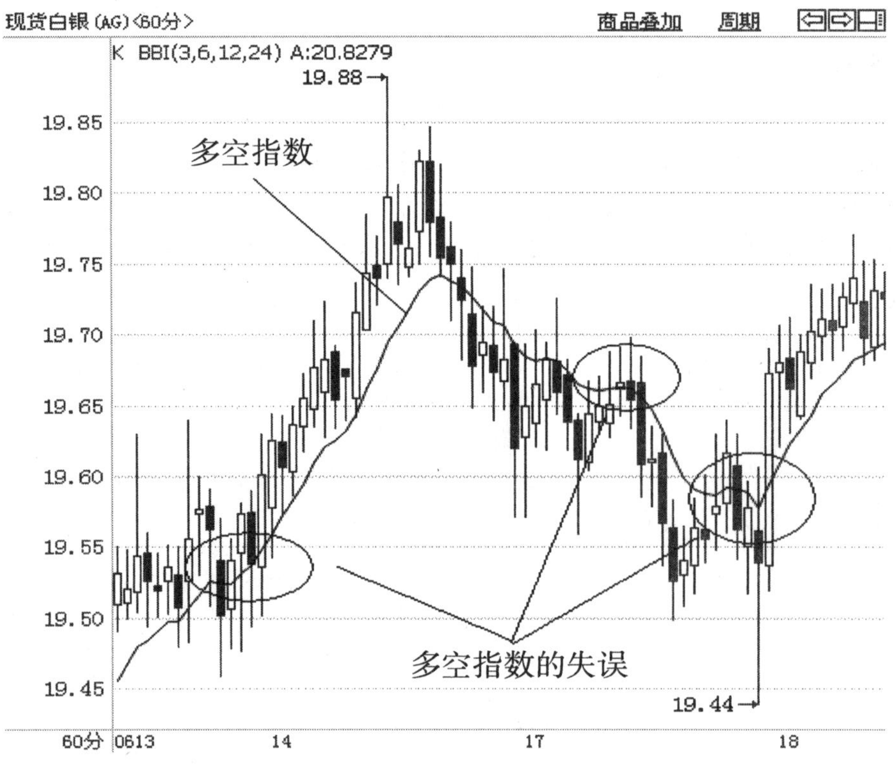

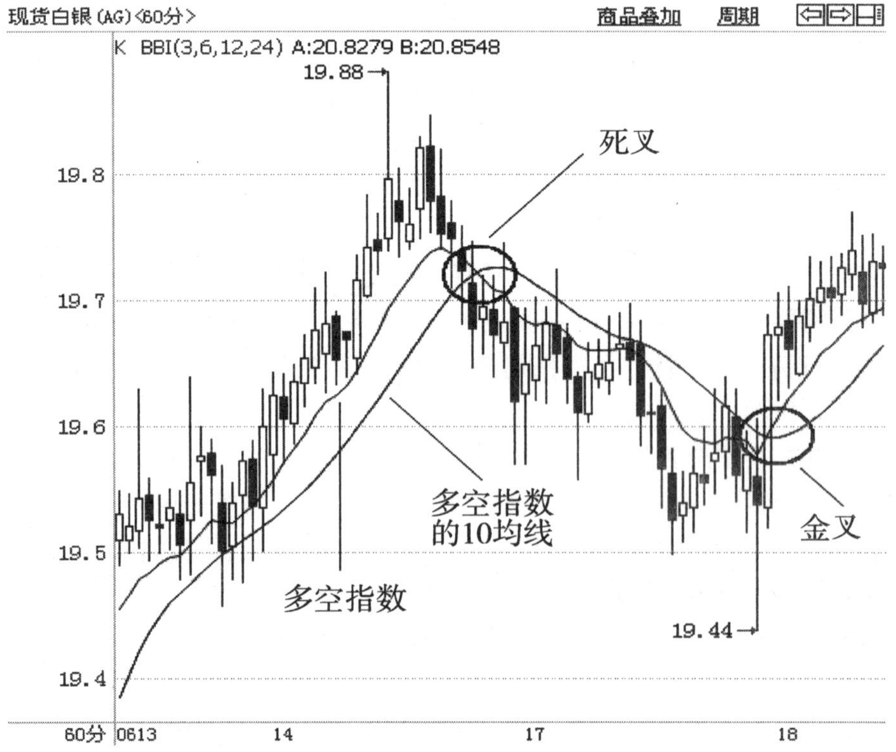

图 4 －11

## 抛物线（SAR）

抛物线是一个很好的趋势跟踪指标，它的原理不是基于均线，而是特有的抛物转向算法。所以，尽管抛物线也可以作为趋势跟踪的工具，但是效果明显不如多空线理想，于是更多时候它是作为止损设置的一个依据。如图 4－12 所示。

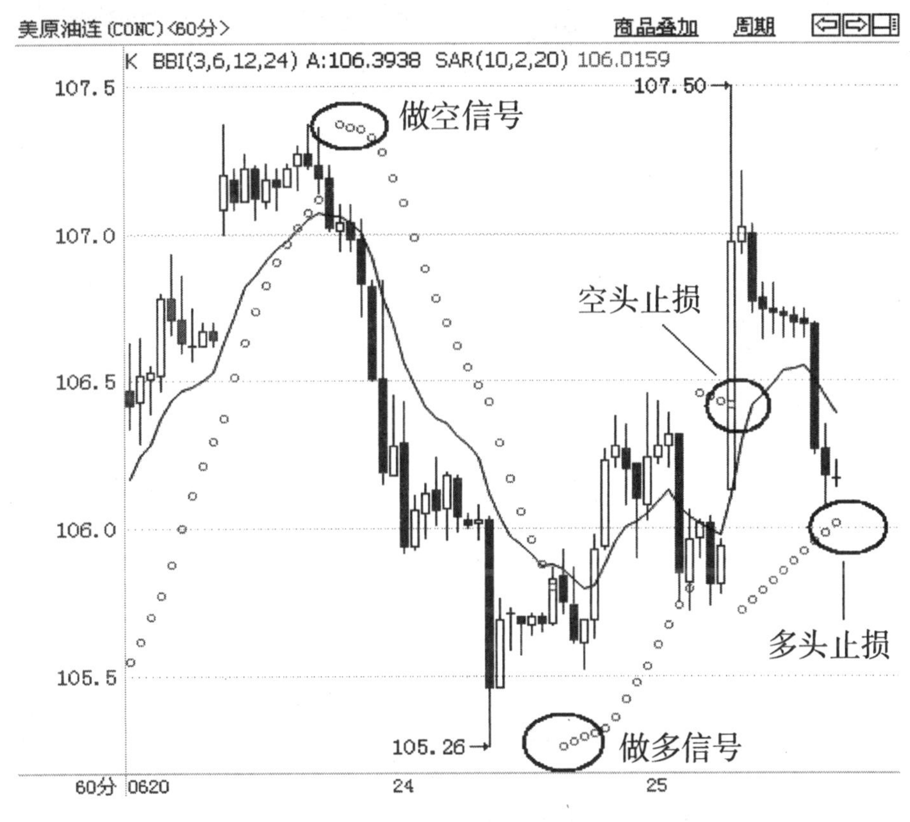


图 4－12

## 布林带

布林带是一个很伟大的趋势指标，是唯一建立在统计学基础上的主流指标，不但能辅助判断趋势，还提供了技术意义很强的支撑位和压力位。布林带由一条中轨和两条外轨组成，中轨是普通均线，外轨是以中轨为基础、通过若干根收盘价的标准差计算所得。

布林带的中轨用以判断趋势：运行在中轨上方是多头趋势，运行在中轨下方是空头趋势。外轨用以作为关键支撑压力：震荡阶段用作高空低多的参考；

单边阶段用作行情突破启动的参考。如图 4－13 所示。

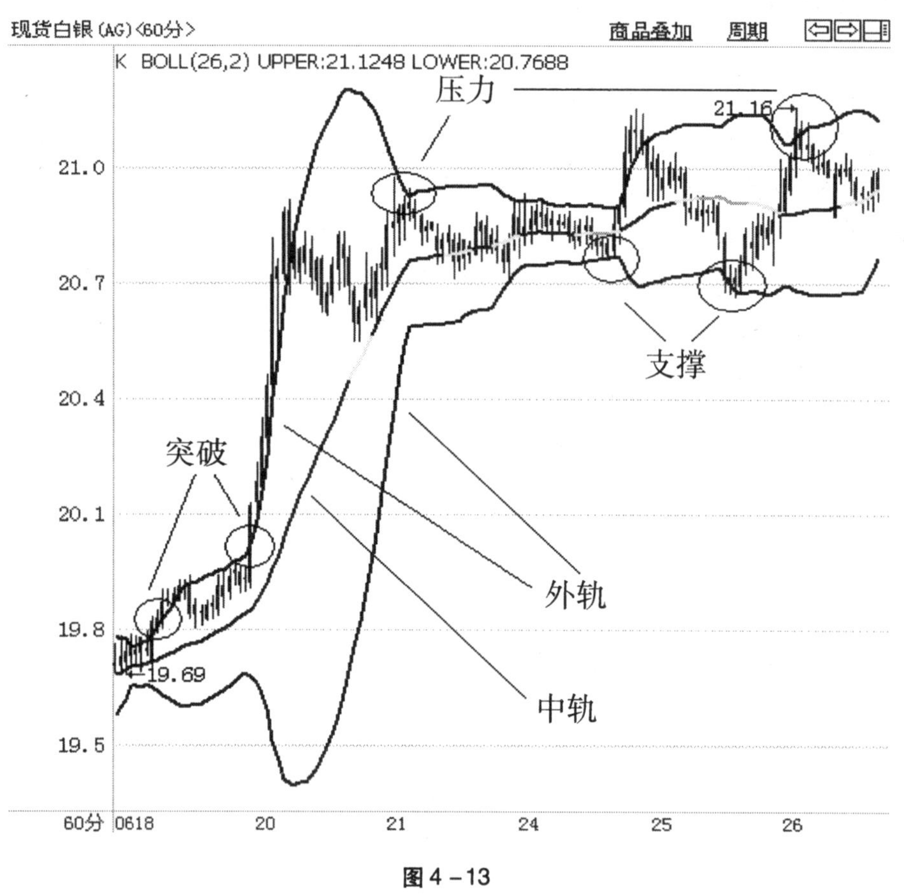


图 4－13

## 第 2 节　第 2 天——震荡指标

如果说趋势指标是建立在趋势的基础上，那么震荡指标就是建立在心理倾向的基础上。行情总是波浪式运行，上涨到一定程度就会转向下，下跌到一定程度就会重新向上。大多数的交易者也是倾向于这种心态，逆向操作比追涨杀跌的情况要多得多。

震荡指标就是反映投资者心理倾向的指标。震荡指标跟随着行情上下波动，但是震荡指标可以把波动限制在相对规则的一个范围里面，因此震荡指标的金叉和死叉拥有比均线更强的技术意义，在震荡指标中也可以很直观地看到行情什么时候“涨得过火了”，什么时候“跌得差不多”了。所以，震荡指标是短线交易者非常喜欢使用的指标，从而震荡指标可以很好地反映短线交易者的心理倾向。震荡指标包括 RSI、MACD、KD、DEMARKER 等。

## RSI 指标

RSI 全称是 Relative Strength Index（相对强弱指标），是最经典的震荡指标之一。它不但能判断短期的多空震荡转折点，还可以判断偏中期的相对强弱情况。

RSI 由一条快线和两条慢线组成。以 50 水平为分水岭，慢线在 50 上方的时候是相对强势，在 50 下方的时候是相对弱势。快线上穿慢线是短期空转多的信号，快线下穿慢线是短期多转空的信号。特别地，当快线高于 80 的时候是超买区，一旦死叉回落将面临很大的回落风险；当快线低于 20 的时候是超卖区，一旦金叉上行将面临强劲的反弹。如图 4－14 所示。

图 4－14

## MACD 指标

MACD 也称作指数平滑异同平均线，是很多偏趋势的技术派喜爱的震荡指标。有经验的投资者都知道，震荡指标有两大主要特性：一个是灵敏性，另一个是稳定性。两者是衡量震荡指标能力的重要因素，而这两者是矛盾的，是此消彼长的关系。灵敏性越高，信号发出就越及时，但伴随而来的噪声增多，也就是牺牲了稳定性。MACD 的优点就在于它能同时提供高灵敏性和高稳定性的两组指标线，让投资者在分析交易的时候根据具体情况取舍和结合使用。

MACD 由红绿柱线和两条均线组成。红柱线在零轴上方，代表相对强势；绿柱线在零轴下方，代表相对弱势。柱线变长是空转多的灵活信号；柱线变短是多转空的灵活信号，两条均线金叉是空转多的稳定信号，死叉是多转空的稳定信号。如图 4-15 所示，灵敏信号可以很及时地抓住转折机会，但是单边行情中稳定转折信号比它可靠得多。

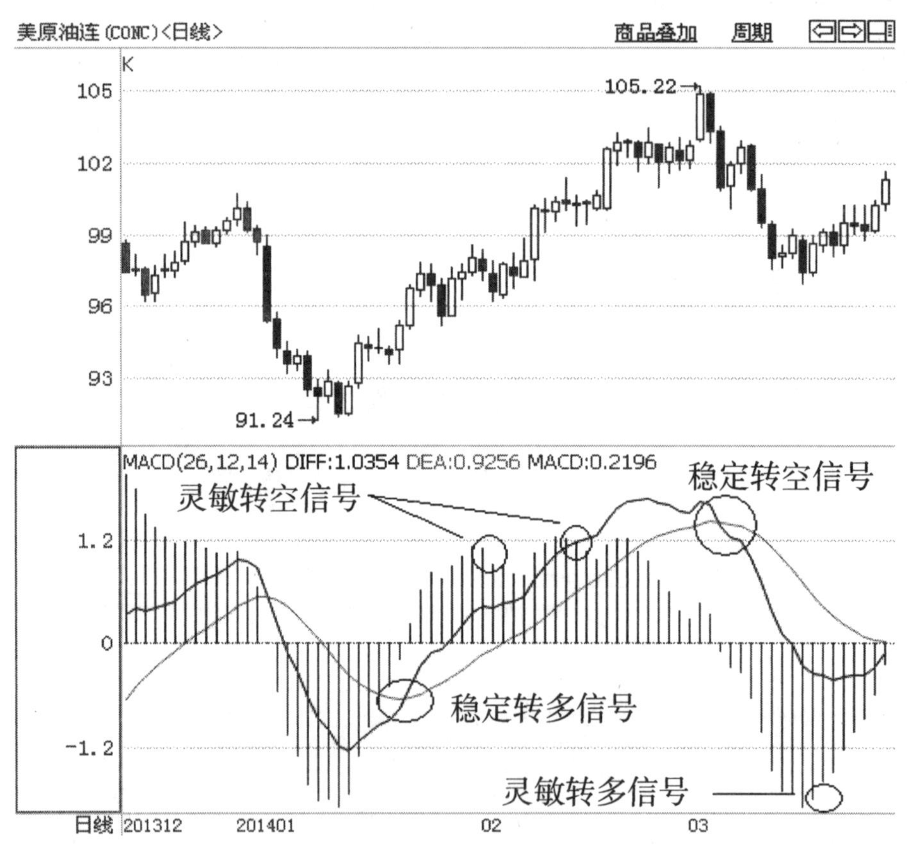


图 4-15

## KD 指标

KD 指标是 KDJ 指标（随机指标）演化而来的。KDJ 由 K 线、D 线和 J 线组成，其中 J 线最为灵敏，但是实际作用并不大，所以就出现了把 J 线去掉了的实用版随机指标——KD 指标。

KD 指标的样子与 RSI 相似，不同的是它把相对强弱的概念弱化，从而令指标在 20～80 水平之间较规则地波动，使其对行情震荡节奏的反映更直观、更精确，不像 RSI 那样经常徘徊在 50 附近，错失很多波动不大的短线交易机会。

相比 MACD，KD 只提供一组指标线，去掉了取舍过程的不确定性。KD 的灵敏性高于 MACD 的稳定信号，稳定性高于 MACD 的灵敏信号，即介乎 MACD 两组信号之间，但综合绩效偏高，如图 4－16 所示。所以 KD 指标也可以同时适用于单边行情和震荡行情。

图 4－16

### DEMARKER 指标

DEMARKER 指标只有一条指标线，是最简洁的经典震荡指标。DEMARKER 指标是描绘价格波动的区域，虽然只有一条线，但是捕捉行情峰值和谷值的效果很突出。

DEMARKER 指标的值在 0～1。当该指标线在低于 0.2 的时候上穿 0.2，是筑底回升的信号；当该指标线在高于 0.8 的时候下穿 0.8，是筑顶回落的信号。当然，筑顶和筑底指的是偏短线的顶和底。如图 4－17 所示。

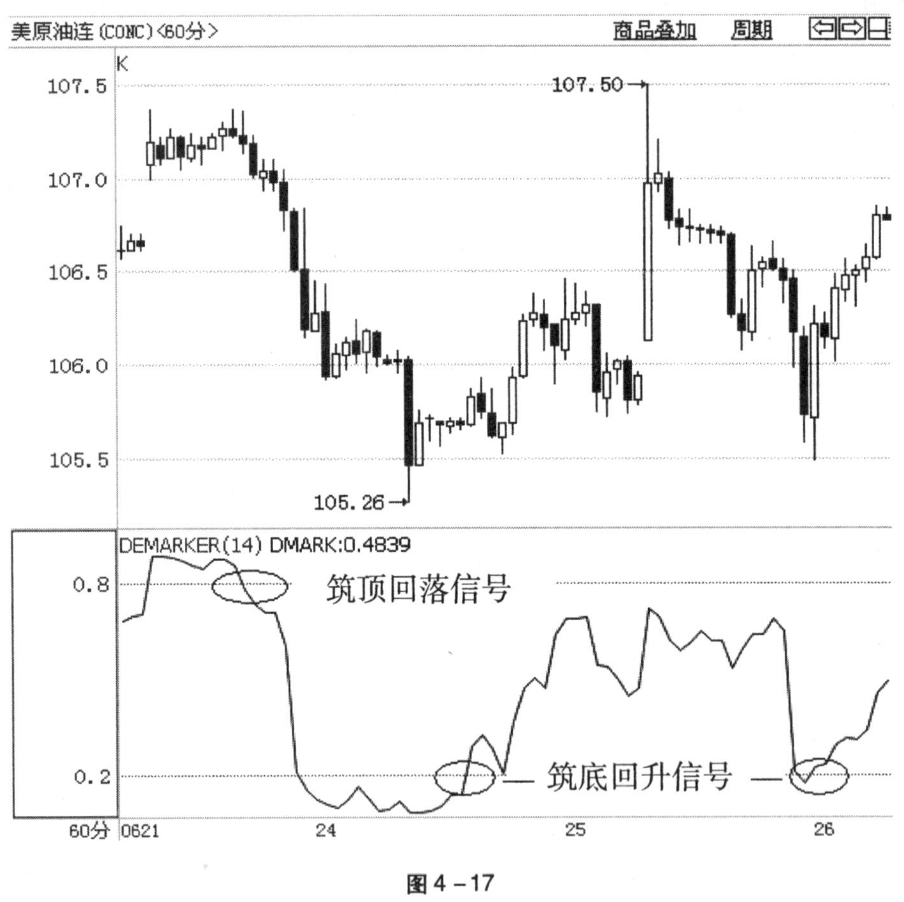


图 4－17

## 第 3 节　第 3 天——位置指标

位置指标是被很多投资者忽略的一类指标，就像冲动交易派远多于理性交易派。多数投资者喜欢临时盯到机会就匆匆进场，不顾及价位；而非建立在精确的位置分析之后，做基于关键位置的理性挂单交易。况且有些指标本身就具有一点位置判断的功能，例如均线、布林带等，这致使位置指标通常被忽略、遗忘。而这一类技术往往正是制胜的关键。

正因为被多数人忽视，位置指标的种类不多，不比趋势指标和震荡指标。位置指标包括关键水平、黄金分割体系、复杂百分比、隧道等。

## 关键水平

关键水平指的是前面行情的明显高点水平、明显低点水平，这些水平通常能成为后市的重要支撑压力。另外，整数关口水平也是一种关键水平。严格来说，关键水平并不算是指标，只算是一种辅助工具。不过，关键水平提供的技术效果不俗，所以也纳入位置指标之一。

前高点水平一般提供压力，前低点水平一般提供支撑。但当这种支撑压力被突破后，它们会发生转化：前高点被上破后，会变成支撑水平；前低点被下破后，会变成压力水平。如图 4－18 所示。

图 4－18

整数关口预期，说是整数关口，不如说是心理关口。因为真正的整数关口现在已经很少生效。例如，白银市场的 2 和 8 是重要的心理关口，22 美元/盎司、28 美元/盎司能经常提供有效的支撑或压力，如图 4－18 所示。相反，30 美元/盎司、20 美元/盎司的精确生效概率很低。这是由多数投资者的心理价位和交易习惯决定的。

## 黄金分割体系

黄金分割线是很多技术派投资者刚入门就接触的指标，很多投资者都用过，但是坚持一直用的人不多。因为很多人用过都感觉它效果没有介绍的好，能用上的机会不多，精确生效的情况就更少。殊不知，黄金分割是一个庞大的体系，黄金分割线只是其最基础的一个工具。

光是这个基础工具，就有推进黄金分割线、反测线、未来黄金分割线等鲜有人知的进阶技巧。黄金分割体系还有黄金分割弧线、黄金分割扇形线、黄金分割扩展线等工具。不同的工具和用法还可以相互结合加强。

基础黄金分割是以基准波段的高低点为基准做出来的一组分割线。分割线内部包括 31.8%、50%、61.8% 三道回调/反弹分割线，三道分割线都有可能提供回调支撑/反弹压力。以上行波段为例，三道分割线都有可能提供回调支撑。如图 4－19 所示。而一旦支撑被下破，那么将转化为压力。所以，经常可以看到行情会在三道分割线之间回荡。

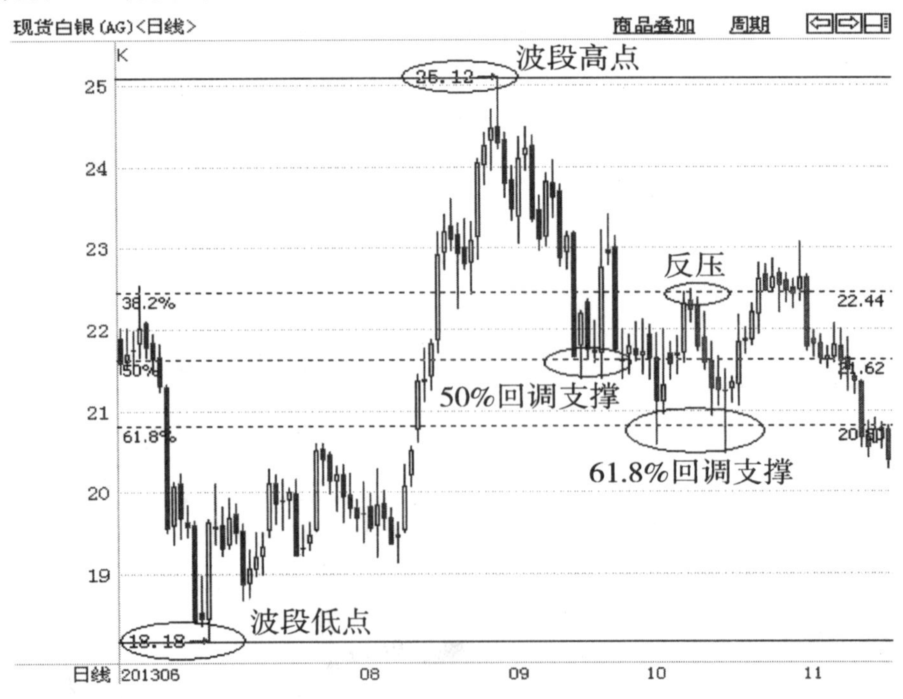


图 4－19

图4－19中可以看到，黄金分割并不是精确地生效，而是都有一点偏离的。作为基础工具的基础用法，这是正常的，使用的时候要有这样的心理准备。如果一定要求它能得到精确位置的话，那么最好还是别使用它了，因为很可能半年也未必能碰上一次。

## 复杂百分比

复杂百分比是基础黄金分割线的延伸，它的原理与基础黄金分割线一样，不过不是基于黄金比例，而是基于基础分割。如图4－20所示，复杂百分比是把基准波段分成8等份和3等份，从而得出8条内部分割线，远多于基础黄金分割线的3条。正因如此，它能精确生效的概率远远高于基础黄金分割线。

仅论基础用法而言，复杂百分比相对实用得多。复杂百分比的优点来源也正是缺点所在，8条内部分割线，不确定性变得很大：你很难预测哪几条分割线会最终生效，生效之后转折运行的可行空间也很小。

图4－20

## 隧道

隧道是很少人知晓的一种位置技术，但其技术效果非常可观。按不同周期区分，隧道包括长期隧道、中期隧道和跨周期隧道，原理各不相同。其中长期隧道最为常用，其原理也很简单，是由 144 和 169 两道指数均线组成。在行情大幅运行的时候，长期隧道的支撑压力意义极其强悍，如图 4－21 所示。甚至在行情小幅运行的时候，长期隧道也往往能提供精确的支撑或压力。

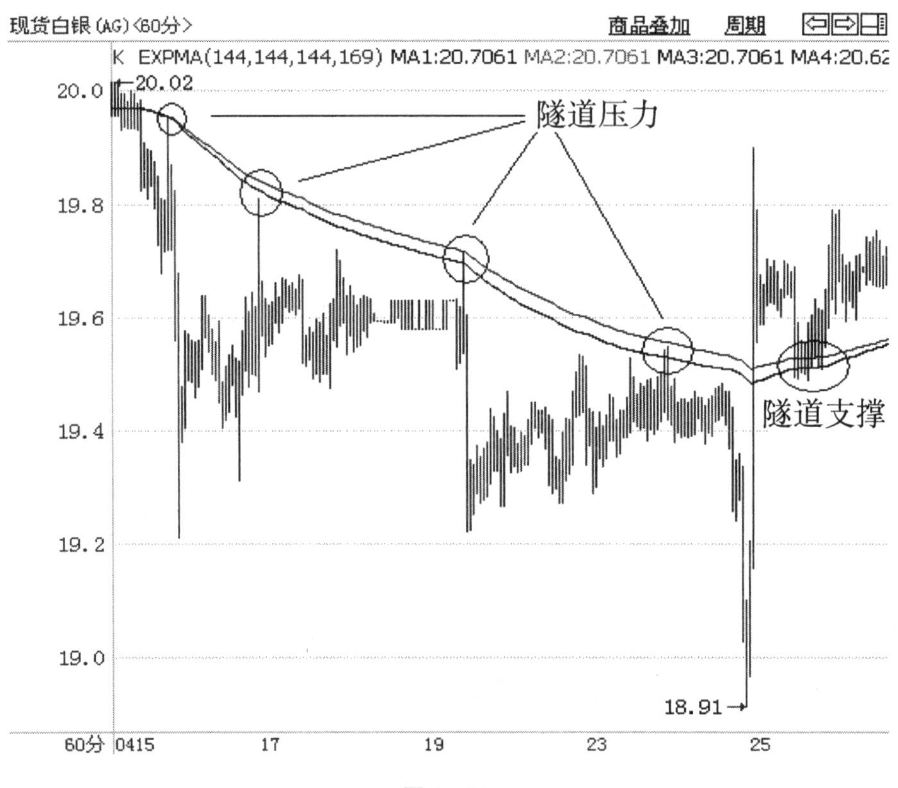


图 4－21

# 第五章　精准判断趋势反转

基本面的方法用得好的话，可以很好地判断当下和后市的趋势。可是有很大一部分投资者天生就适应不了钻研消息面的繁复过程，他们更喜欢像理科人那样从数学得出结论、从表象得出本质规律。所以，有必要介绍一个通过技术分析手段判断趋势反转的有效方法。这个方法不但能在多数情况下判断趋势的反转（除极端萎靡的长期横盘情况外），其有效性和精确性也远远高于一般的趋势指标。

## 第1节　重新认识道氏理论

道氏理论曾经是每一个学习技术分析学员的信条，也曾经为一些华人衔的投资巨著提供了坚实的理论基础。但由于其整理编著作者——雷亚在其所有相关著作中都强调道氏理论不是趋势预测的工具，而且道氏理论本身用作判断趋势经常“反应太慢”，所以道氏理论逐渐被遗弃。

伟大的理论和著作之所以伟大，最大一个原因是它能经得起时间的考验。《三国演义》《孙子兵法》《孔子》等距离目前几百年甚至上千年，其中的理论和道理在现代社会依然有极强的指导意义。

现代投资市场经历了几百年的演化，相比最初的时候已经变得复杂得多。但究其根本——价格的波动是由本身价值、全体投资者的共同行为之和决定的——这个基础始终不变。所以，建立在趋势和混沌理论基础上的道氏理论始终适用于分析价格走势。

道氏理论是建立在趋势理论和混沌理论的基础上，以三大假设、五大定理指导实践的一套伟大理论，如图5－1所示。

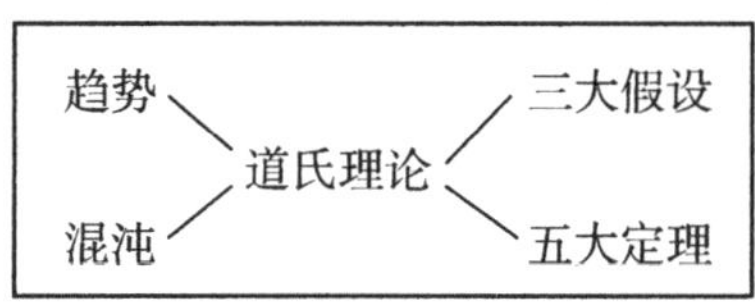


图5－1

道氏理论首先认为价格波动是沿着趋势运行的，趋势是确定的，但小级别的波动是不确定的——道氏理论的另一大基础是混沌理论。混沌理论主张某些类型的自然活动具有混沌而不可预测的性质，仅能以或然率界定，这是一般技术派难以接受的最大原因。绝大部分的指标是建立在数学的基础上，是精确的数学模型，研究技术的人大多就是冲着精确性来的。然而，价格波动的两大因素之一是投资者活动的总和。人类有很强的自主性和主观性，想用精确的数学模型界定市场投资者的行为总和，那是注定要碰得一脸灰的。

混沌理论首先承认现象的无序性和局部不确定性，但是根据一些有规律的不确定性，可以推导出未来发展的大概率方向。道氏理论就是根据普通常识推论的方法，其由市场每天的价格波动历史，预测未来的市场走势。预测的走势并非确定性的走势，但是在概率上有明显的优势。

## 三大假设

道氏理论奠基于三项基本假设上，它们必须被“毫无保留地”接受。由于道氏理论当初仅针对股市和价格市场而创，其陈述对象主要是价格。其实它适用于所有的主流市场，所以以下讲述均替换为“价格”，所述市场也相应普及主流市场。

### 1. 假设一——人为操纵

价格每天的波动可能受到人为操纵，次级折返走势也可能受到这方面有限的影响，但主要趋势绝对不会受到人为的操纵。

很多投资者可能对“次级折返走势”感到陌生，这是道氏理论里一个非常重要的专业名词，它是相对“主要趋势”而言的，在图 5－2 中可以体会到什么是次级折返走势。用波浪理论的话来说，2 浪、4 浪、B 浪就是次级折返走势。

### 2. 假设二——市场价格会反映每一条信息

每一位参与市场交易的人，他所有的希望、失望与知识，都会反映在每天的收盘价波动中。基于这个缘故，市场价格永远适当地预期未来事件的影响。如果发生火灾或地震等自然灾害，市场价格也会迅速加以评估。

这个假设就是我们平时经常听到的“价格反映一切”的由来。不过，“价格反映一切”传达的内容并不完整，道氏理论的假设二陈述的是价格不但反映已有一切的影响，还会反映未来将要发生的事件的影响，也就是我们常说的“预期行情”。例如，未来 3 个月美国会大幅度加息，尽管这件事目前还没发生，甚至还没确定要发生，但是在这种预期下银价和油价会倾向于下跌。

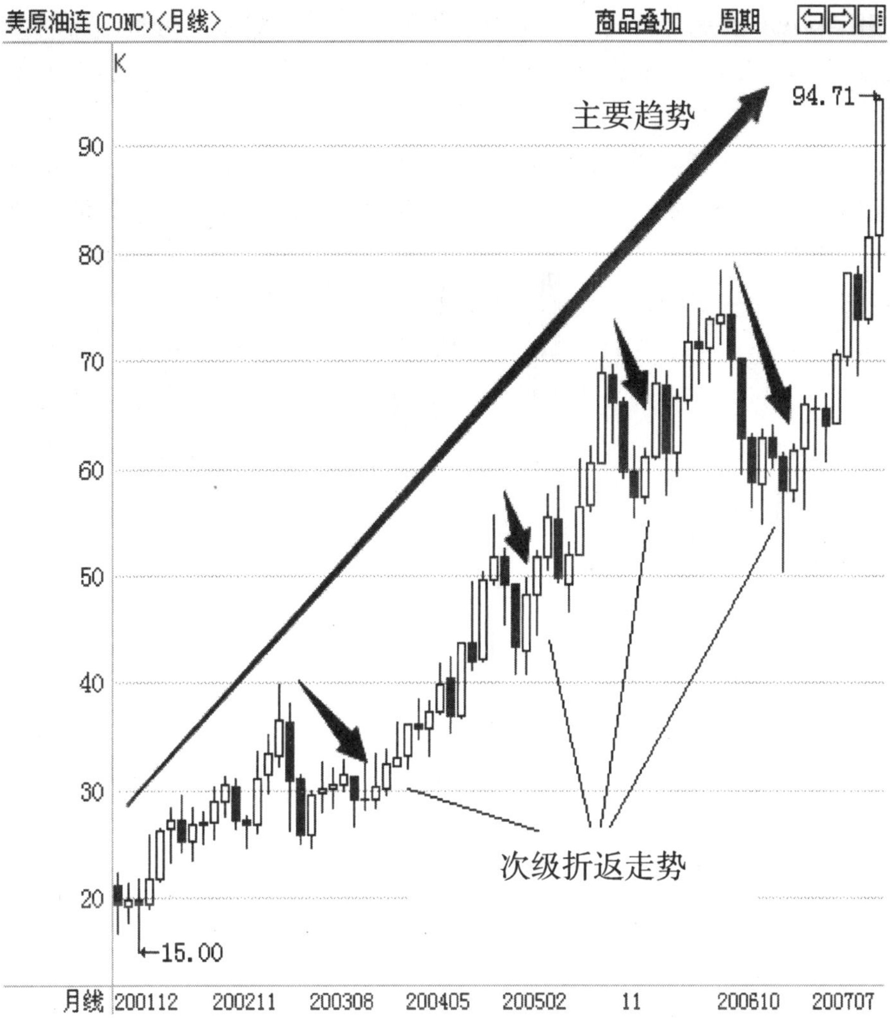

图5－2

3．假设三——这项理论并非不会错误

道氏理论并不是一种万无一失而可以击败市场的系统，成功利用它协助投机行为，需要深入地研究，并客观地综合判断，绝对不可以让一相情愿的想法主导思考。

这个假设并不是为了保全自己的理论，而是道出了一个行情分析的哲学：分析方法的目的，最多只能是企图洞悉行情波动规律；任何理论，都不可能主导或影响市场，市场永远是对的。如图5－3所示，银价小幅下破上行趋势线后重新震荡上行，不是市场走错了，是说明趋势线基础理论的缺陷。看到不少分析师的分析文章里会说“昨晚行情不应该是这样的”，这是不成熟的表现。无论技术面还是基本面，都不可能绝对主导市场。

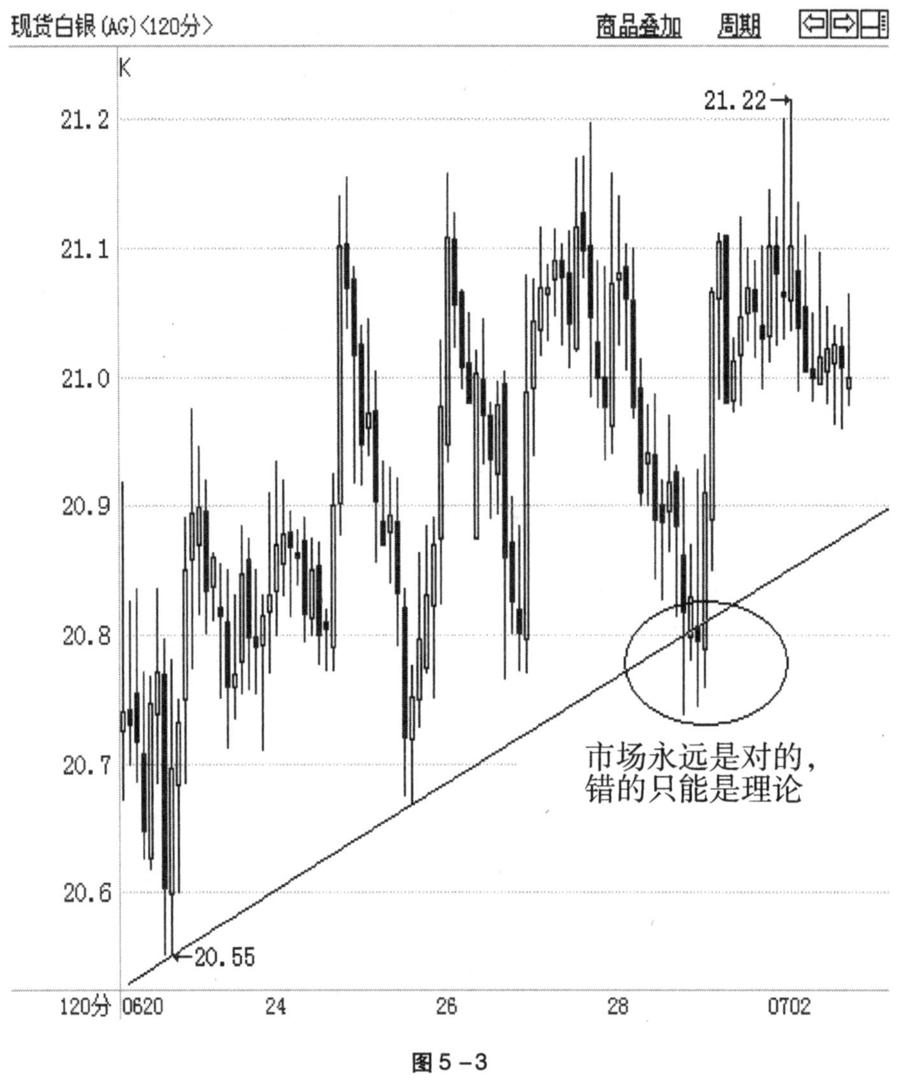


图 5 -3

## 五大定理

三个假设成立之后，道氏理论的时间精髓就能归纳成五大定理。这些定理出版于 1932 年，但基本上仍然适用于今天。由于时代不同，同样需要对其做一点修正，以适用于目前的市场结构和体系。

1. 定理一——道氏的三种走势

市场价格有三种走势，三者都可以同时出现。第一种走势最重要，它是主要趋势：整体向上或向下的走势，称为多头或空头市场，期间可能长达数年。第二种走势最难以捉摸，它是次级的折返走势，是主要多头市场中的重要下跌走势，或是主要空头市场中的反弹。修正走势通常会持续 3 个星期至数个月。第三种走势没有前两种重要，它是每天波动的走势。

由于道氏理论的主要研究目标是股市，所以陈述的定理也是倾向于长线的价值投资。这并不意味它就与短线交易无关。对于小时级别的走势、对于分钟级别的走势，日线级的短期走势就是长线走势，就是稳定的趋势。所以，我们完全可以打开 60 分钟的图表，分析短线行情的主要趋势和次级折返走势，如图 5－4所示。

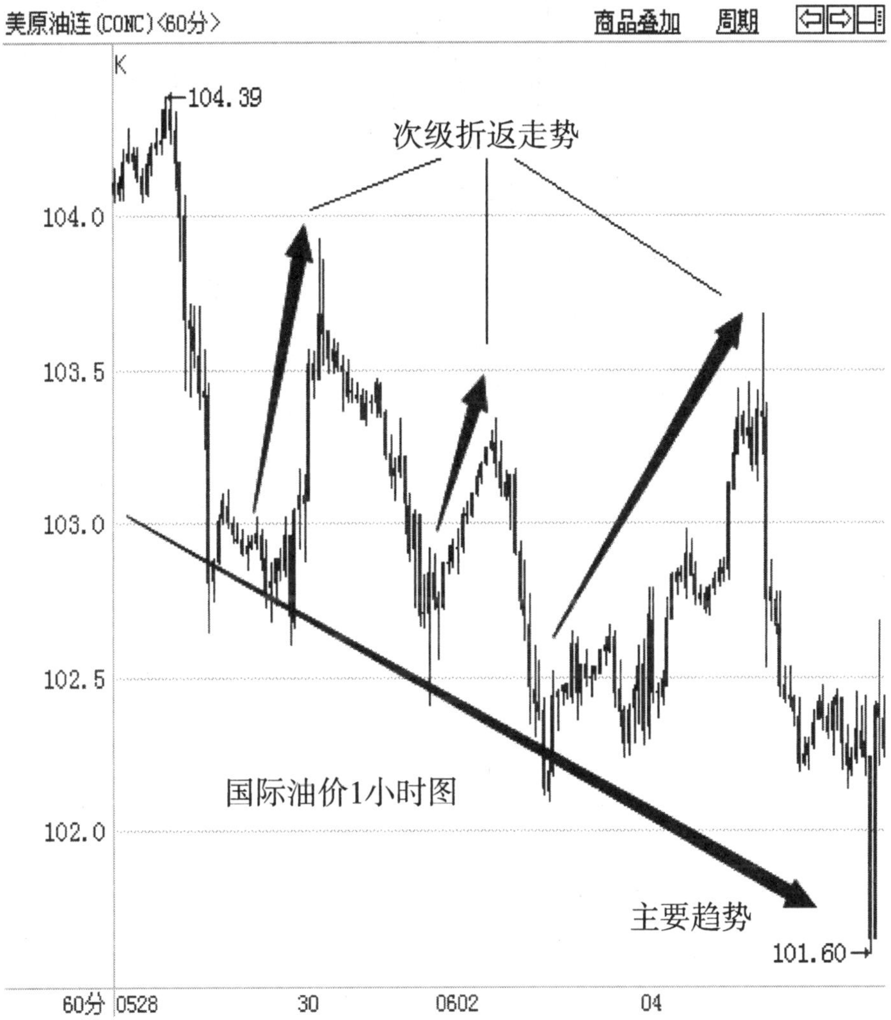

美原油连(CONC)〈60分〉 商品叠加 周期

K

104.39

次级折返走势

104.0

103.5

103.0

102.5

国际油价1小时图

102.0

主要趋势

101.60

60分 0528 30 0602 04

图 5－4

2. 定理二——主要走势

主要走势代表整体的基本趋势，通常称为多头或空头市场，持续时间可能在一年以内，乃至于数年之久。正确判断主要走势的方向，是投机行为成功与否的重要因素。没有任何已知的方法可以预测主要走势的持续期限。

这个定理阐述的就是我们平时说的“顺势而为”，不过，“顺势而为”也被多数人片面地理解。定理阐述的趋势判断是“投机”行为成功与否的重要因素，注意是“投机”，而不是“投资”。强调了趋势并不只是长线交易的参考，它同时也是短线交易的重要指导。在趋势明朗的阶段，顺势的短线交易更容易获利，更不可能被套。

另外，这个定理也承认趋势的延续期限无法预测，也就是说趋势无法预测。趋势和趋势的反转只能跟随、发现和判断，不能预测。如图 5－5 所示，进场进得好的情况下都能获利，这种情况就不用讨论；我们主要看进场的最坏情况，例如在空头市场中，情况最坏的做空仍然有机会在短期内获利离场，而情况最坏的做多就只能被牢牢地套住。谁都不能保证自己不会遇到很多进场不利的情况，这就是顺势的重要性。

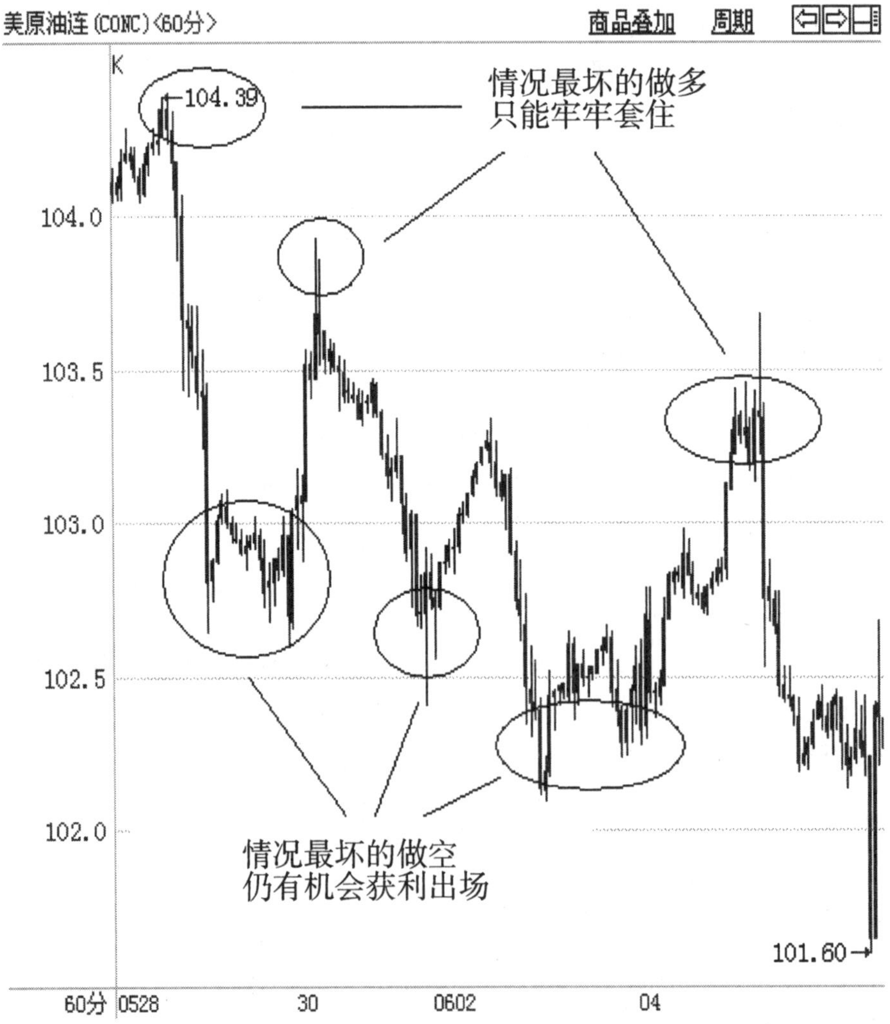

美原油连(CONC)<60分> 商品叠加 周期

情况最坏的做多
只能牢牢套住

情况最坏的做空
仍有机会获利出场

图 5－5

3. 定理三——主要的空头市场

主要的空头市场是长期向下的走势，其间夹杂着重要的反弹。它来自于各种不利的基本面因素，唯有价格充分反映可能出现的最糟情况后，这种走势才会结束。空头市场会历经三个主要的阶段：第一阶段的市场参与者不再期待可以维持过度膨胀的价格；第二阶段的卖压是反映投资需求和实物需求的衰退；第三阶段来自于已经低于价值或成本价时的失望性卖压，也就是不论价值如何，许多人急于求现至少一部分的仓位。

4. 定理四——主要的多头市场

主要的多头市场是一种整体性的上涨走势，其中夹杂次级的折返走势。在此期间，由于基本面好转或实物需求回升，投资性与投机性的需求增加，并因此抬高价格。多头市场有三个阶段：第一阶段，价格悄然回升；第二阶段，价格对于利好消息产生明显反应；第三阶段，投机追涨热潮转炽而价格明显膨涨——这阶段的价格上涨是基于期望的。

定理三和定理四是经过一些修正的，其原本是陈述经济周期和股票市场，修正后可普及所有主流市场。要注意的是，像股票市场那样，白银和原油市场在空头市场和多头市场经历的三个阶段是不完全相对的，需要区分清楚。

5. 定理五——次级折返走势

就此处的讨论来说，次级折返走势是多头市场中重要的下跌走势，或空头市场中重要的上涨走势，此期间内折返的幅度为前一次级折返走势结束后之主要走势幅度的33%～66%。次级折返走势经常被误以为主要走势的改变，因为多头市场的初期走势，显然可能仅是空头市场的次级折返走势，相反的情况则会发生在多头市场出现在顶部后。

对于次级折返走势的折返幅度，更科学的表达应是38.2%～61.8%，这是黄金分割回调线的两道边缘分割线，大部分次级折返的目标就是落在该区间内。当然，也是有少数例外的，例如折返28%、折返74%。就如假设三所述，理论并非不会错误，理论研究的只是大概率事件。

## 第2节 精准判断趋势转折

了解目前的趋势，无论长线交易还是短线交易，都可以顺势而为。但是，趋势什么时候结束，却难以判断。即使顺势进场，如果趋势不久后结束并反转，那么持仓就变得极度危险。所以，相比判断当下趋势，精确判断趋势转折显得更加重要。

主要趋势一般延续时间都比较长，所以如果能够精准判断趋势转折，后面较长的时间内就可以安安稳稳地顺势交易，而且还能及时发现危机和新机遇的到来。在每段趋势的起点进场，趋势的终点出场，获取100%波段利润，是交易者的梦想，但这明显是不现实的。如果转折技术能抓住60%～80%的波段，就已经是相当精准的判断技巧了。本章就是要介绍这样一种技巧，这种技巧建立在道氏理论的基础上，称作“三步走法则”。

介绍三步走法则之前，首先要介绍趋势线的正确画法。相信大部分投资者都学过画趋势线，但是真正了解趋势线正确画法的恐怕不多。如图5－6所示的趋势线L1，很多投资者在分析过程中都喜欢画这种趋势线，他们认为经过越多个低点的上行趋势线，就是越正确的上行趋势线；同样，经过越多个高点的下行趋势线，就是越正确的上行趋势线。这是一种经典的错误理解！

正确的趋势线应该是图5－7中的趋势线L2。正确的趋势线定义是：上行趋势线是从阶段上行趋势起点到最高点前的低点作连线，这两点间的连线不得穿过价格；下行趋势线是从阶段下行趋势起点到最低点前的高点作连线，这两点间的连线不得穿过价格。

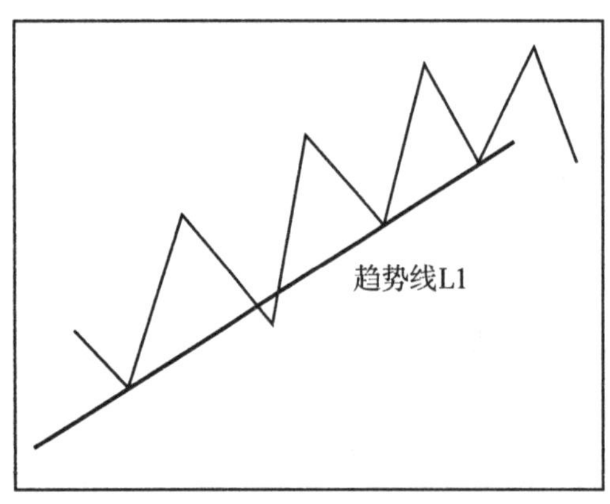


图5－6

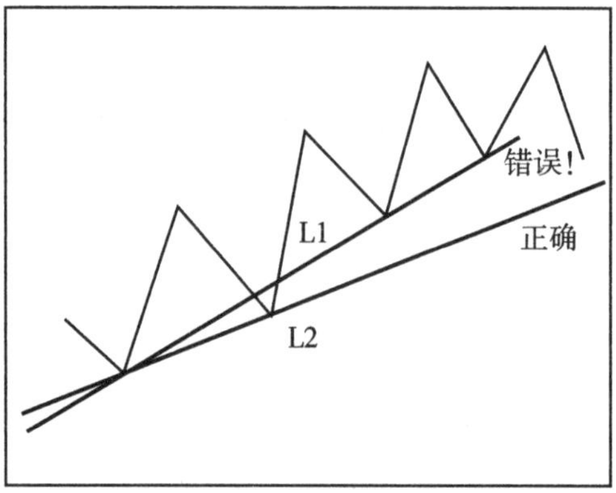

错误！
L1
正确
L2

图5－7

看图5－8：

L1是以多头趋势起点为起点，低点1为终点的多头趋势线。低点1是多头趋势最高点前的低点，L1在起点和终点之间没有穿过价格，所以L1是正确的多头趋势线。

L2是以多头趋势起点为起点，低点2为终点的多头趋势线。虽然同样是起点到终点之间没有穿过价格，但低点2不是最高点之前的低点，所以L2是错误的多头趋势线。

可以看到，L1被下破后，油价结束了持续超过3年的单边反弹行情，L1的技术意义不言而喻。而对于L2，一方面下破L2之时，上行趋势早已结束；另一方面下破L2之后，油价多次重回L2上方，L2的技术意义明显薄弱。

不少投资者喜欢作像 L3 这样的趋势线，这种趋势线虽然看似实用，但技术意义不强，在复盘行情中多验证就会发现。因为 L3 没有以阶段多头趋势起点为起点，所以是错误的多头趋势线。

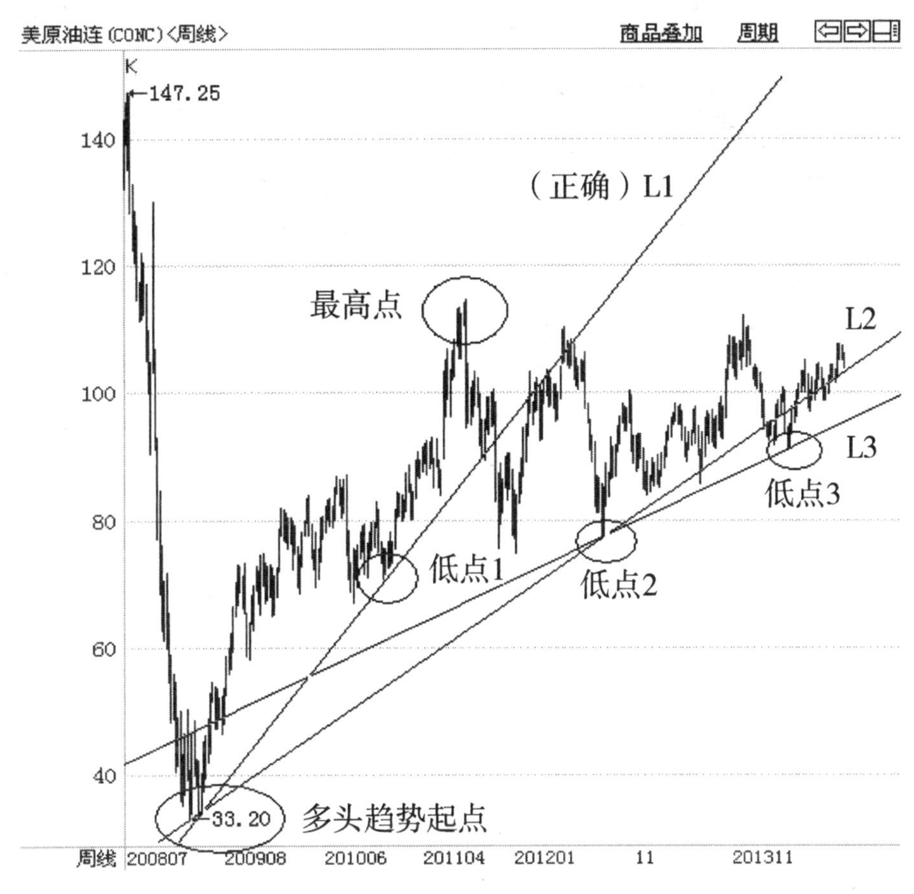


图 5-8

再看一个例子，空头趋势中经常会遇到这种情况：下跌的速度先慢后快，如果以趋势起点作下行趋势线，那么看似错失很多反弹行情。如图 5-9 所示，正确的趋势线 L1 显然距离加速下跌的价格很远，看似上破遥遥无期。而分别以高点 1 和高点 2 作为起点的下行趋势线 L2 和 L3 则看似技术意义还不错。

只要把眼光拉远，看看后面宏观行情的演化，结果就一目了然。如图 5-10 所示，L3 被上破后的确出现了一波较强的反弹，但是空头趋势明显没有结束；L2 被上破后，不但下行趋势没宣布结束，反弹幅度还差强人意。L2 和 L3 在判断趋势转折的技术意义上明显不强。而以正确的下行趋势线 L1 的角度，就能清楚地看到下行趋势在加速下跌后需要很长的低位震荡去恢复元气，才具备基础重新展开上行趋势。

现货白银(AG)<日线>
商品叠加
周期
趋势起点
35.36
高点1
L1（较平缓）
高点2
L2
L3
34
32
30
28
26
25.74
日线 201208
10
12
201302
03

图 5－9

现货白银(AG)<日线>
商品叠加
周期
35.36
L1
L2
L3
33
30
27
24
21
18.18
日线 201206
11
201303
06
10
201402
06

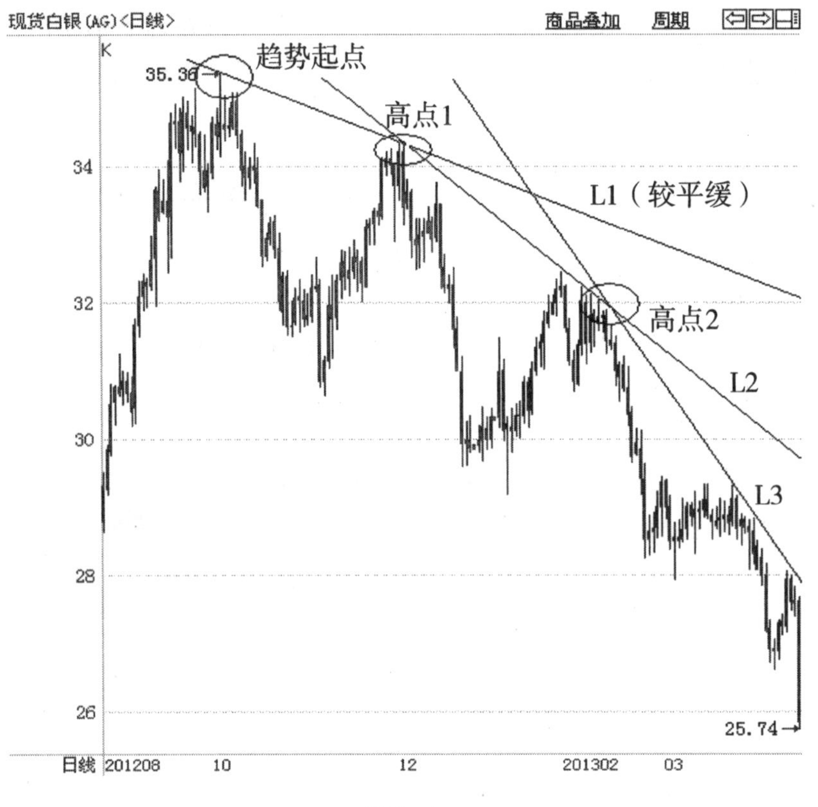

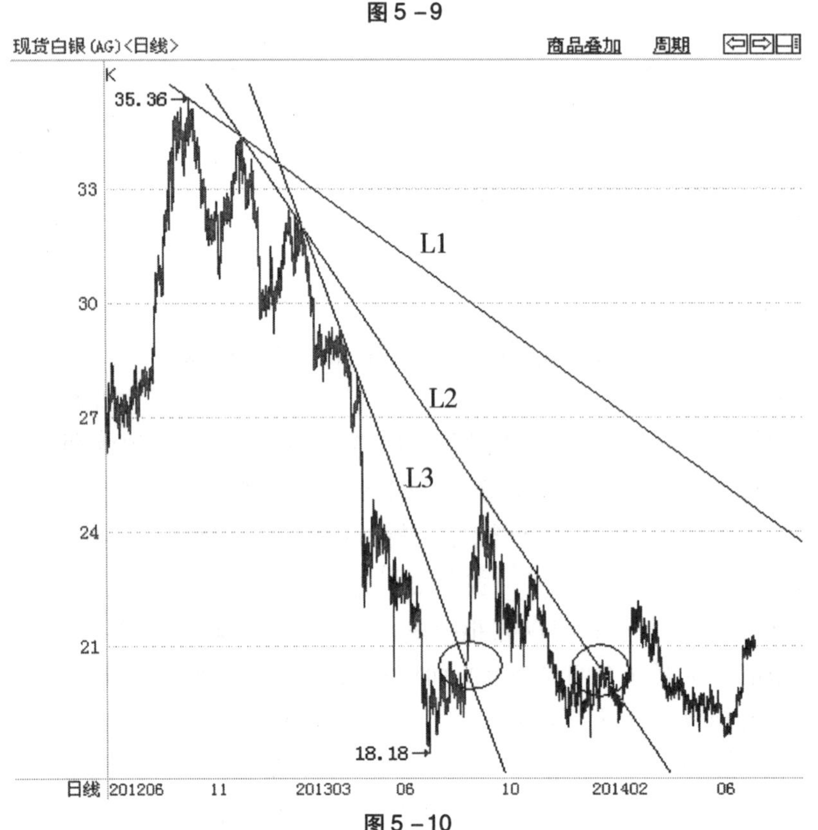

图 5－10

## 三步走法则

明确了趋势线的正确画法，就可以正式开始用三步走法则判断趋势的转折。顾名思义，三步走法则是要通过三步来判断趋势的转折：

第一步，突破趋势线。对于多头趋势，就是要求下破上行趋势线；对于空头趋势，就是要求上破下行趋势线。

第二步，再次尝试创新高（新低）失败。对于多头趋势，是再次尝试创新高失败；对于空头趋势，是再次尝试创新低失败。

第三步，突破第一波回调低点（反弹高点）。对于多头趋势，是下破第一波回调低点；对于空头趋势，是上破第一波反弹高点。

图 5－11 和图 5－12 分别是多头趋势和空头趋势转折的示意图。

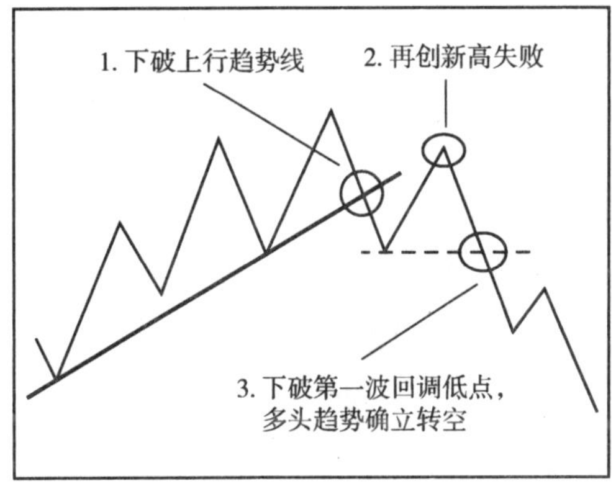


**图 5－11**

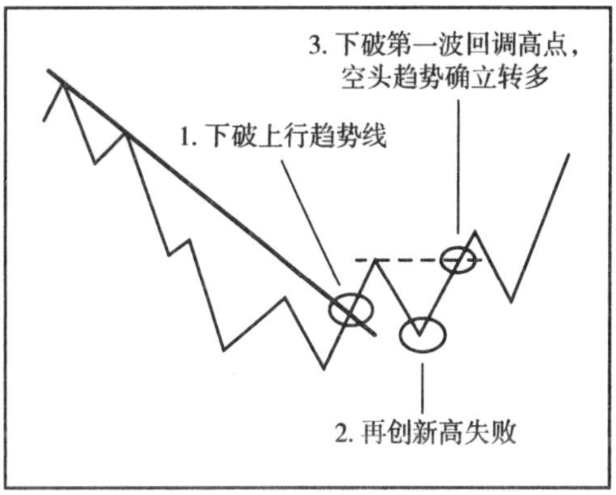

3. 下破第一波回调高点，
空头趋势确立转多
1. 下破上行趋势线
2. 再创新高失败

**图 5－12**

完全满足三步走法则的三步，趋势确立转折。然而，对于一些基金的投资者来说，等三步都满足之后，就略嫌晚了一点，行情都已经走了一段了。所以，三步走原则的完整内容是这样的：当三步中满足其中两步，是趋势转折的警告信号；当第三步也满足，趋势转折确立。

趋势转折的警告信号是什么呢？以多头趋势为例，当满足其中两步的时候，就是多头趋势结束的警告。这个警告意味着多头趋势可能要转空，也可能转为震荡，当然还有很小的概率可以保持多头趋势继续向上。那么基金的投资者就可以在第三步满足之前先轻仓布局空头，设置好止损。这样即使是转化为震荡行情，也有一定的利润空间。如果后市满足第三步，就是空头趋势的确立，可以做加仓操作。对于空头趋势的情况，也是同理。

图 5－13 是空头趋势转折的实例。当银价从低点反弹，再次向下创新低失败；然后上破从低点第一波反弹的高点。这时候满足了三步走法则的其中两步，这是空头趋势结束的警告，可以提前结束空头仓位，并轻仓布局多头。可以看

到，距离后面最后一步——上破下行趋势线之间有着相当幅度的利润，这种操作方法在平衡风险的基础上捕获到了。

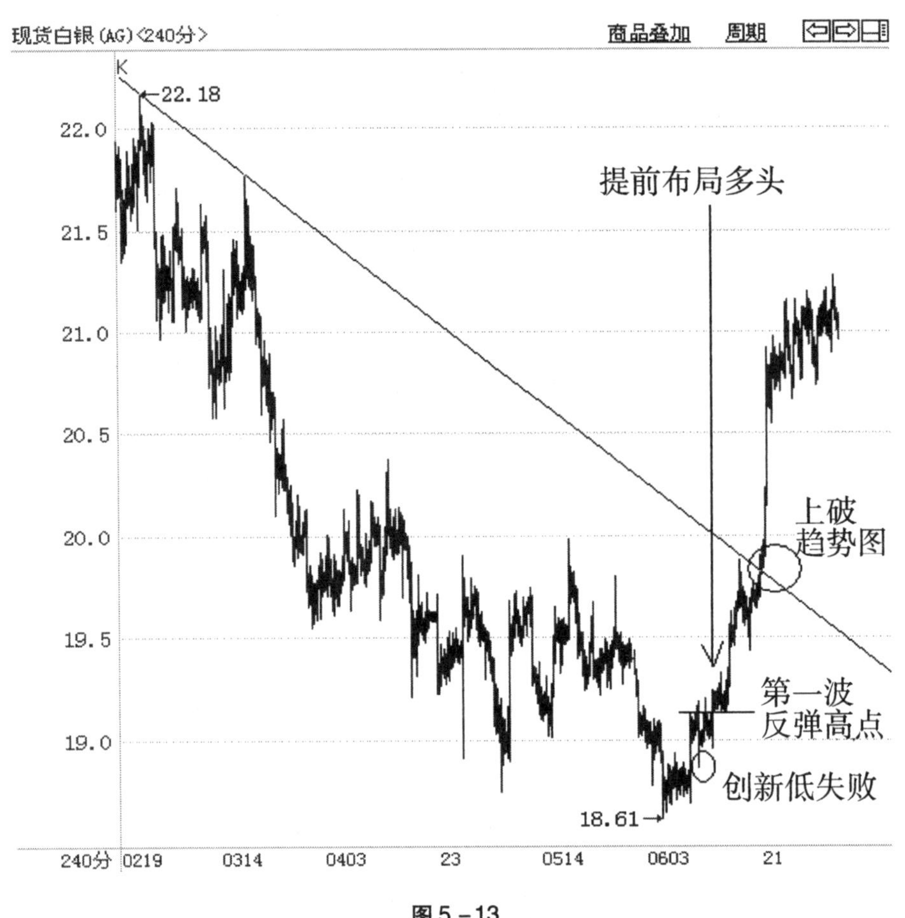


图5－13

图5－14是多头趋势转折的实例。当油价从高点回落，下破上行趋势线；然后两次尝试创新高失败。这时候满足了三步走法则的其中两步，这是多头趋势结束的警告，可以提前结束多头仓位，并轻仓布局空头。可以看到，虽然中短期陷入震荡格局，但占据了有利的进场位置，不仅多抓住了一段盈利空间，在后面下破第一波回调低点，确立空头趋势之时，也占据了加仓布局的主动权。

事实上，我们的这次多头转折判断，就是后来持续超过半年的油价暴跌熊市的起点，这是一次非常精彩的趋势转折判断，如图5－15所示。

在使用趋势线的过程中会遇到这种问题：在作出上行趋势线之后，行情跌破趋势线，随后再创新高，那么之前正确的趋势线就变成不正确了。空头趋势的情况也是同理。这种情况如图5－16所示，在时间点A之前，L1还是正确的趋势线，但随着行情的进一步发展，L1成了错误的趋势线，正确的趋势线应该是L2。

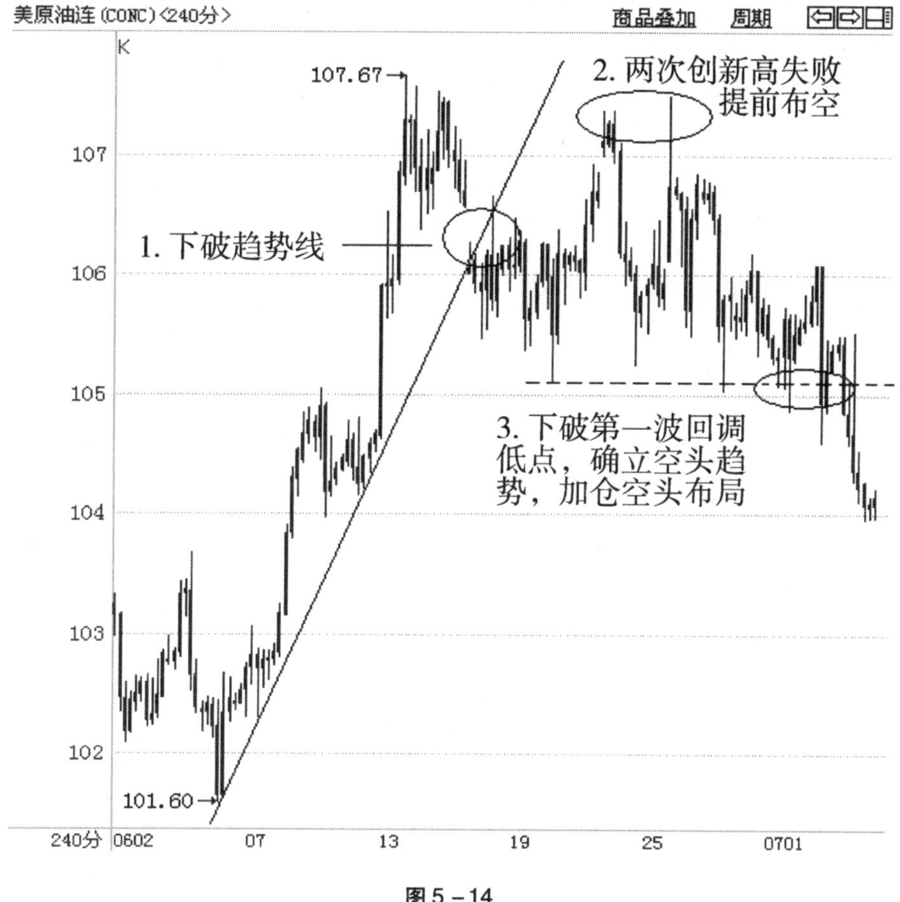


图 5－14

这看似矛盾的确定性问题正是三步走原则之所以有强大优势的原因，正是趋势线无法单独判断趋势转折的原因。看图 5－17，在 2014 年 3 月 19 日之前，银价的最低点是 20.60，正确的下行趋势线是图中的 L1，并在当日上破该趋势线。在但随着行情的发展，银价在 3 月 20 日成功再创新低，这样一来，三步走原则的第二步就不成立，下行趋势尚未出现转折的警告信号。这种情况下，将趋势线纠正为 L2 不但没有与确定性发生矛盾，还自我修正了趋势线，为下一次三步走奠定了更可靠的基础。

美原油连(CONC)<240分>
商品叠加
周期
K
107.67
多头转折判断
国际油价4小时图
100
90
半年暴跌的起点
80
70
60
50
44.20
240分
0610
0714
0809
0906
1004
1101
29
0101

图5－15

趋势线L1
上行趋势的真正高点
时间点A之前的高点
趋势线L2
时间点A

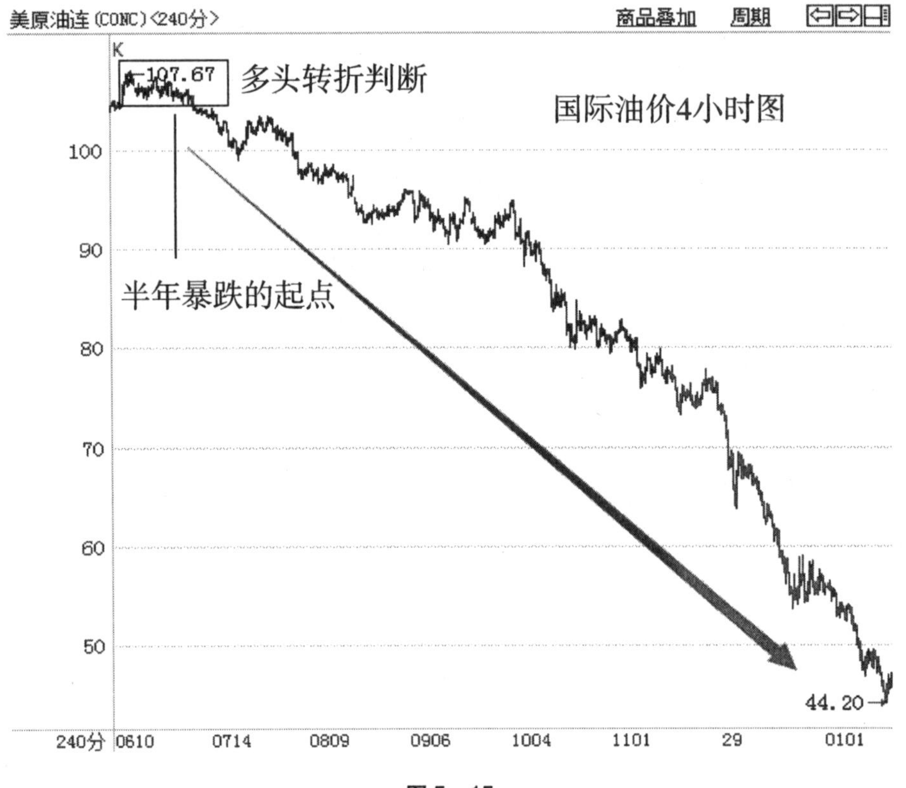

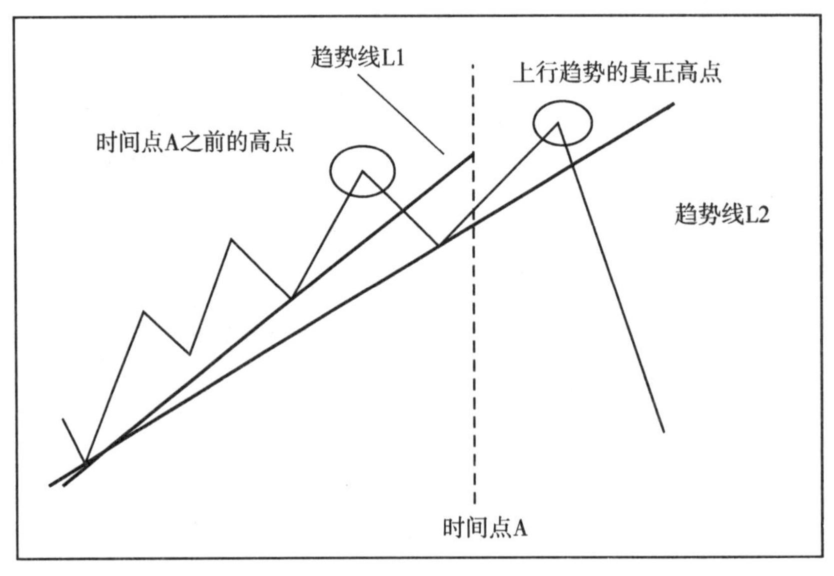

图5－16

现货白银（AG）<60分>
商品叠加
周期
K
21.77
21.6
21.4
21.2
21.0
20.8
下行趋势线L1
20.60
最低点1
60分
0314
17
18
19

图 5－17

现货白银（AG）<60分>
商品叠加
周期
K
21.77
21.6
21.3
21.0
20.7
20.4
20.1
L2
L1
最低点1
尝试创新低成功
20.06
60分
0314
18
19
20
21
22

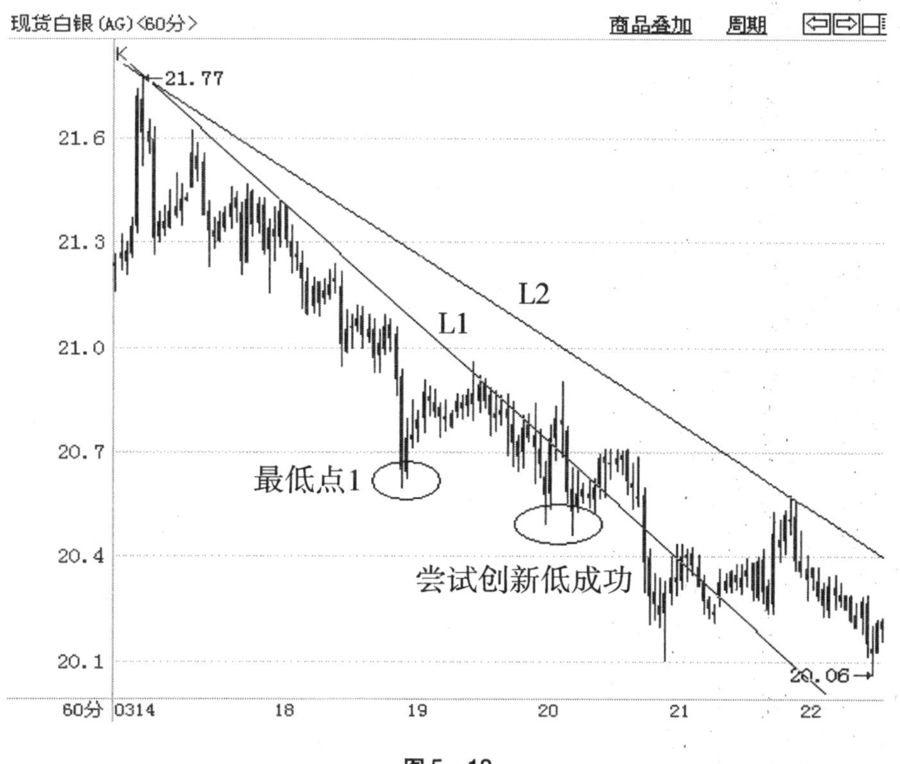

图 5－18

## 二步变异形态

有一种特殊形态，称之为二步变异形态。虽说特殊，但这种形态出现的概率不是不低的。如果用正常的三步走法则去判定，往往容易错失较多的利润空间。然而，这种特殊形态有专门的判断技巧，它比正常的三步走法则更早确定趋势转折，从而能抓住更大的波段利润。

顾名思义，二步变异指的是三步走之中的第二步形态发生变异，如图 5－19 所示。行情满足第一步上破下行趋势线 L1，但在第二步的时候成功再创新低，幅度很小，而且短时间内就回到前低点上方，这就是二步变异形态。遇到二步变异形态，不需要制作新的正确趋势线 L2，更不用等待三步都满足，当第二步满足变异条件，马上可以判断趋势转折。多头趋势的情况也是一样。

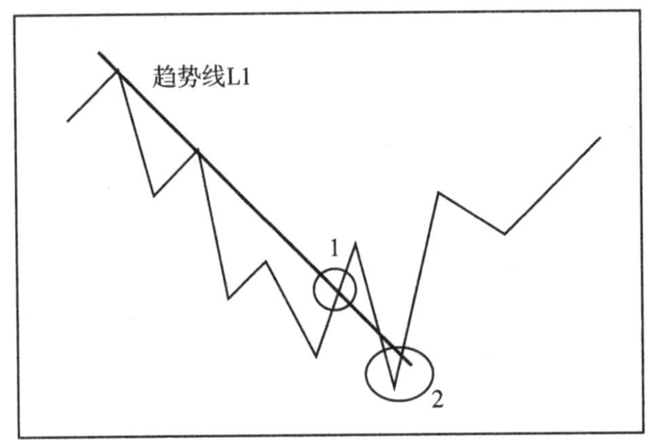


图 5－19

可以看到，从变异的第二步开始布局多头，比正常的三步走法则更快，进场位置也主动得多。二步变异形态的要点有两个，只有满足两大要点，才是二步变异形态，切忌与正常趋势行情混淆。

第一，新高（新低）的幅度必须不大，幅度越小技术意义越强。

第二，创新高（新低）后必须快速回到前高点（前低点）下方（上方），快速指的是 1～4 根 K 线之内。

看一个实际行情的例子，如图 5－20 所示。国际油价在 2013 年 11 月末触底强劲反弹突破当时的下行趋势线 L1。不久后再度回落，2014 年处小幅创新低，随即强劲回落。这就是典型的二步变异形态，从而在 92 一线就可以进场布局多头，此时几乎布局在宏观最低点。如果是按正常的三步走法则操作，最快也要在 100 上方才满足条件进场。

二步变异形态的原理是主力诱多（诱空），这是现代市场的特点。因为很多

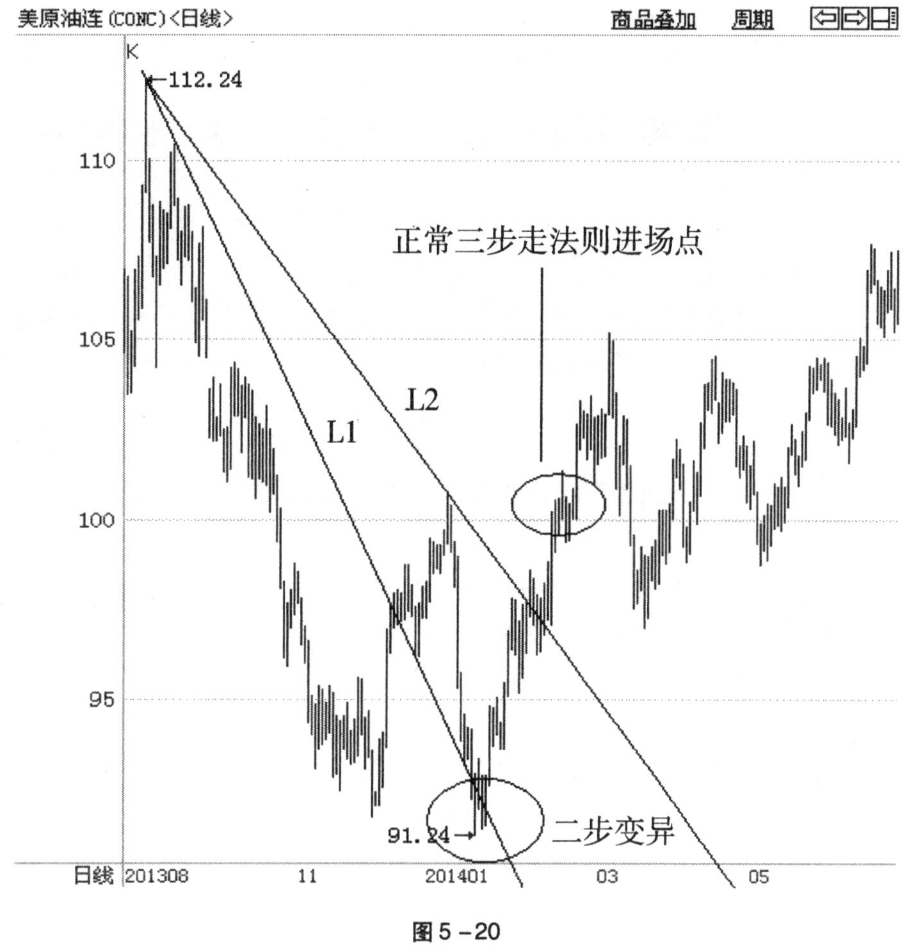


图 5 - 20

投资者的止损设置都选择在前高点或前低点水平，所以行情启动前（如果有主力参与的话），主力往往喜欢引导行情创小幅新高或新低，以此将抄底或抓顶的大部分投资者筛掉。

图 5 - 20 的形态可能对一些读者来说很熟悉，没错，这就是《白银投资技巧实战篇》里介绍过的第三类 W 底（第三类 M 顶对应多头趋势的二步变异形态）。虽然技术细节略有不同，但这是两个不同理论殊途同归的结论，所以技术意义非常强。

# 第六章　透视波段本质　锁定大波段利润

说到波段，这方面最经典的理论莫过于波浪理论。波浪理论有其伟大之处，但也有其致命弊端，因此波浪理论能经历百年流传至今，但始终不能成为投资者手中的利器。

## 第1节　重新认识波浪理论

20世纪30年代，拉尔夫·纳尔逊·艾略特创立了波浪理论。艾略特波浪理论是对道氏理论的继承和发展。波浪理论在技术型投资者群体中广泛应用，范围遍及全球，当然也包括交易市场刚起步的中国在内。

但是对于很多投资者来说，艾略特波浪理论是一种难以充分理解，特别是难以精通的技术分析工具，在使用中存在着不少的误区。这是对波浪理论仍然心存希望的投资者的客气说法，而更为普遍的现实说法，则是认为波浪理论仅仅是一个复盘工具，实盘中永远无法确定目前是处于什么阶段，所以波浪理论徒具其理，毫不实用。

### 存在必有理　存在始终有理

纵使国人抨击波浪理论，但它仍然是西方投资者、投资机构的必修课，而实际上，他们每天都通过投资市场在赚着我们的钱。所以，我们有必要重新认识波浪理论——这个摊在我们面前我们都不敢用的伟大理论。

波浪理论的理论基础是“八浪循环”，艾略特在长期的历史行情中观察到，行情总是以八浪组合为基础，一个接一个的八浪，周而复始地运行，无论是微观还是宏观。宏观的每一浪包含着若干个微观的八浪，若干个连续的微观八浪构成宏观八浪中的一浪。而且宏观和微观是相对的，并不是绝对的两个层级，从而八浪可以有很多个层级。

基础的八浪模型如图6－1所示。值得注意的是，八浪模型是就趋势而言的，而不是固定的。也就是说，图6－1所示的是多头趋势的八浪，而空头趋势的八浪则是如图6－2所示。即八浪模型为顺主趋势的1－2－3－4－5浪，逆主趋势的A－B－C浪。

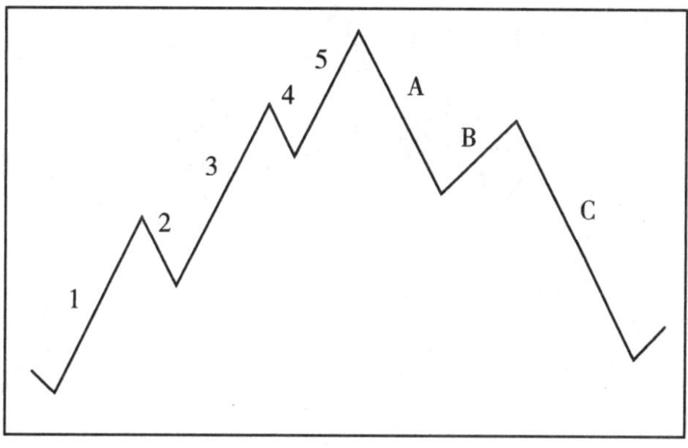


图 6 – 1

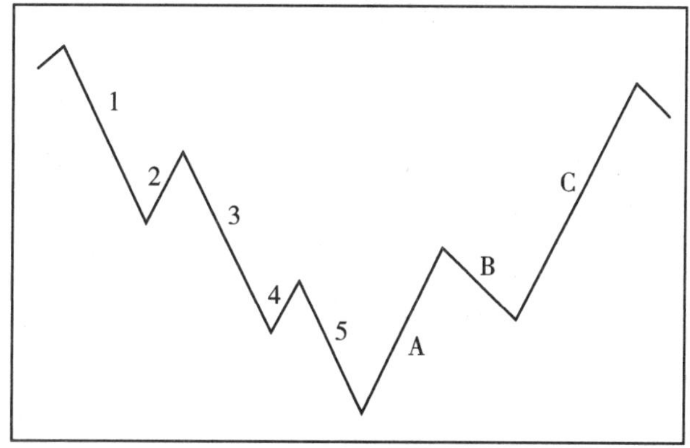


图 6 – 2

因此宏观和微观行情共存，所以我们通常看到的行情走势都是相互包含的波浪。例如对于大 1 浪来说，它可能是由 1 – 2 – 3 – 4 – 5 子浪构成；对于反弹大 B 浪来说，它可能是由 A – B – C 子浪构成……图 6 – 3 所示的是多头趋势的基础波浪形态，而图 6 – 4 是相对的空头趋势的波浪形态。实际上很少会遇到这种标准情况，例如回调大 B 浪没有包含子浪；回升大 C 浪由更复杂的子浪组合构成……如图 6 – 4 所示。

对于波浪理论，艾略特提出了若干个细节要求，以此规范化波浪理论的使用条件和提高预测精度。这些细节在此不做进一步探讨，只做简单列出：

（1）一个完整的循环包括八个波浪，五上三落或者三上五落。

（2）波浪可合并为高一级的浪，亦可以再分割为低一级的小浪。

（3）跟随主流行走的波浪可以分割为低一级的五个小浪。

（4）在 1、3、5 三个波浪中，第 3 浪不可以是最短的一个波浪。

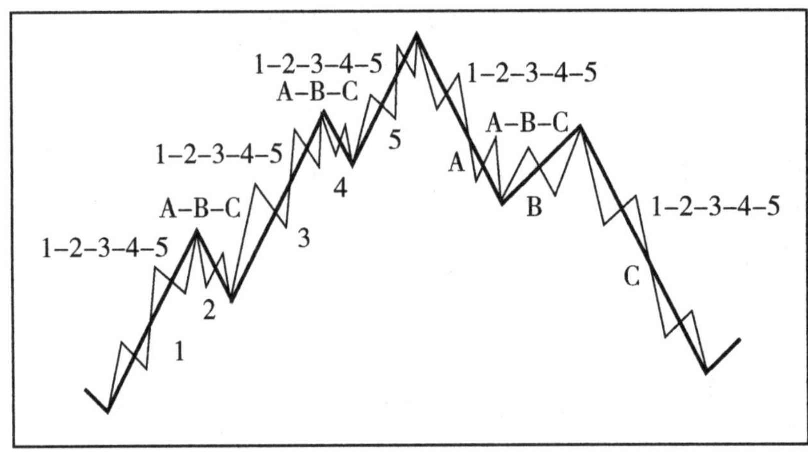


图6-3

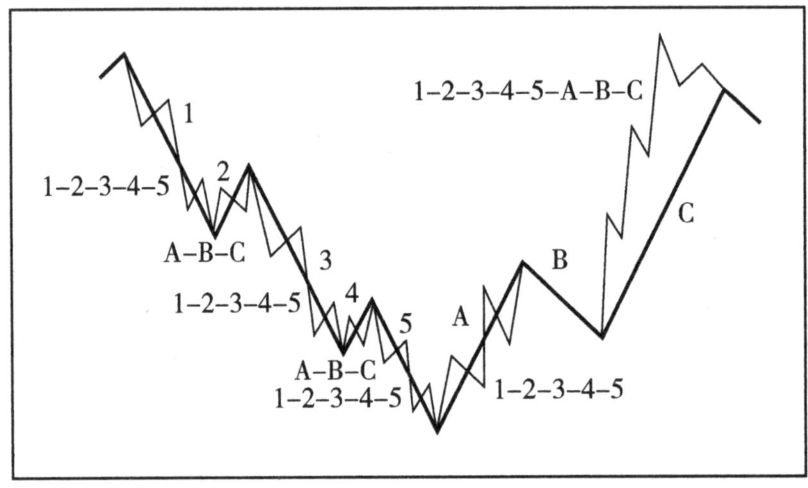


图6-4

（5）假如三个推动浪中的任何一个浪成为延伸浪，其余两个波浪的运行时间及幅度会趋一致。

（6）调整浪通常以三个浪的形态运行。

（7）黄金分割率理论奇异数字组合是波浪理论的数据基础。

（8）经常遇见的回吐比率为0.382、0.5及0.618。

（9）第四浪的底不可以低于第一浪的顶。

（10）艾略特波浪理论包括三部分：形态、比率及时间，其重要性以排行先后为序。

（11）艾略特波浪理论主要反映群众心理。越多人参与的市场，其准确性越高。

尽管如此，由于波浪层层分割，层层合并，因此波浪理论在实际使用过程中还是难以像复盘一般行云流水，究其原因，可归结为两大根本缺点。

第一，实际分析过程中难以判断哪一个子浪结束时母浪结束。

第二，实际分析过程中难以清晰化波浪层级，难以判断出哪一级波浪才是属于自己操作层面的波浪。

这两个问题始终困扰着大部分尝试使用波浪理论做分析的投资者，致使大部分国人投资者最后放弃这个伟大理论工具。

这两个问题是有方法解决的，只需要结合特定的技术工具。

对于第一个问题，波浪理论本身就有提到解决办法——经常遇见的回吐比率为0.382、0.5及0.618，所以黄金分割工具可以很好地解决第一个问题。

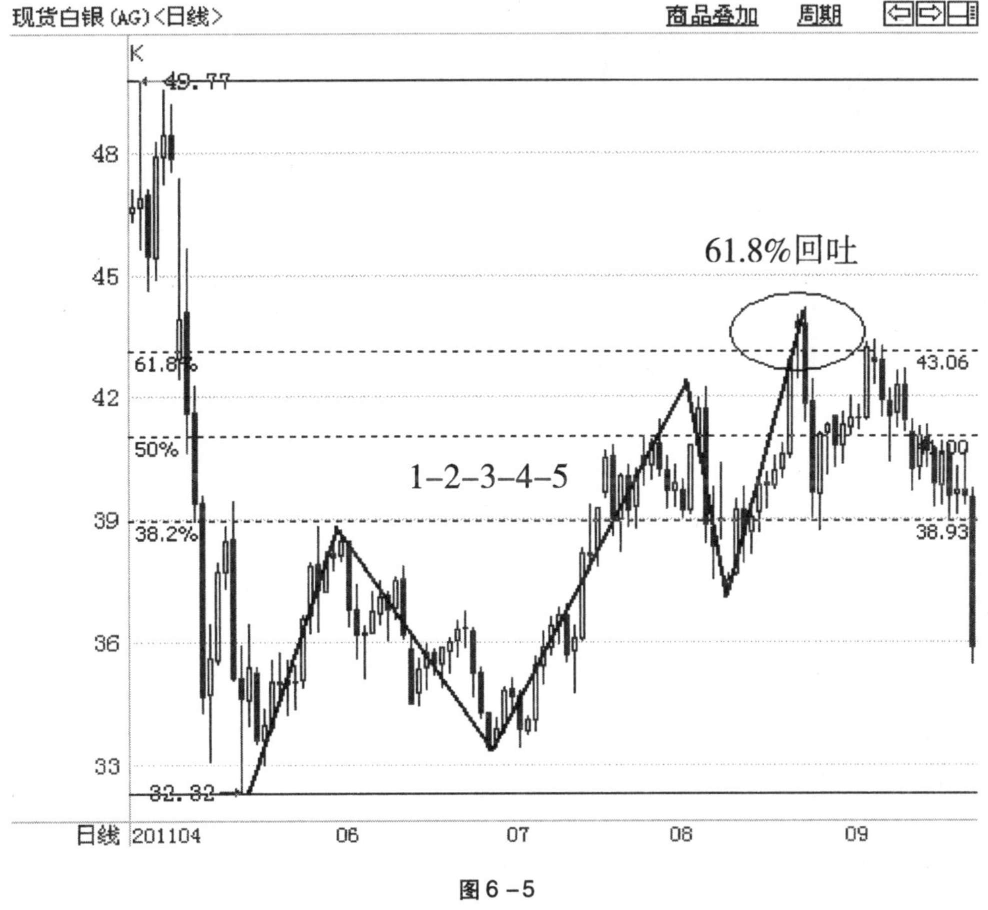


图6－5

如图6－5所示，这是经典的2011年银价崩盘的日线走势。银价从历史高点49.8美元/盎司展开第1浪回落，随后进入较复杂的第2浪反弹。复盘看来，第2浪反弹是由经典的1－2－3－4－5子浪组成，但当时实盘分析不可能提前知道，不知道是1子浪还是3子浪还是到5子浪才结束宏观反弹的大2浪。

这时候需要借助黄金分割工具，因为反弹确认后，下行的宏观第1浪已经确定，可以对第一浪作黄金分割。可以看到，反弹第1浪精确受阻于38.2%分割位，可能是宏观第2浪的终结。但是在后面下探新低之前便重新向上，这否定了之前的假设。直到第5子浪，在最后一道分割线附近遇阻回落，这时候就可以确认宏观反弹第2浪到此结束，完成61.8%的跌幅回吐。

在应用到短线行情的时候，往往会遇到较复杂的情况。如图6－6所示，宏观浪往往由各种子浪组成，甚至是非规则的组合浪。所以实际分析过程中必须重视黄金分割对波浪理论的重要判定作用。

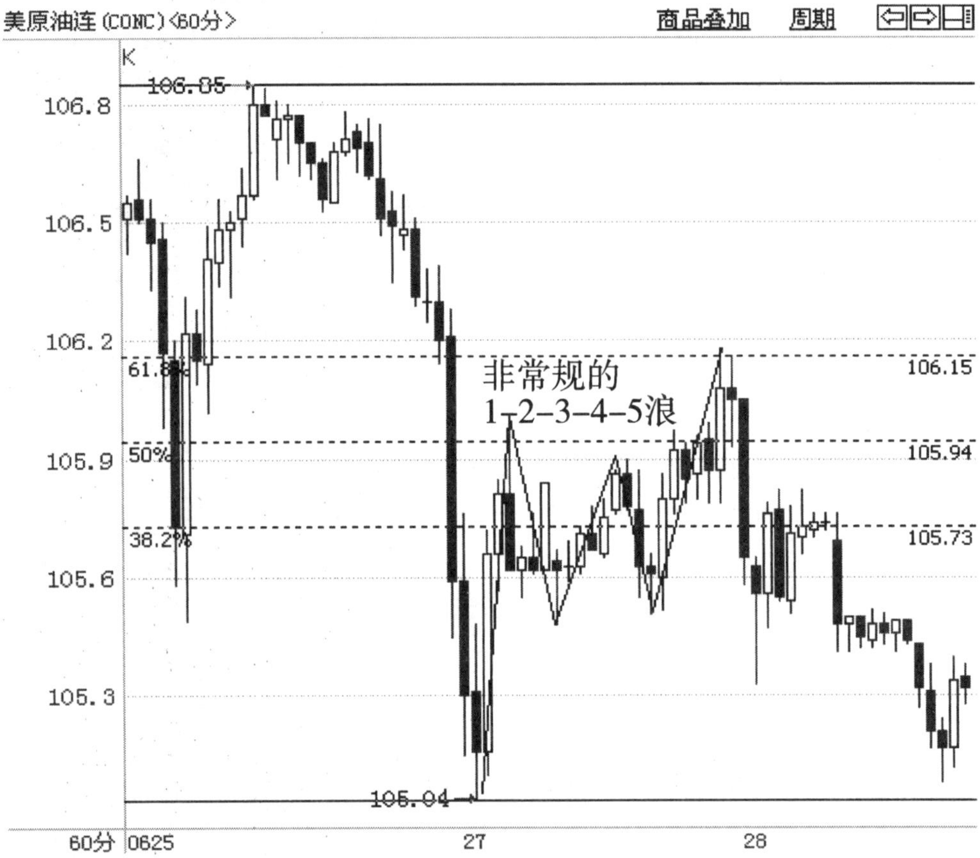

图6－6

对于第二个问题，艾略特在波浪理论中虽然加入了多条细节要求，但并没有明确界定何谓一个波浪。这是波浪理论的主要硬伤，在这方面至今还没有取得公认的规范，大多数投资者都只能以主观标准判断。

能比较有效地解决这个问题的方法目前有两个：第一个是借助之字转向指标，第二个是借助KD指标。

如图6－7所示，之字转向指标可以很方便快捷地标示出大部分子浪，让波浪思路非常清晰。适合入门或时间紧缺的投资者。之字转向指标使用便捷、省时，但伴随而来的也有两个缺点：

第一，因为之字转向是未来指标，所以有时候当行情改变的时候，指标会即时修正，所以给判断带来不确定性，使其使用只能达到“参考”的层次。

第二，转折参数的确定问题。之字转向指标有一个转向参数，这是用来界定最小转折幅度的，所以对于不同的投资品种、不同的周期、不同的阶段，这个参数都要慎重界定，这依赖于投资者的个人界定能力，从而不能实现完全的自动化。

图6－7是参数为2的之字转向实例，也即界定2%为最小转折幅度。而图6－8是同一段行情，但是用参数为3的之字转向定义波段的实例。读者可从中细细领略参数界定的重要性。

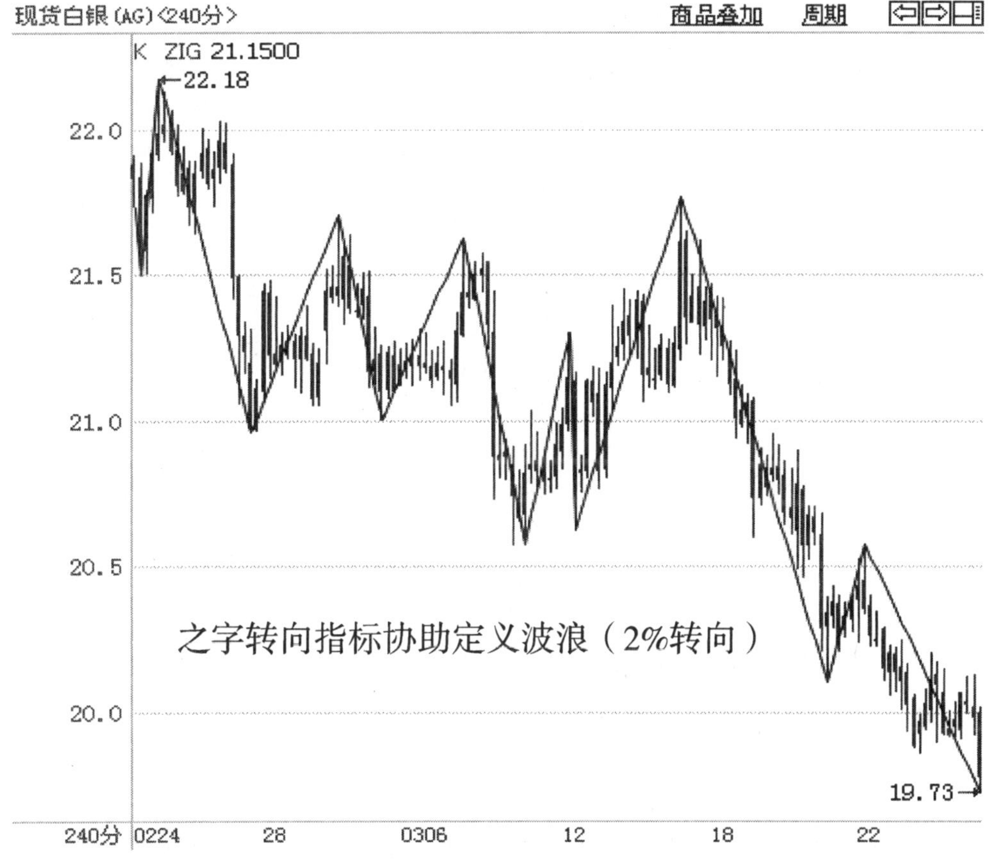


图6－7

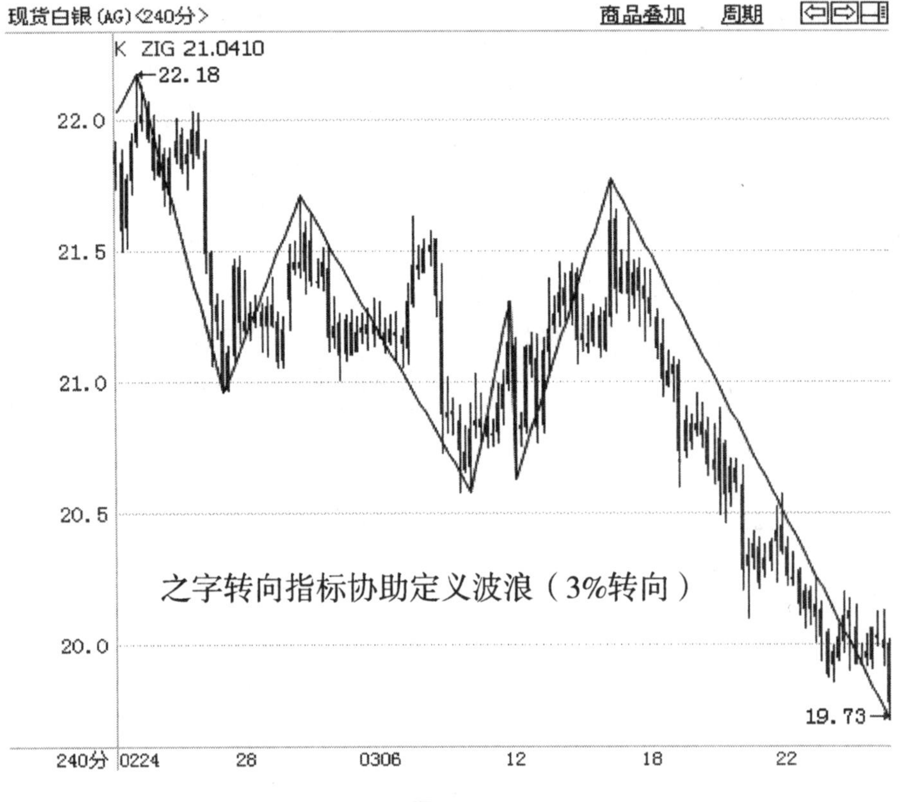


图 6-8

KD 指标被普遍应用于判断行情的相对高位和低位，以及超买超卖的判断。它还有一个非常出色的功能被普遍忽略——它有极好的波浪跟随能力，能清晰地反映波浪的起伏运行。如图 6-9 所示，实际分析过程中经常会遇到一些模棱两可的波浪形状，这些小浪可以细分也可以合并，但两者好像都不太明确，这时候数浪就遇到困难。

对图 6-9 加入 KD 指标后，浪形无所遁形，清晰显示，如图 6-10 所示。为清晰显示，图中只标出波峰。并不是说那些小浪不能作为细分小浪，KD 指标显示的波浪是达到一定规模的，而这种规模的波浪，往往正是交易所需要的那个级别的波浪，更小级别的波浪不具备操作意义。

之字转向指标和 KD 指标判断法都能有效显示适当级别的浪形。前者实时判断更灵敏，但需要一些后备工作量，而且有未来指标带来的不确定性；后者实时判断稍慢一点点，但不需要后备工作量，而且不确定性比前者低。而两者都有一个不足之处：无法及时判断新趋势波段的到来。例如 1-2-3 浪运行之后，行情要转为第 4 浪，或者直接展开 A 浪，虽然将波浪清晰化，但这两个方法还是不能及时判断出来。即使如此，这两个方法在显示波段方面已经是难得的两个效果显著的方法。如果要进一步达到及时判断新趋势波段到来的效果，就涉及 KD 趋势理论的内容。

现货白银(AG)<日线>
商品叠加
周期
K
25.12
19.14
这里是多少子浪?
这算不算一浪?
这算不算一浪?

图6-9

现货白银(AG)<日线>
商品叠加
周期
K
25.12
19.14
1
2
3
4
KD(9,3,3) K:66.6190 D:69.6171
日线 201308
09
10
11

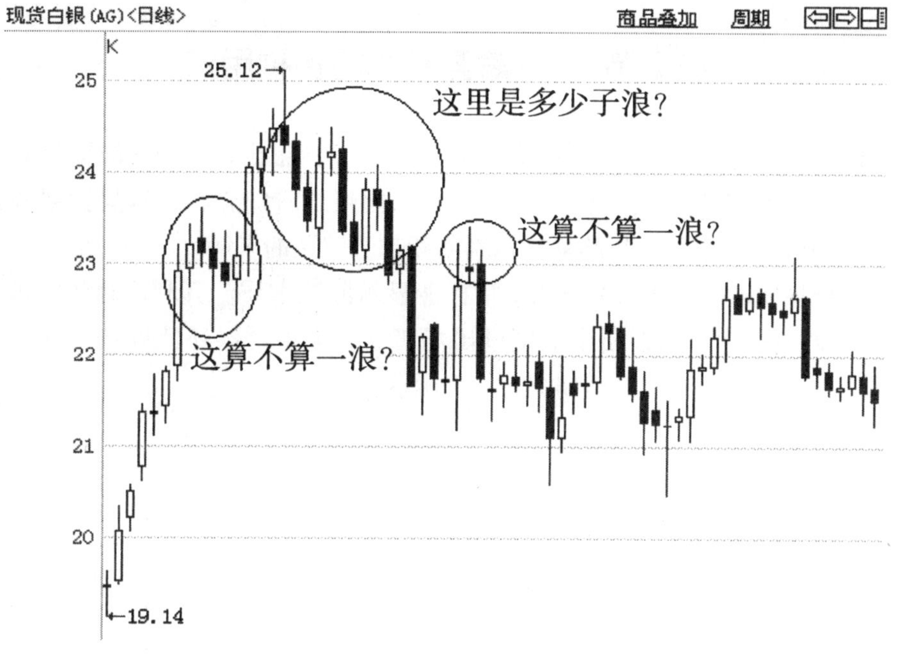

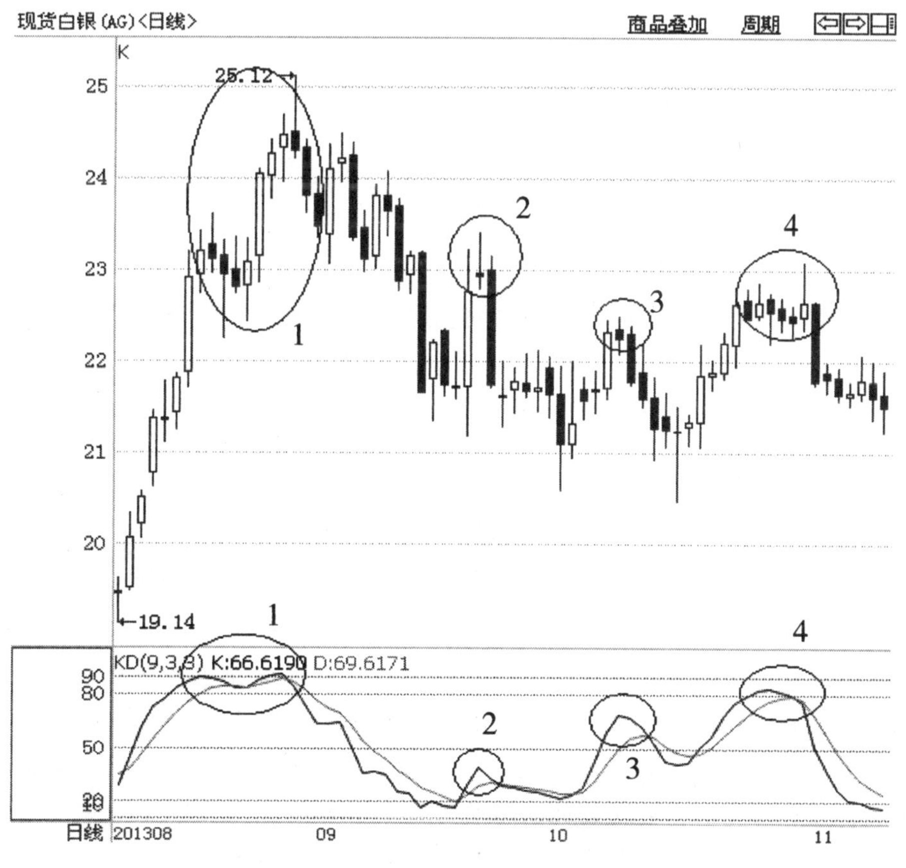

图6-10

## 第2节 KD趋势技术的各种用法

KD趋势技术是笔者首先提出的新技术，在《白银投资技巧实战篇》和《贵金属投资宝典之四——决胜篇》里分别有入门到进阶的介绍，这里简要复述一下，有助于下一节展开KD趋势技术判断新趋势波段的讲解。

KD趋势技术的发明是基于KD指标能显示波浪本质。其利用趋势突破往往早于价格波浪的优势，判断中短线进出场机会，很多时候还能筛选出大级别行情。KD趋势技术的基本原理如图6-11所示。

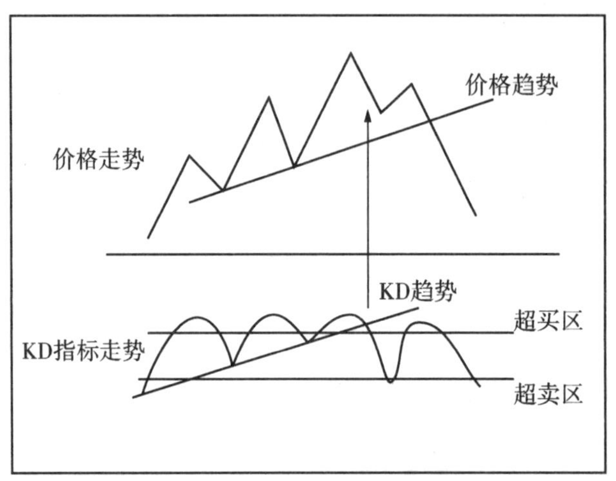


图6-11

在宽幅震荡的行情当中，KD指标比较规则地在超买区和超卖区之间震荡，这时候没有形成明显的趋势形态，这种情况不需要用到KD趋势技术，如图6-12所示。

在更多的情况下，KD指标并不是那么“安分”地在超买区与超卖区之间简单地来回震荡，而是在震荡中途形成一些小波浪；又或者震荡力度不足，在还没到达超买区或超卖区的时候就掉头回撤。所以这时候趋势线工具就大派用场了。

图6-13中的直线是以KD指标的两个明显的波峰作为参考点作的下行趋势线，当这条趋势线被上破的时候，对应的当根K线收盘价即为进场点。止损设置规则也一并介绍：初始止损的设置除了要参考入场的当根K线之外，还要参考前一根K线，以这两根K线的最低点下方作为止损区间。对应的，空单的止损应设置在相应两根K线的最高点上方。

美原油连(CONC)<60分>
商品叠加
周期
K
83.14
国际油价1小时图
83.0
82.5
82.0
81.5
81.0
80.5
80.0
79.45
KD(9,3,3) K:78.4410 D:71.7970
100
80
50
20
0
60分
1022
24
25

图 6－12

美原油连(CONC)<60分>
商品叠加
周期
K
50.00
国际油价1小时图
50
49
48
47
46
45
进场点
止损区间
KD(9,3,3) K:78.4410 D:71.7970
100
80
50
20
0
60分
0109
10
13
14
15

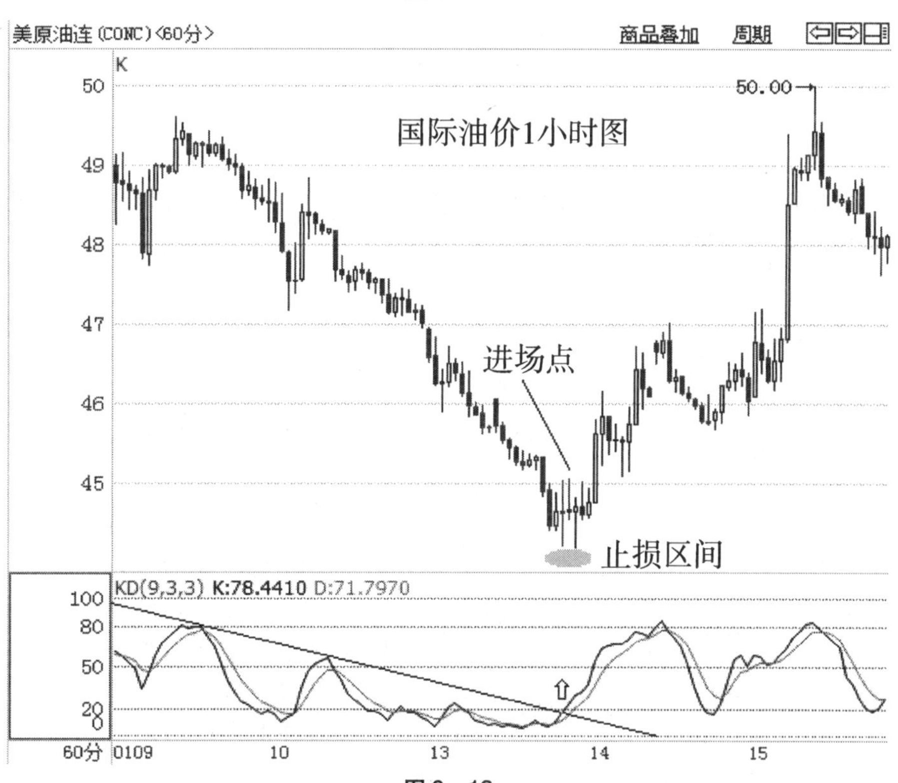

图 6－13

图6－14是一个下破KD上行趋势线的做空例子，以白银T＋D 4小时走势图为例。细心观察，会发现这个实例跟前面一个有所区别：这条趋势线经过了3个波谷，或者说经过3个点，而且下破趋势线的突破位在超卖区；同时，这一次确定的行情比上一次要大得多。这里就涉及最佳趋势线做法的技巧。最理想的趋势线有以下这些特点：

（1）倾斜角度应尽可能接近45度。

（2）趋势线最好经过3～4个点。

（3）突破点处于超买区或超卖区。

（4）趋势线作用于一个正常波浪内几个不十分明显的小浪，效果往往非常理想。

图6－14

另外，波峰和波谷的形状有两类比较特别：一类是尖锐的形态，有点类似前面提及的“尖顶”和“尖底”的形态；另一类就是圆滑的波峰或波谷，有点类似前面提及的“圆顶”和“圆底”的形态。这两种形态的波峰或波谷所提供的点比一般的更具参考意义，特别是尖锐的波峰或波谷。

一般情况下，同时满足以上4个条件的机会极少，我们不会过分去追求。只要能满足其中2个条件以上的趋势线，就能视为很有价值的操作机会。满足条件的趋势线所确定的进场点比一般情况的趋势线更加精确，启动的行情也更大。

图6－15

图6－15中对KD指标的波段分别以两种选点方法作出L1和L2两条下行趋势线。从图中可以很清晰地看到，L2的进场点比L1的进场点更加精确，止损区间更不容易被扫，更加安全。造成这种区别的原因是L2更加接近45度、进场点处于超卖区内，同时满足第1点和第3点。而且所选的点都是尖锐的波峰，所以必然比L1更加优越。

以上是KD趋势技术的基础用法，KD趋势技术的进阶内容包括同步KD趋势、多种KD趋势并存的取舍结合、KD趋势的反向延长信号等，在此不做详细介绍，有兴趣的读者可以参看《贵金属投资宝典之四——决胜篇》中相关章节。

## 第3节　KD趋势强化波段理论

由于KD指标可以清晰显示波浪，KD趋势技术可以及时判断中期趋势的转折点，所以KD趋势技术可以很好地强化波浪理论：包括洞悉波浪的趋势性转折和子浪结构的清晰化。

先从一个最经典的例子来看，图6－16所示的是21世纪以来白银市场最大的牛市和熊市。这一段行情的子浪结构很不清晰，也不是常见的波浪形态，但在KD指标的显示下，可以很清晰地看到上行过程是1－2－3浪结构。第3浪之后，KD趋势下破，这时候就可以判断向下展开的不是第4浪，而是A浪，紧接着的是不能创新高的B浪和更大跌幅的C浪。

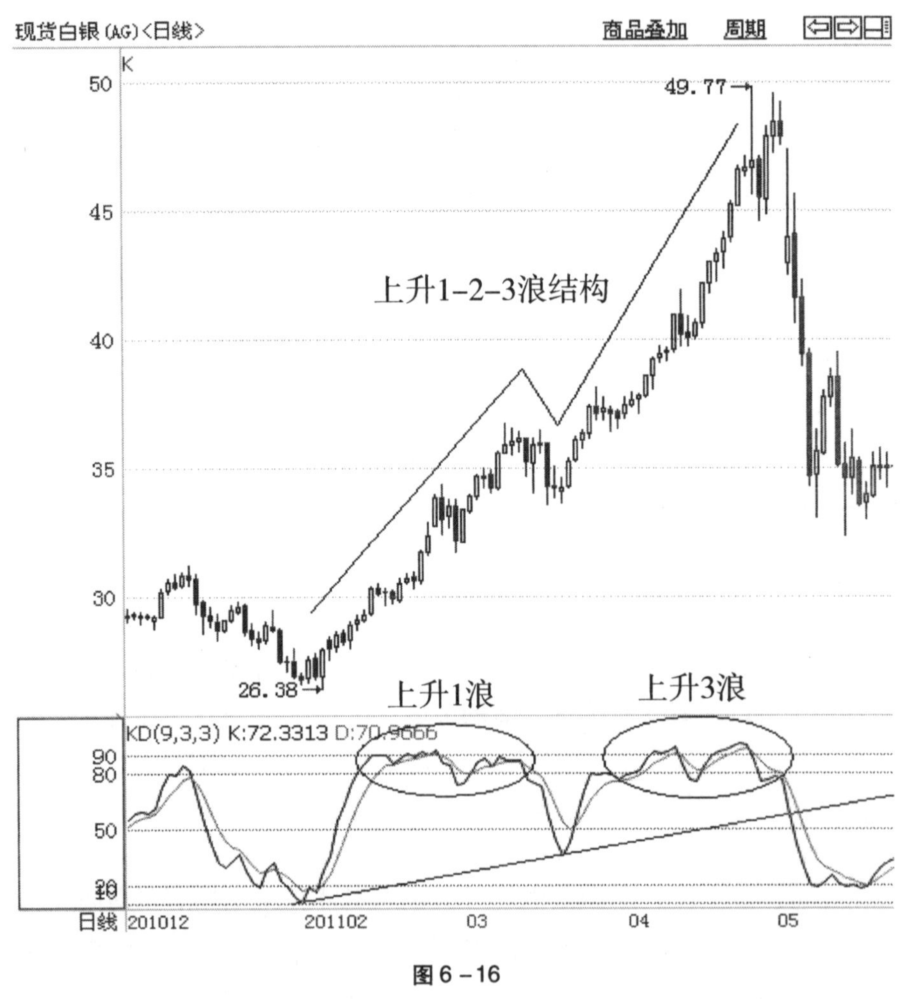


图6－16

再看图6－17的实例，如果单从价格波浪来看，上行波段难以分辨是5浪还

是7浪结构。从KD指标和KD趋势则可以很清晰地看到前两个子浪实际上是一个子浪，上行波段1－2－3－4－5浪结构，KD趋势的下破宣布A－B－C浪回调的来临。

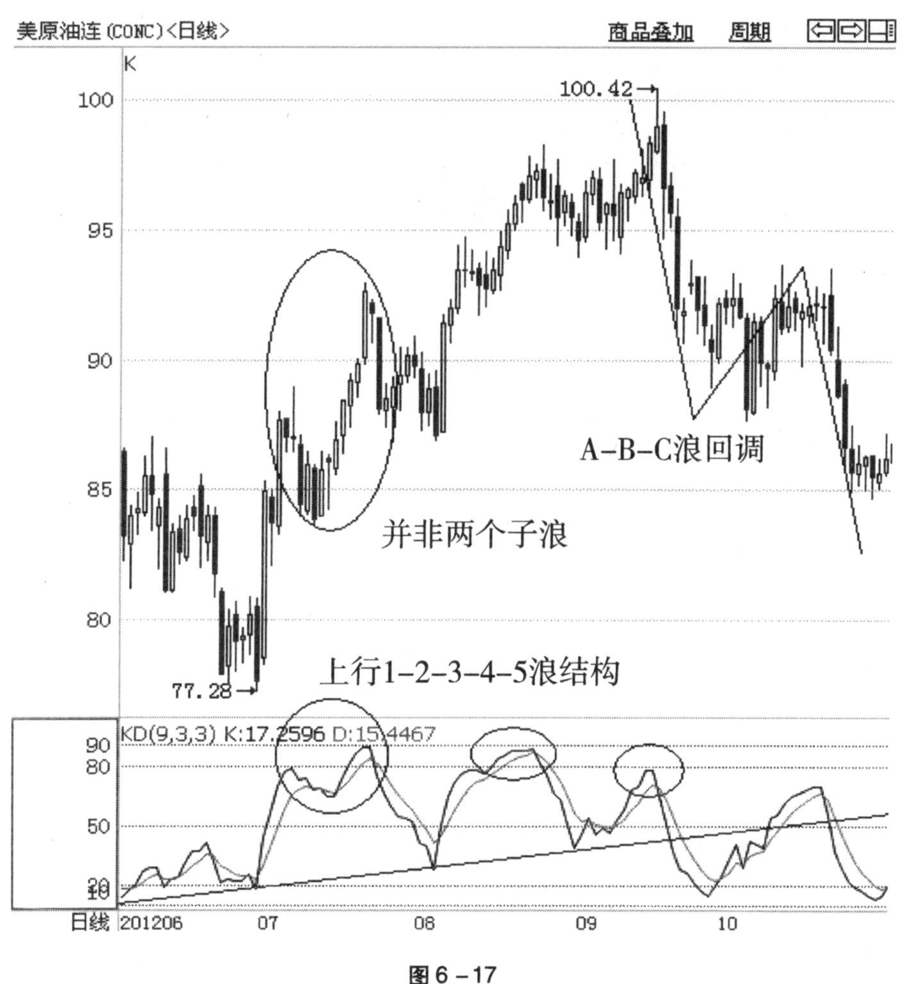


图6－17

从上面两个实例来看，似乎有这样一种错觉：中期趋势上的子浪都是能形成KD趋势的。事实上并不是这样，这种理想状况并不常见，列出实例只为方便理解。实际情形中如图6－18所示的这类情况更为常见。因为其中一些子浪的力度偏移，趋势上的子浪并不能完全形成KD趋势，例如这里的KD趋势上只有5浪，而实际价格波浪则是1－2－3－4－5－6－7浪结构。

KD趋势技术的进阶技术也能发挥强化波浪理论的功用，例如KD趋势的反向延长信号往往就可以判断延伸浪。如图6－19所示，银价经历A－B－C浪回调后，KD趋势上破。但随后快速下破C浪低点，运行至KD趋势的延长线支撑附近转折上行。这时候KD趋势显示的就是A－B－C子浪之后还有D－E浪的延伸浪，延伸浪之后更能确认回升浪的展开。

现货白银(AG)〈240分〉
商品叠加
周期
21.29
21.0
20.5
20.0
19.5
下行1-2-3-4-5-6-7浪结构
18.98
KD(9,3,3) K:75.4230 D:75.5325
90
80
50
20
10
240分
0108
16
23
30
0206
12

图 6 －18

现货白银(AG)〈240分〉
商品叠加
周期
19.8
19.80
19.6
19.4
19.2
19.0
18.8
回调A-B-C浪结构
18.61
回调D-E延伸浪
KD(9,3,3) K:75.3601 D:75.5116
90
80
50
20
10
KD趋势延长线支撑
240分
0519
23
28
31
0605
10

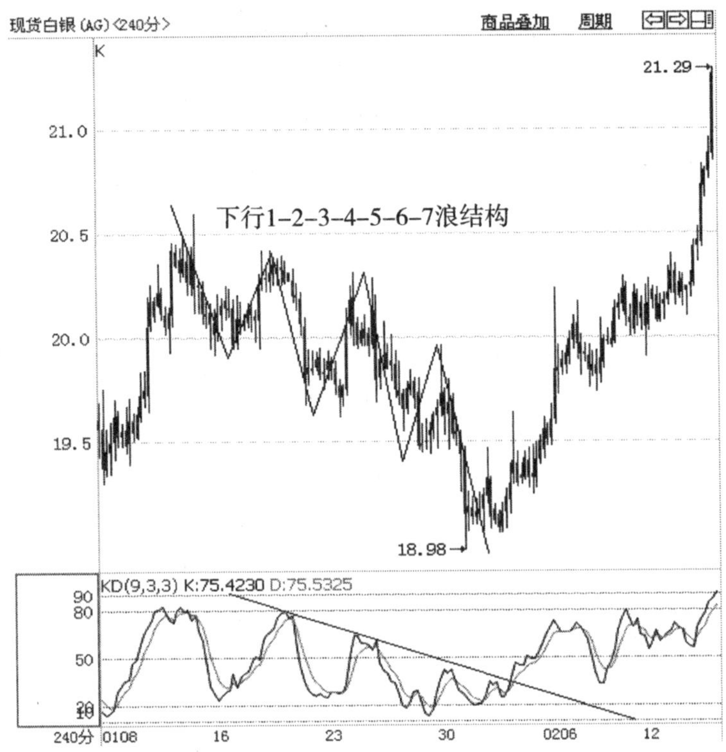

图 6 －19

由于KD指标反映的是市场力度，所以能很清晰地反映价格的完整波浪，但另一方面它的过滤噪声功能也让KD指标的趋势形态与价格不完全同步。也就是说，KD趋势技术不可能在任何时候都恰好强化波浪理论，运用波浪理论的时候不能完全依赖KD趋势技术来强化。不过在大部分时候它们是可以发挥很好的效果的，所以两者配合能成为非常好的分析工具。

# 第七章　综合实战案例

前面几章从基础供求、国际政治经济环境，到技术分析，都各自介绍了方法和实战案例。为了让读者的整体思路更加连贯，下面展示两个综合实战的经典案例。

## 第1节　捕捉5年一遇的暴跌

从2014年6月13日见顶107.68美元/桶后，油价展开超过半年的持续熊市，截至2015年2月，最低下探至43.58美元/桶，累计最大跌幅将近60%，如图7－1所示。这种暴跌在原油市场里最少要5年才会出现一次，是极其难得的投资机遇。

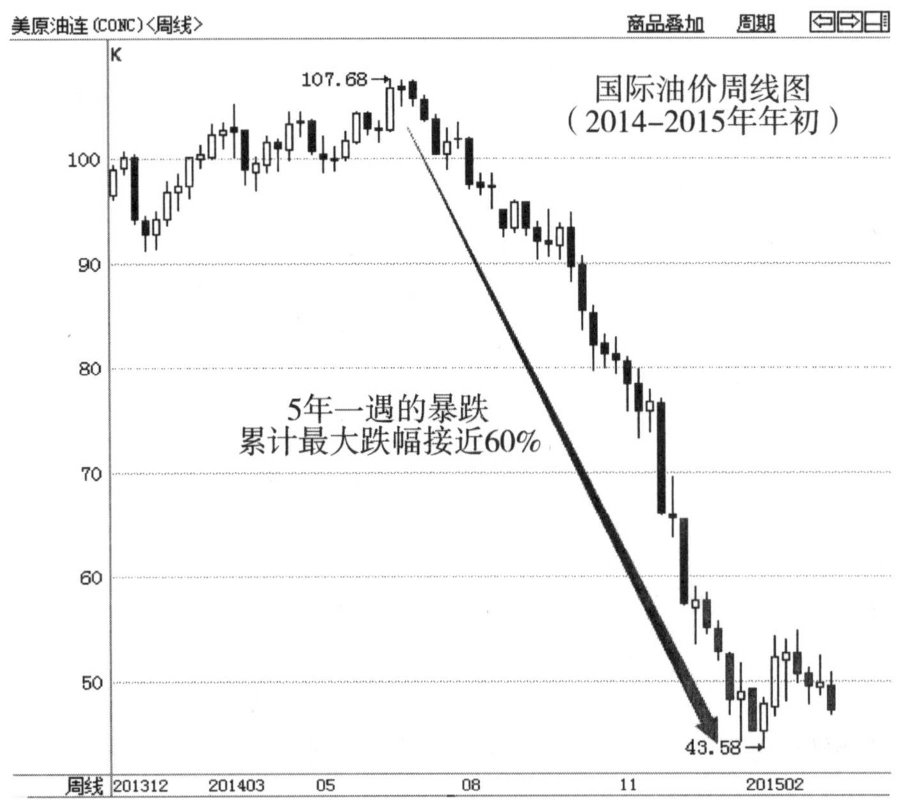


图7－1

这段行情在前面介绍道氏理论的章节初步展示过，这里我们把整个完整的分析过程展现出来。

2014 年上半年，先是持续 4 个月之久的乌克兰危机，然后是接踵而至的伊拉克内战。伊拉克内战不但引发中东地区地缘危机，还出现伊拉克石油危机，由于伊拉克是目前全球石油出口大国，国内的政治动荡有可能会影响石油供应链。两大地缘政治因素使原油供给大幅下降，同时储备原油的需求上升，从而推动油价在 2014 年上半年持续反弹。

然而，步入 6 月份之后，地缘政治题材进入审美疲劳阶段，这是地缘政治因素影响的固有节奏。地缘政治题材进入审美疲劳阶段往往就是预示滞涨—见顶—等待基本面格局扭转而展开持续下跌的过程到来。

果不其然，2014 年下半年的基本面格局完全扭转。先是市场对地缘政治刺激反应消退。然后是美国经济数据全面回暖，催生强烈的美联储加息预期，而且这个预期也被美联储主席耶伦在每次美联储会议上加强。再接连是美国借打压原油市场狙击俄罗斯经济，包括增产本土原油、联合伊拉克等主要产油国增加原油供应、增加替代能源的使用等。

这个对油价不利的持续环境使油价在 2014 年下半年保持空头运行，而且是加速运行。

这是油价在 2014 年转折，以及整个暴跌过程的基本面环境分析。对于专注中长线交易的基本派投资者，只要每天或者每周关注一下这方面的新闻和路透官方分析，理顺整条基本面脉络，就可以在这轮暴跌中获得不菲的收益。没错，是需要每天，至少是每周关注这些基本面。上面的分析虽然只有短短的几段，但这里面凝聚了一整年的持续观察和总结。

如果你是一个有经验的基本派投资者，那么这种方法和分析思路可以帮助你从中获利。但是大多数的投资者都更愿意相信技术分析，因为基本面分析实在太枯燥，而且需要很好的耐性，另外，要过滤基本面的市场噪音也不是一件容易的事情。

那么，利用技术分析能不能抓住这一轮历史性的大行情呢？运用前几章介绍的技术分析方法如何及时发现转折点、抓住这一大波的行情呢？

首先要判断从上半年到下半年的重要转折点。判断趋势转折点当然是借助道氏理论。

如图 7－2 所示，在国际油价的日线图上先对 2014 年上半年的多头趋势行情作出正确的多头趋势线（回忆一下趋势线的正确做法，为何这段行情的多头趋势线要这样画）。

2014 年 7 月 9 日，油价以光脚大阴线跌破多头趋势线，这满足了道氏理论判断趋势转折的第 1 步，如图 7－3 所示。这时候我们要开始关注油价是否要发生趋势转折了。

美原油连(CONC)<日线>
商品叠加
周期
K
108
105
102
99
96
93
107.68
国际油价日线图
（2014年上半年）
多头趋势线
91.24
日线
201312
201402
03
04
05
06

图7－2

美原油连(CONC)<日线>
商品叠加
周期
K
107.68
国际油价日线图
106
104
102
100
98
1. 下破趋势线
97.09
日线
201404
05
06
07
08

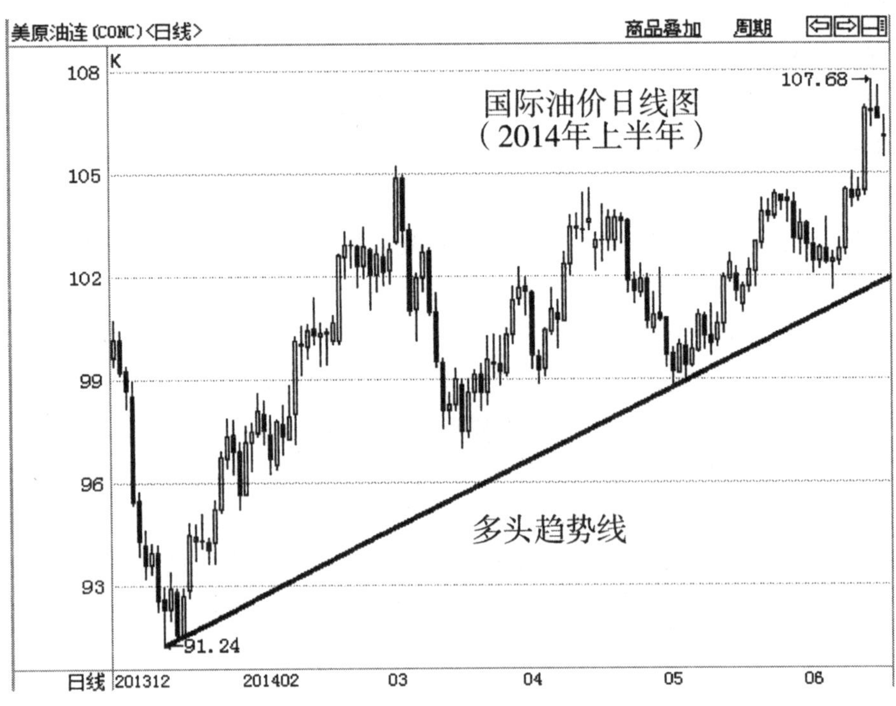

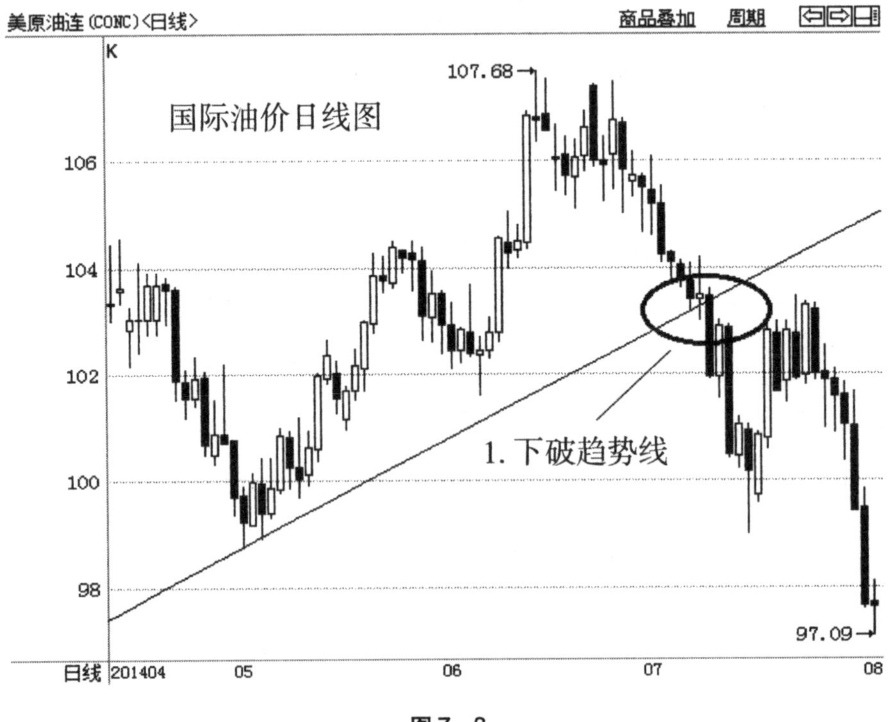

图7－3

如图7-4所示，2014年7月24日油价确认反弹明显不能创新高，这满足道氏理论三步走法则的第2步，可以提前布局部分的空头仓位。

2014年7月31日，国际油价以大阴线跌破第一波回调低点，自此道氏理论三步走法则的条件全部成立，油价的空头趋势确立，可以加仓空头以完成空头布局。

所以，最后我们是在102美元/桶的水平开始布局空头，99美元/桶的水平完成加仓。这是非常理想的布局情况，这也是技术分析相对基本面分析的优势所在。

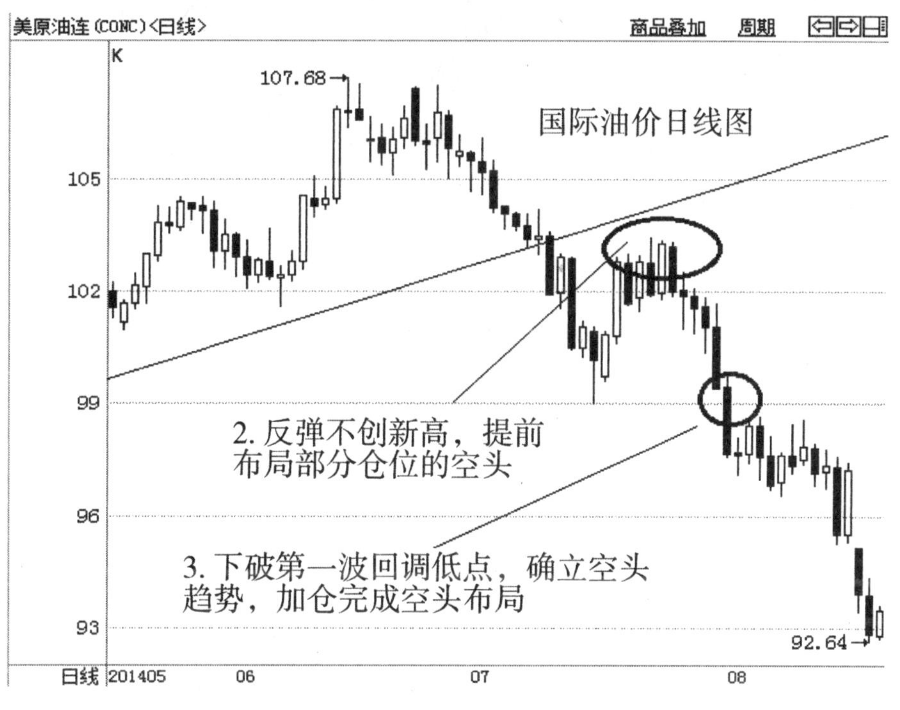


图7-4

这里顺带一提，7月31日这一天的下破关键位置具有很强的意义，因为月末的日线走势在很多时候是直接决定月线的收线形态，这根光脚大阴线创下当月新低，所以决定了7月收线是光脚阴线，光是光脚阴线的7月月线就可以决定至少在8月份上旬要延续明显的空头走势。因此，以月末的日线来确认的趋势转折，也暗示转折后的趋势行情幅度将会非同一般。

言归正传，从复盘行情可以看到，我们的进场位置非常好，有半年的持续暴跌行情利润等着我们，如图7-5所示。但俗话说，会进场的是徒弟，会出场的才是师父。当时在99～102美元/桶水平布局了空头的投资者并不在少数，但超过80%的人都做不到持仓超过半个月。

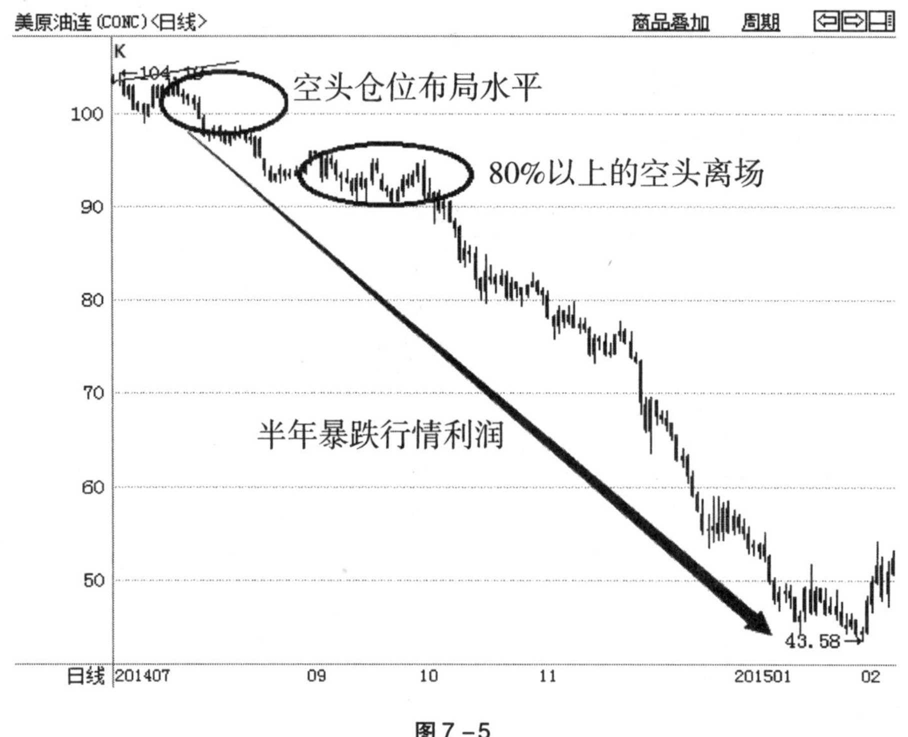


图7-5

那么，我们经过KD趋势技术强化的波浪理论能不能经受得起投机主力的驱逐呢？这一大段行情利润里面，我们能抓住多少呢？

要抓住行情波段，特别是大波段，就需要借助波浪理论来判断。要把波浪清晰地显示出来，就需要借助KD指标。最后用KD趋势的强化来监测趋势的结束，从而指导出场，完成整个抓取波段的过程。

在以99美元/桶的价格加仓布局空头之后，我们就正式进入抓取行情波段的阶段。首先确定同步KD趋势，如图7-6所示。同步KD趋势的技术意义很强，这一轮暴跌的启动阶段正存在这种同步KD趋势。

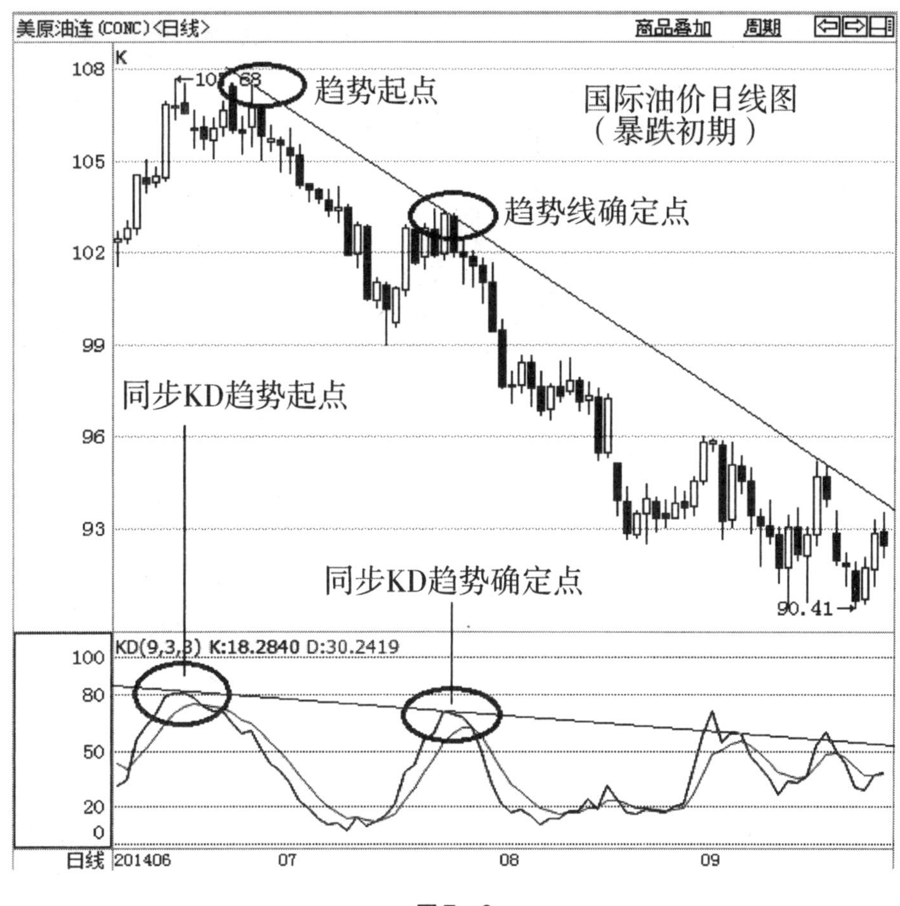


图7－6

在KD趋势的监测下，我们进入中长线持仓阶段。在2014年9月1日，遇到一次小危机，如图7－7所示。当天在窄幅震荡行情的背景下上破了KD趋势。这种情况下，有两种可能的对应操作：一种是离场，另一种是部分仓位离场。对于中长线交易来说，正确操作是后者。

翌日油价大阴线回落，KD指标向下V型转折，这是经典的KD趋势虚破形态，确认9月1日的上破是虚破。操作上对应马上回补已经离场的空头仓位部分。

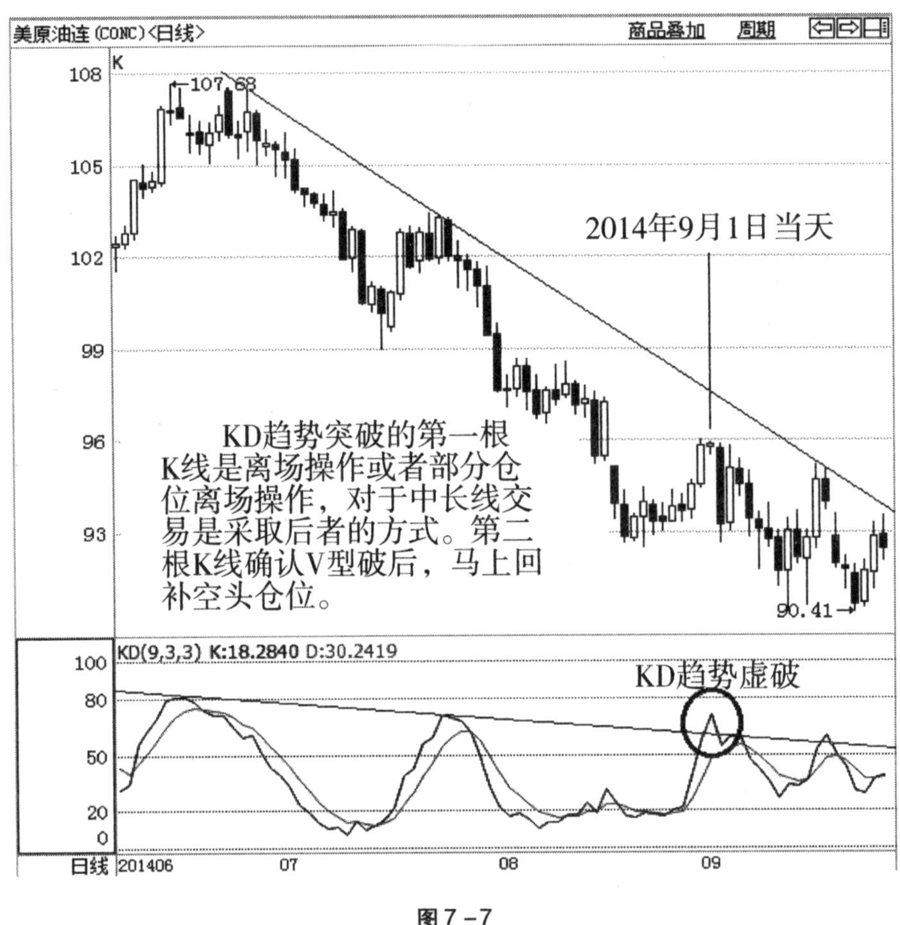


图7－7

确认 KD 趋势虚破之后，KD 趋势线就需要修正，这在前面章节已经讲解过，就不再详细解释。如图 7－8，把 KD 趋势线从 L1 修正为 L2。

图7－8

此后的5个月内，KD趋势都在L2下方运行，一直处于持仓信号状态。所以强化后的波浪理论工具接近完美地抓住了这波行情。期间还过滤了一次油价短期上破下行趋势线的噪音，如图7－9所示。

从复盘行情来看，这一段半年暴跌达到了罕见的11浪结构，直至KD趋势上破，宣告空头趋势结束。

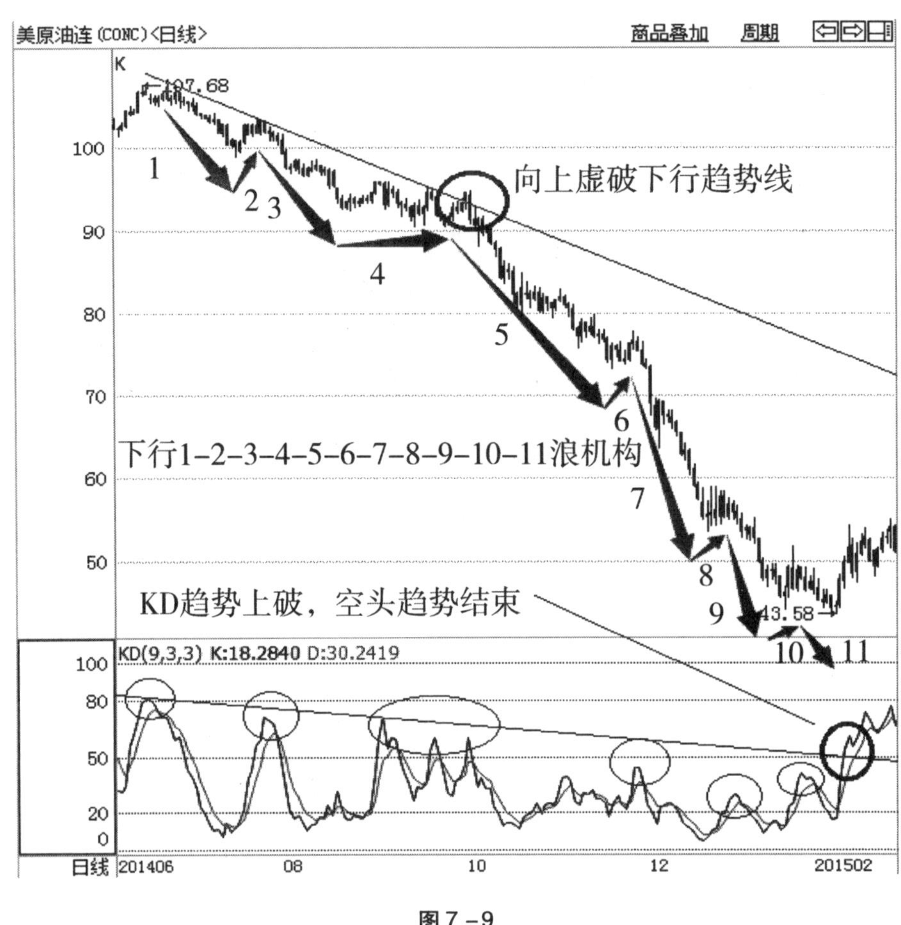


图7-9

KD 趋势的上破是发生在 2015 年 2 月 2 日。在当天的收盘价，我们获利离场了部分空头仓位。在接下来的三天逐步确认上破后，再分批获利离场余下的空头仓位，如图 7-10 所示。这次上破 KD 趋势是由当时几天前的早晨之星微观转折信号启动的，所以技术意义很强。

99～102 美元/桶进场，最后 51 美元/桶附近离场，这一段行情下来一共抓住了 50 美元/桶的行情。相对于整段暴跌行情的最大跌幅 64.1 美元/桶，我们抓住了 78% 幅度的波段，这在中长线交易中是相当厉害的成绩！以 10 万元仓位的首华油为例，布局 2 手首华油 1000 为例，（除去手续费后）这半年净盈利 593040 元，即 593.04%！

图 7－10

## 第 2 节　每周一次的短线暴利

对于短线交易来说，在黄金白银市场，每个月都有一次快速的暴利机会，那就是每月第一个周五晚上的美国就业数据公布前后的几个小时，一般这几个小时里面金银市场会随着数据的公布而剧烈波动，从而成为短线投机客的天堂。

在这方面，原油市场比金银市场的优势更加突出。因为原油市场每个星期都有一次快速的暴利机会——每周三晚公布美国上周 EIA 原油库存数据的前后，都会引发油价剧烈波动。而且 EIA 原油库存数据对原油市场的影响机理比就业数据来得更加直接。

相信能一直仔细看到这一章的读者只有少数。有恒心的人总能收获得比一般人多。

如果你有看过《贵金属投资宝典生存篇》，那么就会知道，基本面对市场的影响机理是存在简单的“顺势而为”的规律。所以对基本面消息和数据的判断一定不能一成不变，要善于发现规律，并迅速转换思路。

美国 EIA 原油库存数据从原理上讲，对油价的影响是负相关的。也就是说，原油库存变化的数据如果是正的，那么对油价就是利空；数据是负的，那么对油价就是利好。

然而，自从美国借原油市场发动对俄罗斯的经济制裁之后，或者准确来说，是自从步入 2015 年之后，原油库存数据几乎都保持在正值，同时数据公布前增加了一个“预期值”。从此，EIA 数据对油价的影响机理就步入了一个新的阶段——一个成为被投机主力用来诱多诱空的工具。具体来说，就是数据公布前后的 1～2 小时，对油价的影响还是正常的。但随后就会引发反向行情，而这个凌晨左右启动的反向行情才是当天的真正方向。

另外，因为这一节介绍的是日内的超短线暴利波段的捕捉，对于超短线行情，因为道氏理论的三步走的稳妥性和延迟性，这里面一般不会使用。而更常用到的是，灵敏度最高的 K 线微观转折形态。微观转折形态在《白银投资入门篇》有初步介绍，在我们官网推出的高端投资课程里有专业的介绍。

下面来看两个实战案例。

图 7－11 所示的是国际油价在 2015 年 3 月 4 日 23 点整的 1 小时图，半小时后将公布上周 EIA 原油库存数据（因为 3 月 4 日是冬令时，数据公布时间在 23：30）。

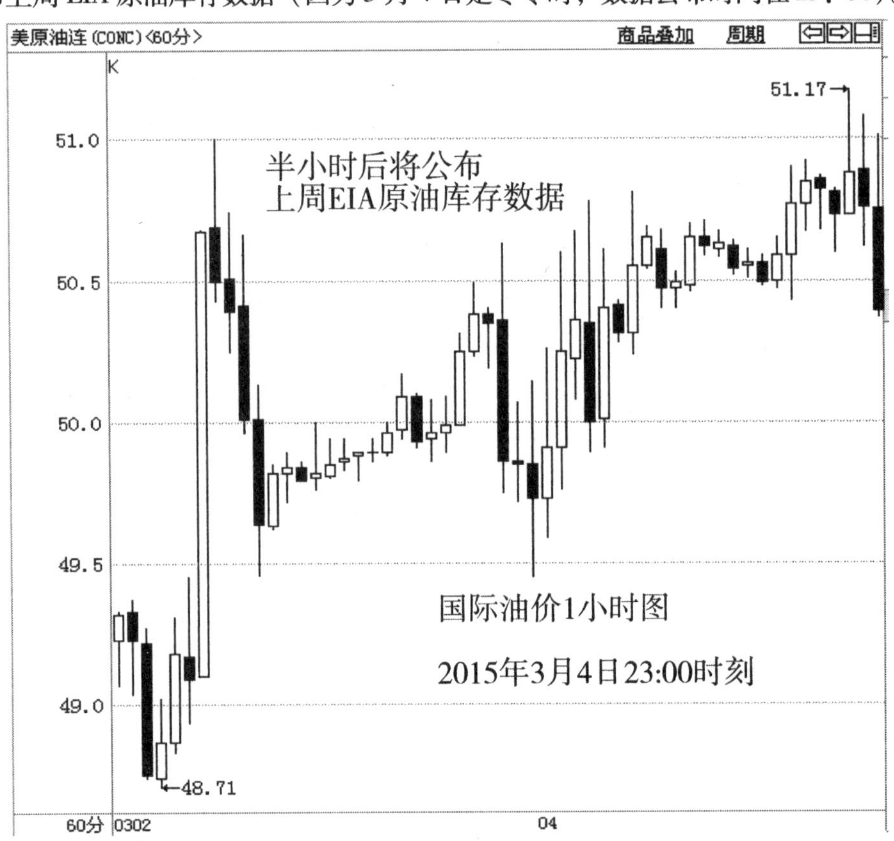


图 7－11

在图 7－12 中可以看到，如果想用道氏理论三步走的方法来判断趋势改变，那么对于这种超短线行情是行不通的：在数据公布前半小时，油价距离上行趋势线还有一段距离，这趋势转折的第一步条件都还没符合，其他两步就更来不及了。但是我们利用敏感的 KD 趋势技术就可以提前判断上行趋势已经转空，从而能预测数据是利空的。

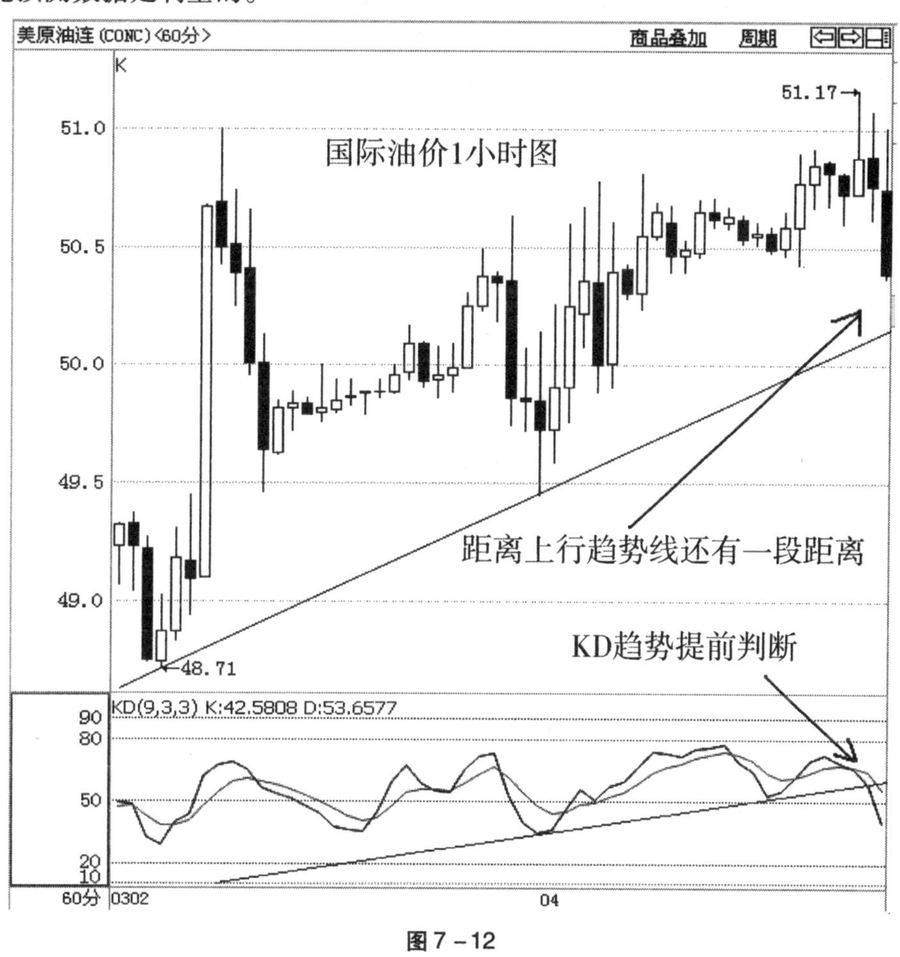


图 7－12

到了 23：30，财经日历公布美国上周 EIA 原油库存变化数据（财经日历网址：http：//www. dailyfx. com. hk/calendar/index. html），果然数据明显高于预测值，如图 7－13 所示。

| 日期 | 时间 | 事件 | 前值 | 市场预测 | 结果 |
|---|---|---|---|---|---|
| 2015-03-04 | 23:30 | 美国2月27日当周EIA原油库存变化 | 842.7万 | 395万 | 1030.3万 |

图 7－13

因为是超短线操作，我们需要在更小的周期图观察油价走势，从而让进出场更加精细。例如，30 分钟图就是一个很不错的选择。因为 EIA 原油库存数据利空油价，所以数据公布后的短时间内油价会下跌，但这并不是日内的真正方向。所以数据公布后的一小段空头行情只适合激进者操作，这段行情幅度不会很大，而且持续时间很短，风险大，如图 7－14 所示。

在凌晨 0：00 到 1：00，国际油价 30 分钟的两根 K 线在低位形成向上刺透的微观反转形态，这是行情方向转变的第一道信号，同时 KD 指标在超卖区转向，足以构成多头进场的依据。

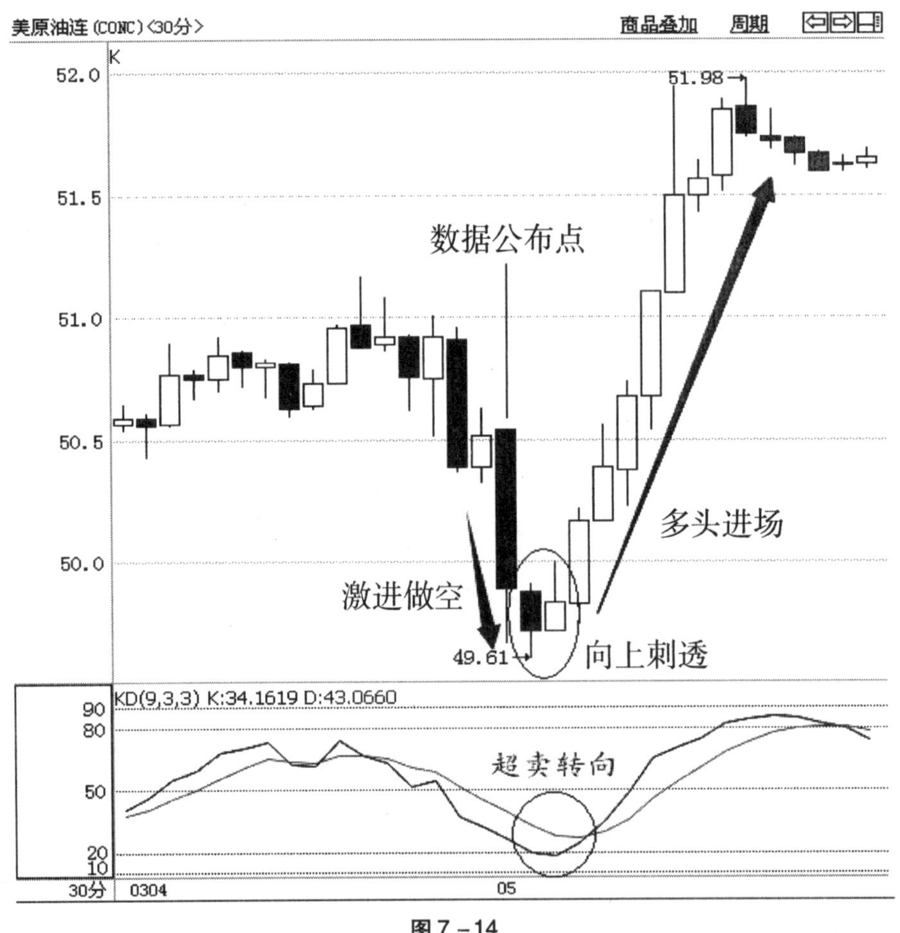


图 7－14

进场之后，持仓阶段我们用前面介绍过的 KD 趋势技术强化的波浪理论工具来指导。获利离场位置在 51.7 美元/桶，而进场点在 49.84 美元/桶，如图 7－15。以 10 万元小仓位，每次交易 2 手首华油 1000 为例，这一次交易扣除手续费后净盈利 16700 元，净盈利率 16.7%。

这个盈利率跟上一节 500% 以上的盈利率当然没法比，但这只是一天的交易盈利率！一天 16.7% 的盈利率是非常惊人的，这相当于购买一个三年期的银行理财产品，并等上整整三年所获的收益率。

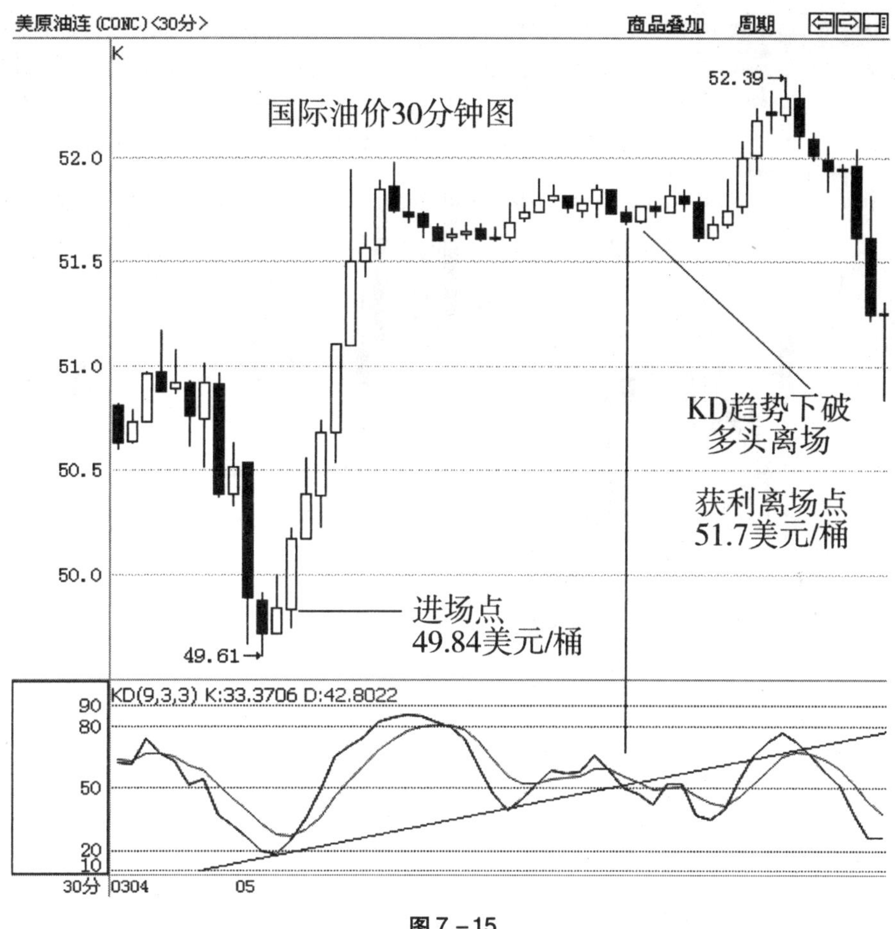


图7－15

再看一个实战案例。图7－16是国际油价2015年2月25日23：00的1小时走势图，半小时后将公布上周EIA原油库存数据。但这时候行情方向还是极不明朗的，甚至KD趋势也还没确认下破。这时候，只能从最灵敏的信号观察，23：00收线刚好形成向下吞没形态，所以大致可以判断数据是利空的。

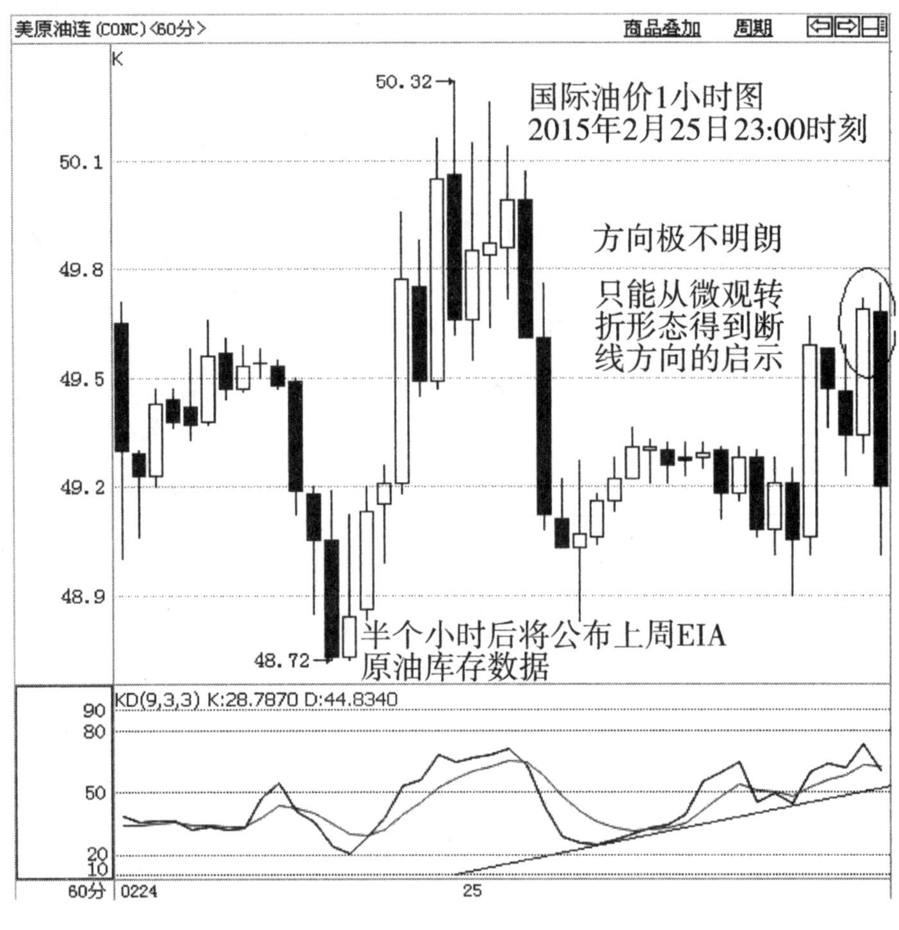


图7－16

果然，在半小时后，财经日历公布上周EIA原油库存增加842.7万桶，明显高于预期值400万桶，如图7－17所示。这对油价构成利空。

| 日期 | 时间 | 事件 | 前值 | 市场预测 | 结果 |
|---|---|---|---|---|---|
| 2015-02-25 | 23:30 | 美国2月20日当周EIA原油库存变化 | 771.6万桶 | 400万桶 | 842.7万桶 |

图7－17

如图7－18所示，从后续行情可以看到，如果在数据公布后进场抢这一波超短线下跌，那么获利难度是极大的，正常情况下都是止损出场。在23：00到24：00的两根K线在低位形成向上吞没式孕线的围观转折信号，信号收线后马上进场做多。然后一直持仓至KD趋势下破，多头获利离场。

获利离场位置在50.82美元/桶，而进场点在49.13美元/桶。以10万元小仓位，每次交易2手首华油1000为例，这一次交易扣除手续费后净盈利14600元，净盈利率14.6%。在原油市场，每一周都有一次这样的单日盈利超10%的

机会，这就是原油市场最引人入胜、最让短线投机客趋之若鹜的一个重要原因。

图7－18

# 第八章　投资交易的最高秘诀

对于世界交易市场的亿万参与者来说，分析和交易的方法、派别风格各异，但有三个方面是世界公认的交易制胜最高秘诀。第一个是科学的仓位管理方法，第二个是风险报酬比的考量，第三个是千锤百炼的交易心态。前者在《白银投资技巧实战篇》中已有详细介绍，后两者将在本章探讨。

## 第1节　永远优先考虑的核心交易决策指标

在传统投资学中，风险报酬比用于衡量股票的投资价值，风险报酬比的计算等于风险报酬系数与标准离差率的乘积。其中涉及企业承担风险的度量、短期国库券利率、通胀水平等。实际上是指投资者参与了风险投资后，相比无风险投资多出来的收益。这并不是现代投资学所指的风险报酬比。

现代投资学所指的风险报酬比更倾向于指导短线交易，指的是参与风险投资的报酬与所承受的风险之比，不需要考虑通胀、利率等因素。1：1 的风险报酬比指的是投资报酬与承受风险的空间相等；大于 1 的风险报酬比指的是投资回报大于承受风险的空间；小于 1 的风险报酬比指的是投资回报小于承受风险的空间。

一般来说，风险报酬比大于1 的投资才是适合做的。对于实际交易来说，这还是不够的，特别是短线交易。因为除了风险报酬比之外，还有一项非常关键的指标——胜率。所以，这一节要介绍的是交易前需要优先考虑的最重要因素——预期收益，也称作期望收益。预期收益（期望收益）是结合风险报酬比与胜率计算出来的核心交易决策指标。预期收益的正负和大小直接决定该笔交易能否进行、该笔交易应配置多少仓位。

预期收益可以理解为加入胜率因素的风险报酬比。预期收益的计算公式如下：

预期收益 = 投资报酬 × 胜率 − 承受风险 × （1 − 胜率）

例如，一笔交易的投资报酬是 10000 元，承受的风险是 4000 元，则胜率是 40%，那么，这一笔交易的预期收益就是 10000 × 40% − 4000 × 60% = 1600 元。

预期收益并不是指将会得到的收益，也不是指最有可能得到的收益，而是

平均收益。就上一实例来说（投资报酬10000元，承受风险4000元，胜率40%的交易），期望收益1600，不是这笔交易将会为你带来1600元，也不是最有可能让你获利1600元（因为对于具体单次的交易，你只会是获利10000元或者亏损4000元这两种可能），而是你做这种交易10次、100次，平均获利是1600元。

因此，预期收益的正负就可以直接作为每一笔交易是否值得参与的核心指标。预期收益为正，交易就值得参与；预期收益为负，交易就不值得参与。这样长期交易下来，就能稳定盈利。

预期收益的第二大作用是配置仓位。按照科学的仓位管理原则，预期收益越大，分配参与的仓位就越大。

掌握预期收益的原理和作用后，就可以用这个核心指标来指导白银和原油的投资交易。这一节我们从白银开始介绍，因为白银市场已经稳定，震荡幅度小，更能体现出预期收益的重要性。

先以首华银15KG短线交易为例看几个实例：

图8－1所示的是一笔投资报酬70点，承受风险20点，胜率50%的首华银短线交易。由于实际交易中还需要考虑手续费的因素，所以在期望收益的公式最后还要减去手续费 $F$。以4000元/千克的价格为例，手续费 $F$ 大约相当于14点的行情。所以，期望收益最后还需要减去14。这笔交易的期望收益是11点，因为首华银15KG每一手是15千克，因此最终的期望收益就是165元/手。

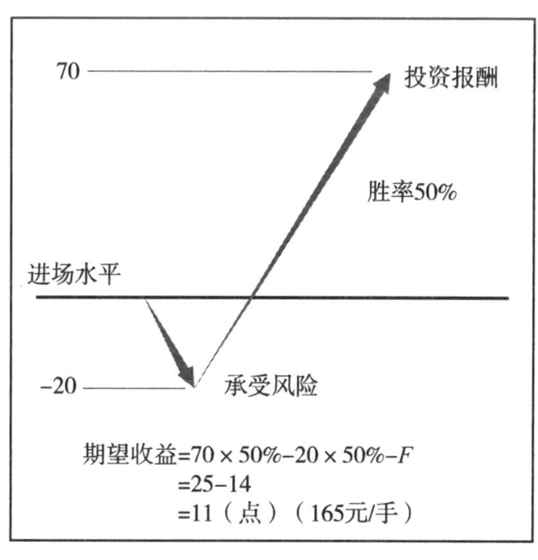


**图8－1**

由于图8－1所示的这种交易在经验投资者里面是较为常见的，因此可以把它作为正常仓位的基准。比如，根据自己的风险承受能力，一般短线交易是动用10%的仓位，最大交易仓位是40%。那么，对于期望收益11点的交易，就动用20%的仓位；对于期望收益22点的交易，就动用10%的仓位。一般来说，采取整数的方式更便于管理仓位，由于11点的期望收益很接近10点，采取10点的预期收益作为基准对仓位进行配置和交易计划更好决策。如此一来，可以制作一个预期收益与仓位配置的关系表，如表8－1所示。

**表8－1　首华银预期收益与仓位配置关系表**

| 预期收益（点） | 仓位配置 |
|---|---|
| 5以下 | 0 |
| 5～10 | 5% |
| 10～15 | 10% |
| 15～20 | 15% |
| 20～25 | 20% |
| 25～30 | 25% |
| 30～35 | 30% |
| 35～40 | 35% |
| 40以上 | 40% |

建议投资者交易前都制定一个适合自身特点的关系表，它对你的仓位配置决策非常重要。当然，实际交易中仓位配置以1手为最小单位，对于仓位不大的投资者来说，不可能做到精确的百分比仓位配置，要根据自身风险喜好进行进或舍的取整。

如图8－2所示是一笔投资报酬50点，承受风险40点，胜率70%的首华银短线交易。这笔交易的期望收益是9点，根据制定的预期收益与仓位配置关系表，应配置5%或10%的仓位进场交易。

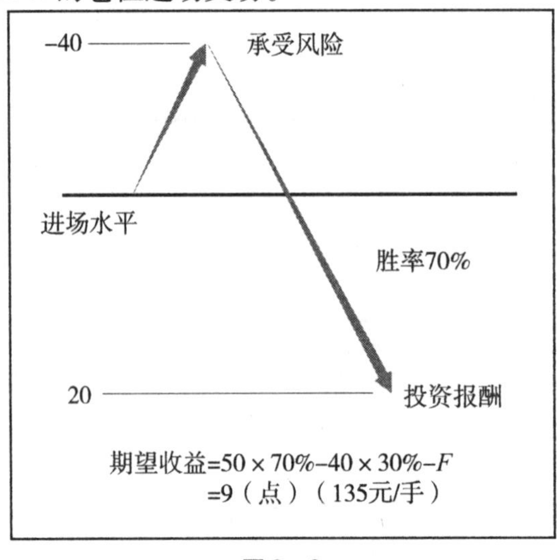


**图8－2**

图 8－3 所示的是一笔久盘后展开暴跌的预期交易，只需要承受 30 点的风险，就可以拥有 150 点的投资报酬，胜率 60%。这是一笔期望收益很可观的短线交易，期望收益达到 64 点，折合 960 元/手。很明显，64 点的期望收益到达基准的 6 倍，但是必须考虑最大仓位，例如这里考虑的最大仓位是 40%，考虑到仓位风险，期望收益 64 点的交易也只能配置 40% 的仓位进场。

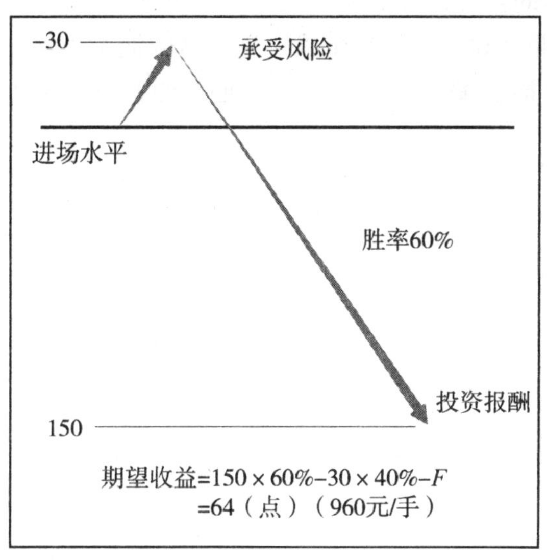


图 8－3

如图 8－4 所示是一笔投资报酬 50 点，承受风险 30 点，胜率 50% 的首华银短线交易。这笔交易考虑手续费扣除因素后，最终期望收益为负。这种交易是坚决不能执行的！虽然可能有利可图，但是长期进行这种交易，最后必然总体亏损。

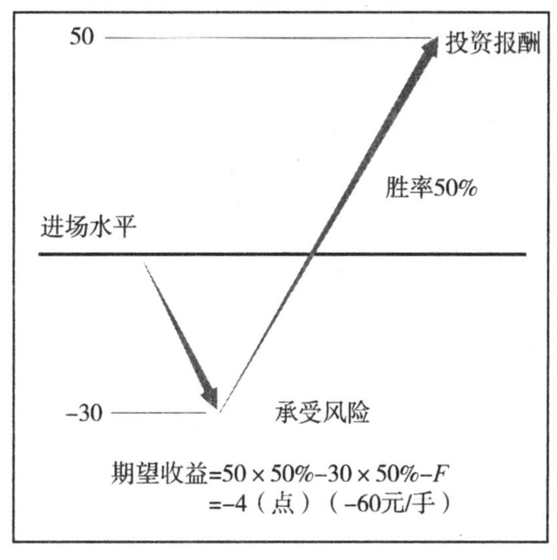


图 8－4

这种计算期望收益和确定进场仓位配置的方法适用于所有市场交易品种，需要注意的是不同交易品种不同时期手续费 $F$ 的不同。下面看两个首华原油1000的实例。

首华原油一般日振幅在2%左右，以300元/桶附近的价格水平为例，经验投资者的常见交易是用0.8元/桶的风险换取约5元/桶的投资报酬，胜率60%左右。图8－5所示的就是这种交易的模型。以300元/桶的油价为例，纸原油的手续费（点差）$F$ 是0.66元/桶，所以这笔交易的期望收益是2.02元/桶。因为首华油1000每一手是1000桶，因此最终的期望收益就是2020元/手。

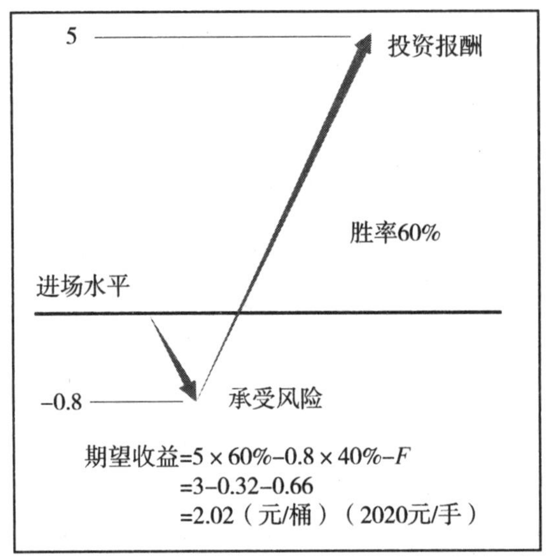


图8－5

对于日内交易，一般理想的交易是配置10%的仓位，所以有如表8－2所示的预期收益与仓位配置关系表。

表8－2　首华原油预期收益与仓位配置关系表

| 预期收益（元/桶） | 仓位配置 |
|---|---|
| 1以下 | 0 |
| 1～2 | 5% |
| 2～3 | 10% |
| 3～4 | 15% |
| 4～5 | 20% |
| 5～6 | 25% |
| 6～7 | 30% |
| 7～8 | 35% |
| 8以上 | 40% |

图8-6所示的是一笔投资报酬10元/桶，承受风险1.2元/桶，胜率80%的首华原油日内暴跌预期交易。由于最终期望收益是7.1元/桶，根据表8-2的仓位配置原则，这笔交易配置35%的仓位进场参与。

下面再看两个纸原油的实例。

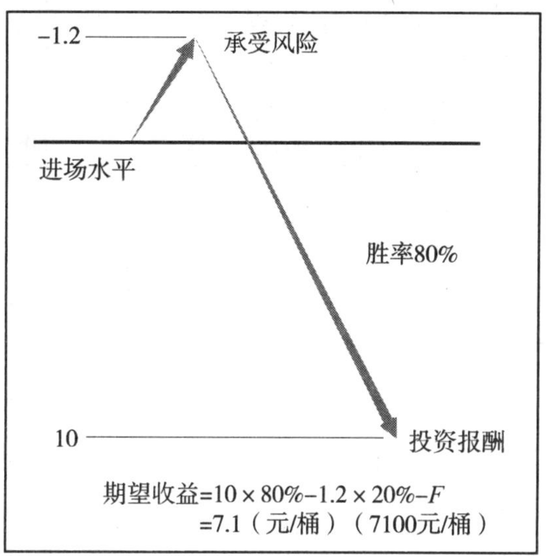


图8-6

纸原油一般是做中长线交易，对于中线波段交易，经验投资者的常见交易是用6元/桶的风险换取约30元/桶的投资报酬，胜率60%左右。图8-7所示的就是这种交易的模型。以630元/桶的油价为例，纸原油的手续费（点差）*F*是2.6元/桶，所以这笔交易的期望收益是13元/桶。对于中线交易，一般理想的交易是配置50%的仓位，所以有表8-3所示的预期收益与仓位配置关系表。

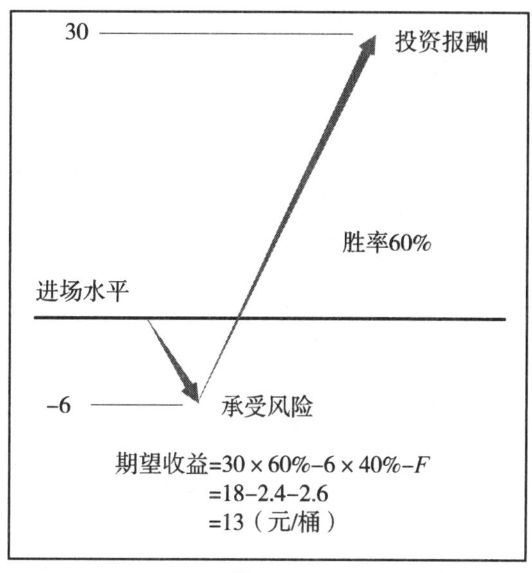


图8-7

表 8－3　纸原油预期收益与仓位配置关系表

| 预期收益（元/桶） | 仓位配置 |
| --- | --- |
| 6 以下 | 0 |
| 7～12 | 25% |
| 13～19 | 50% |
| 20～25 | 75% |
| 26 以上 | 100% |

图 8－8 所示的是一笔投资报酬 32 元/桶，承受风险 8 元/桶，胜率 80% 的纸原油中线交易。由于最终期望收益是 21.4 元/桶，根据表 8－3 的仓位配置原则，这笔交易配置 75% 的仓位进场参与。

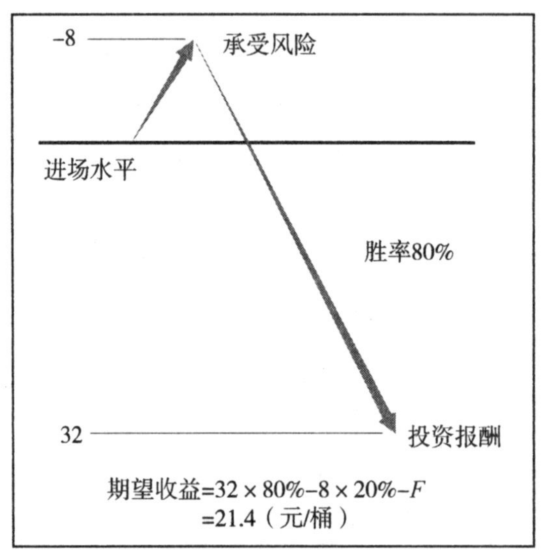


图 8－8

判断交易是否值得执行，指导进场交易仓位配置是期望收益指标的基础用法，如果能对期望收益指标加以活用，那么在配合技术分析方法指导实际交易方面将大有裨益，甚至能在交易周期或交易品种的选择上也大有用武之地。

图 8－9 所示是用传统黄金分割做反弹交易的实例。从复盘行情可以看到，下跌波段反转的时候并不是有强技术意义的微观反转信号，所以几乎不可能在当时捕捉到进场机会。直至第二根大阳线收线才能确认反弹，但由于阳线实体很长，实际交易一般采取大阳线实体半幅回调作为进场点，也就是在 21.27 的水平。

在第二根大阳线确定的时候，我们并不知道是否出现半幅回调，这时候就

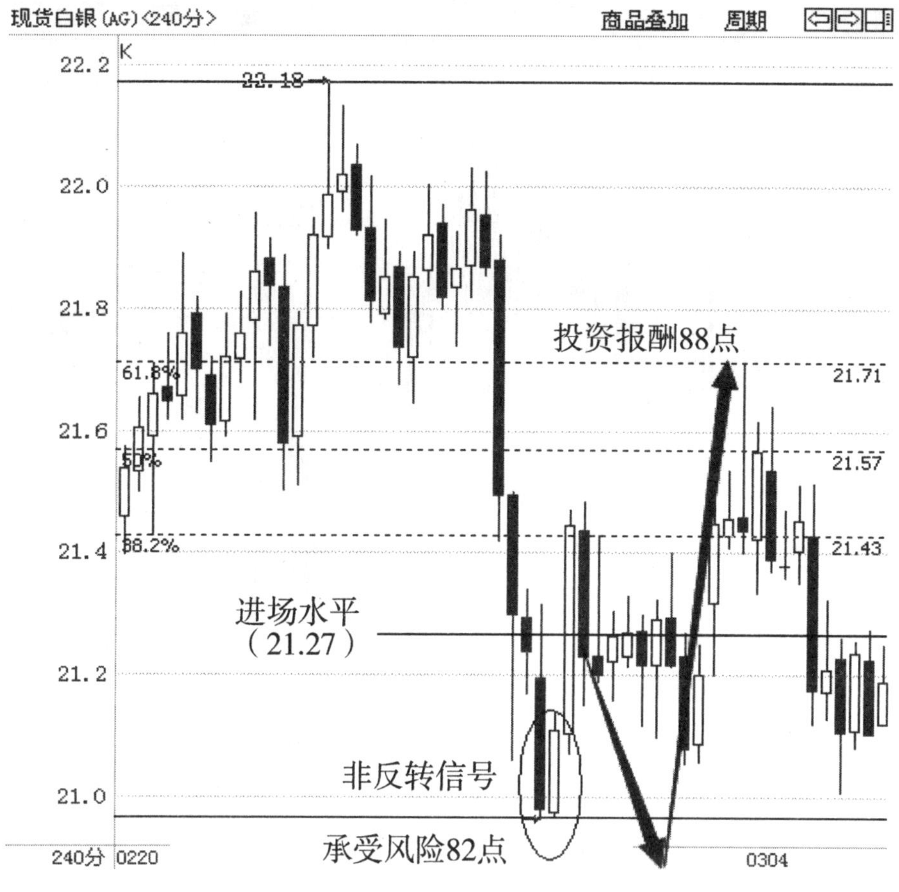


图 8－9

要考虑是否值得在 21.27 一线挂单做多。假设挂了 21.27 的多单，行情回调到 21.27，多单进场。如果目标定在 61.8% 的反弹水平，那么投资报酬就是 0.44，折算成首华银的投资报酬就是 88 点。止损设置在下行波段低点下方 20 点，以首华银折算，承受风险就是 82 点。

因为承受风险与投资报酬相当接近，再减去手续费，如果胜率不能明显高于 50%，那么这笔交易是不值得进行的。从复盘行情看，这一轮反弹行情也是比较惊险的。

图 8－10 所示的是黄金分割反测线应用的一个交易实例。黄金分割反测线是黄金分割体系的一种进阶用法，是用转折前的小波段判断转折后大波段目标的一种有效技术，很多时候，转折后的大波段会止步于 161.8%、261.8%、361.8% 等关键扩展分割水平。关于黄金分割反测线的用法，在《贵金属投资宝典之四——决胜篇》里有详细介绍，有兴趣的读者可以参看相关章节。

在满足黄金分割反测线确立的前提下，转折波段运行 161.8% 的概率高达 75% 以上，运行 261.8% 的概率也有 30%～40%。在图 8－10 的实例中，黄金分

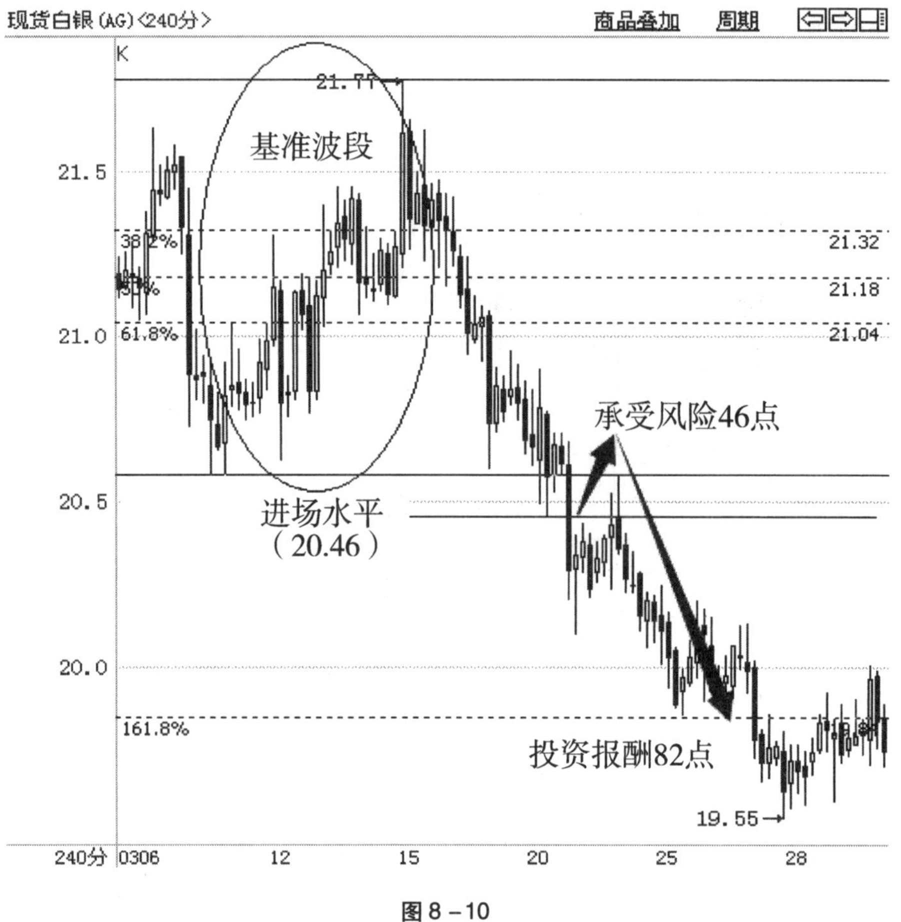


图 8－10

割反测线由破位下行的中长阴线确定，采取半幅反弹进场原则，在 20.46 水平挂单进场。同样设置关键压力上方 20 点的止损，折算后一共是 46 点的承受风险；而投资报酬则是 82 点。

这样一来，期望收益就是 $82 \times 75\% - 46 \times 25\% - F = 36$ 点/手，可以配置 35% 的仓位参与进场交易。

那么，如果这笔交易的目标是定在 261.8% 水平呢？图 8－11 所示的是图 8－10的后续行情，当然，行情走出来之前我们不可能知道结果只能运行到 261.8%，这个实例只是方便演示。因为与 161.8% 的交易相比，这笔交易的不同只在于投资报酬和胜率，所以可以直接计算：

期望收益就是 $362 \times 35\% - 46 \times 65\% - F = 82.8$ 元/手，可以配置 40% 的仓位参与进场交易。可以看到，虽然这笔交易的胜率相对较低，但是由于利润空间相当大，所以值得进行交易，而且配置较高的仓位。前提是，自身的分析技术必须有相当火候，判断黄金分割反侧形态的准确率很高，这样转折运行 261.8% 的情况才能真正达到 30%～40%。

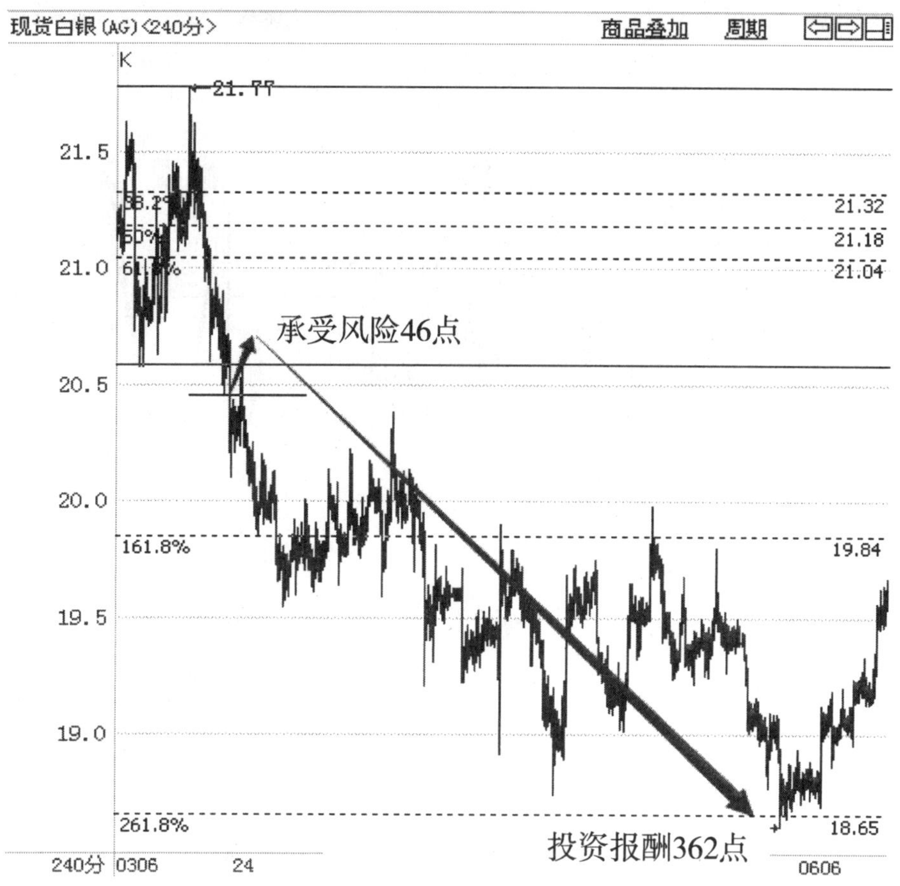


图 8 - 11

KD 趋势技术是胜率很高的一种进出场机会判断新技术，也是笔者一直推崇的核心技术，在笔者的系列丛书里都有不同程度的介绍。KD 趋势技术是一个体系的基础，这个体系里有很多种进阶的加强技巧。用预期收益指标加强 KD 趋势技术就是其中一种对指导交易非常实用的技巧。

有时候 KD 趋势被大实体线突破，或者突破之时价格已经运行了一大段，这种情况是不适宜进场的，期望收益指标正好能用量化的方式展现这一点。如图 8 - 12所示，当 KD 趋势上破时，银价已经向上运行了一大段。如果要进场的话，要么在震荡趋势上破的当根 K 线收盘价的进场水平 1，要么在大阳线实体半幅回调的进场水平 2。在复盘行情里可以看到，进场水平 2 并不能顺利进场，所以期望收益的计算就以进场水平 1 为基础。

多头止损设置在波段启动点下方 10 点，止盈设置 U 形回升的最大幅度。从而这笔交易的承受风险高达 74 点，而投资报酬最多只有 16 点，即使是 KD 趋势中最理想的形态，达到最高胜率 90%，最终期望收益也还是 - 7 点，因此这笔交易不适宜进行。

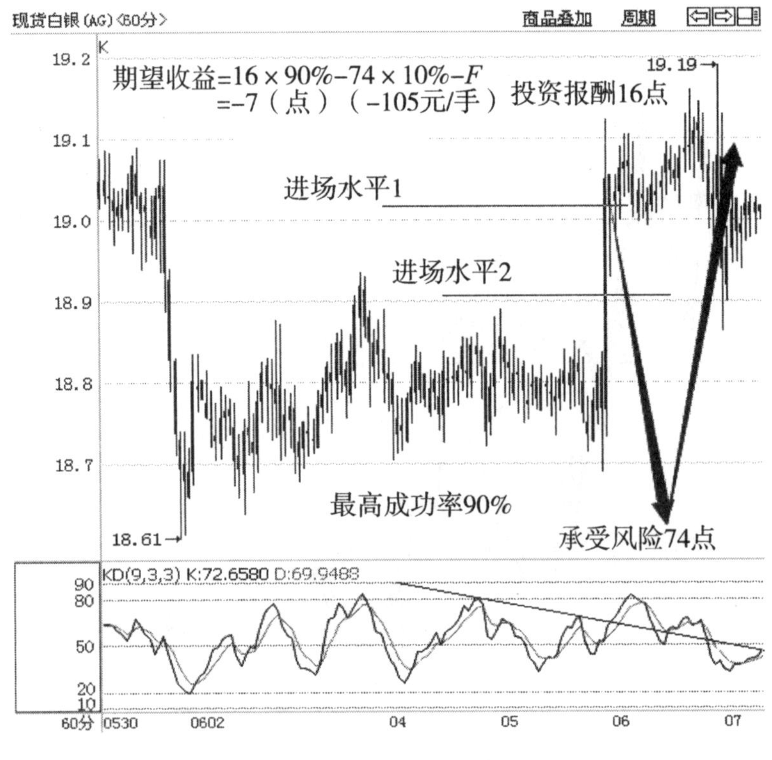


图 8-12

当然，期望收益指标不只用于用量化的方式展现 KD 趋势的不适情况，更多时候它用来协助判断 KD 趋势技术指导仓位配置。如图 8-13 所示，在震荡趋势上破的同时，银价正好形成低位小双底，突破的当根 K 线收线即可进场。以此进场水平计算，止损设置在波段低点下方 10 点，承受风险共 32 点；银价有 U 形回升到前高点或反弹 61.8% 两种可能，取其中较小者，投资报酬也达到 68 点。KD 趋势技术一般的成功率在 70%～80%，所以最终期望收益最少也达到 29 点。也就是说，这笔短线交易可以配置最少 30% 的仓位。

再看一例，图 8-14 所示的是一个做空的实例，由于进场点比较低，这笔交易的期望收益并不高，只能配置 5% 的仓位参与。

现货白银(AG)<60分>
商品叠加 周期
19.70
期望收益=68×75%-32×25%-F
=29（点）（435元/手）
投资报
酬68点
61.8%
50%
38.2%
19.47
19.38
19.30
进场水平
19.02
承受风险32点
KD(9,3,3) K:72.8503 D:70.0129
60分 0507 08 09 10 13

图 8-13

现货白银(AG)<60分>
商品叠加 周期
承受风险27点
19.75
进场水平
38.2%
50%
61.8%
19.41
19.31
投资报酬34点
期望收益=37×75%-27×25%-F
=4.75（点）（71.25元/手）
18.74
KD(9,3,3) K:69.4516 D:69.6821
60分 0501 03 06 07 08 09

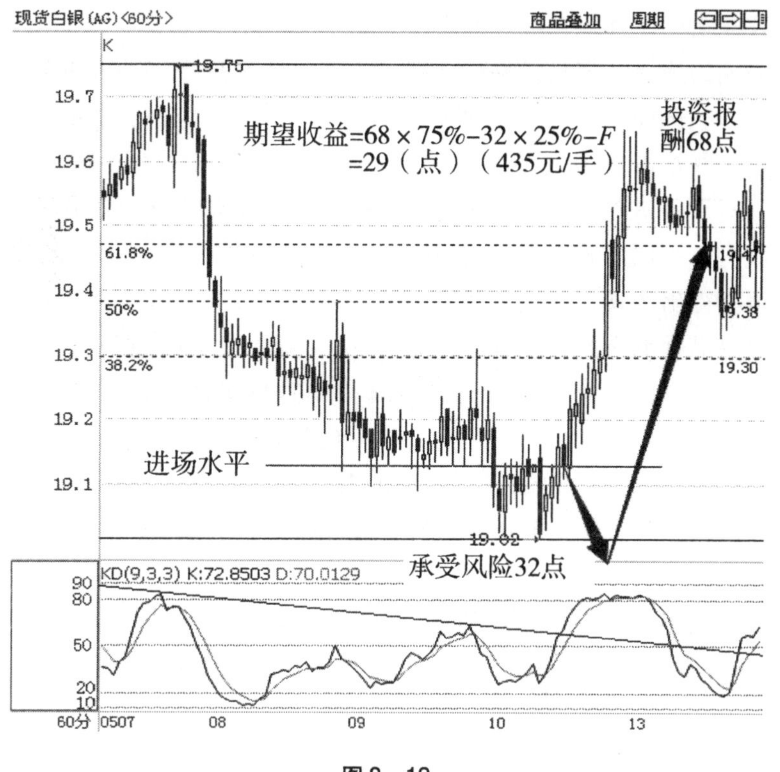

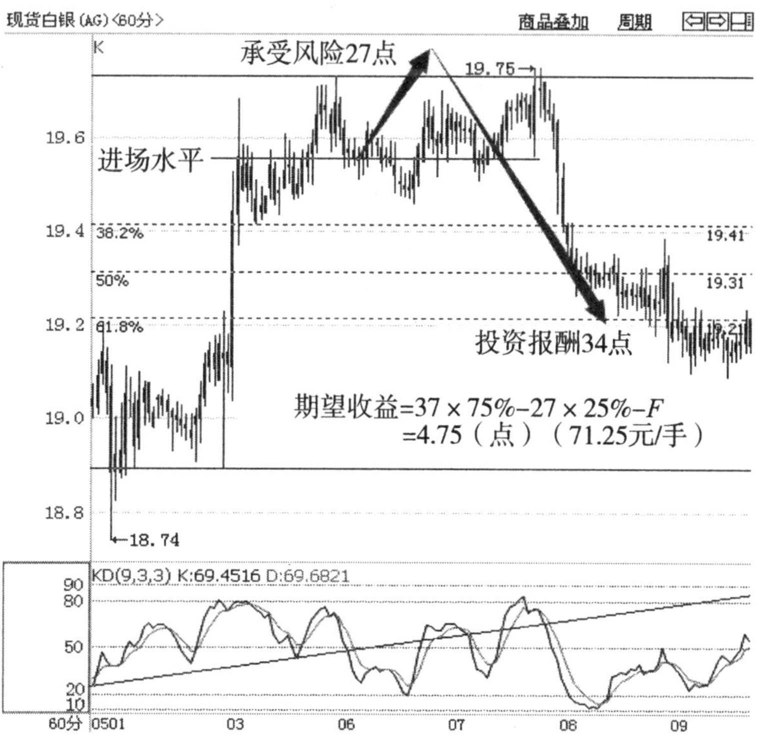

图 8-14

预期收益指标在其他领域也能发挥很大的作用，例如，在策略交易的选择，甚至交易周期的选择、交易品种的选择等方面都能发挥很好的决策参考作用。

策略交易的选择，指的是例如自己有一套指导自己交易的策略，一套策略经常会面临一些难以取舍的情况：对于一关键水平，既适合不破做空，也适合突破追多；对于一进场单，面临两个关键目标……这些情况都很难直接取舍。这时候，就可以用预期收益指标分析一下各种选择的胜率、承受风险和投资收益，最后可能得出客观、准确的答案。

至于交易品种的选择，除了胜率、承受风险和投资收益三大要素外，还要权衡自己的交易周期风格。由于品种的选择不宜再次做分析对比，这方面留待读者自行分析。这里略微展示一下交易周期的选择。

根据投资者个人的不同偏好，交易的时候可以以 1 小时图为交易目标，也可以以 4 小时图、日线图、5 分钟图为交易目标。这本来无伤大雅，但是由于国情比较特别，初步阶段的国内品种手续费必须考虑，如果交易周期太小，盈利空间的有限会使你的交易难以盈利。

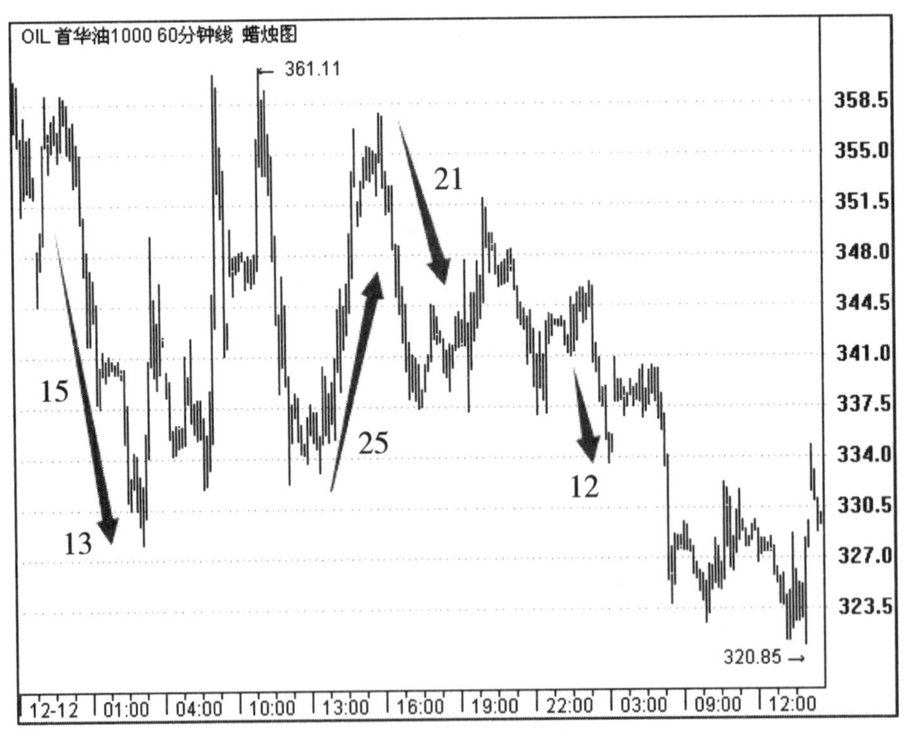


图 8－15

具体如何分析呢？图 8－15 和图 8－16 分别是首华原油的 1 小时图和 4 小时图。从图中可以看到，1 小时图的波段平均运行幅度是 15 元/桶左右，4 小时图的波段平均运行幅度是 24 元/桶左右。一般来说，成功的交易能抓到波段的

70%左右，所以1小时图的投资报酬平均是10.5元/桶，4小时图的投资报酬平均是16.8元/桶左右。

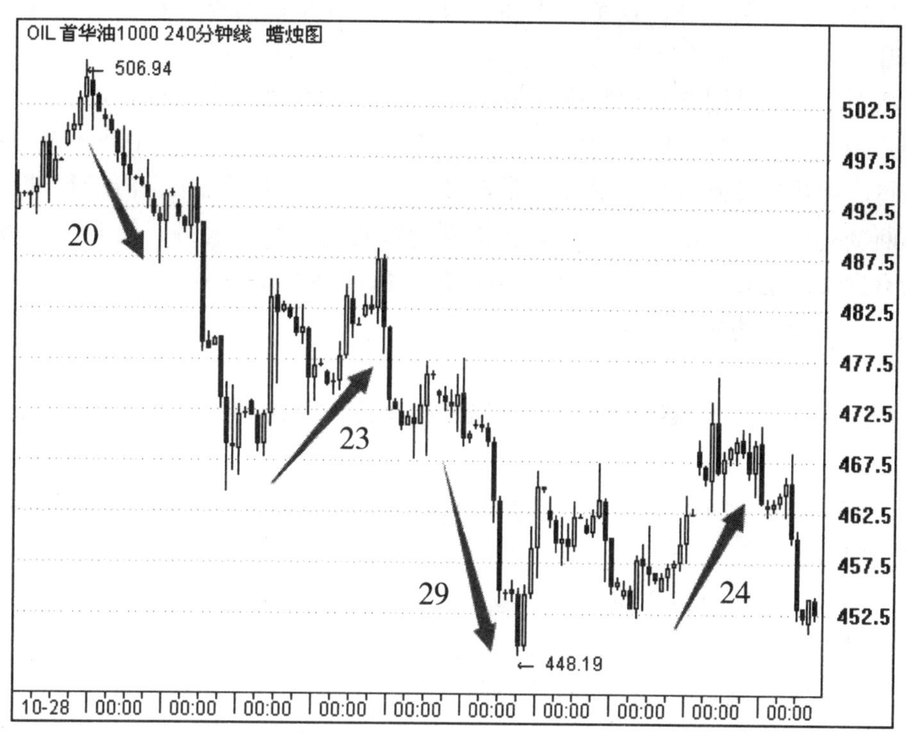


图 8－16

如果自己的胜率比较低，或者止损设置比较大，或者选择手续费较高的交易品种，那么1小时图的波段一般就不能带来盈利，需要选择4小时图，甚至日线图。多点耐心等待是在所难免的。反之，如果条件优越，可以选择15分钟图或更短的周期，以充分提高资金的周转率。

聪明的读者可能已经发现使用期望收益指标存在一个难点——期望收益指标需要用到投资收益、承受风险和胜率三大要素。投资收益和承受风险都不难得出，但是胜率如何确定呢？

上面内容提及KD趋势技术的一般成功率是70%～80%，最高是90%；各种黄金分割技术也有固定的成功率。那么有的读者可能会问：

“可以给出一个各种技术胜率的列表吗？”

这是一个误区。虽然说每一种技术都可以有一个它的胜率范围，但就好比一把剑，不是在每个人手里都能发挥相同作用。技术本身可以说是没有胜率的，只有具体到谁使用，才有胜率可言。上面提及的KD趋势技术和黄金分割技术的胜率就是笔者手里的成功率。成功率可以从两种途径得知：

第一种，对于经验投资者而言，每种常用技术、每种交易情况，自己心里大概都有个底。成功率可以大致估算出来。

第二种，对于经验不多的投资者而言，要么通过复盘多观察、多归纳；要么进行足够的模拟交易，直至大致知道自己各种技术的胜率。这也是笔者前作中千叮万嘱，必须做充分的模拟，方可进行实盘交易的一大原因。

然而，无论是用哪一种胜率获取方法，切记，胜率并不是固定的，这只是刚刚开始。一来，自己感觉的胜率大多与实际有偏差，交易过程中要不断总结，从而得出越接近实际胜率的数据，最终使交易达到预计。二来，由于行情特点是不断变化的，技术的成功率也会在不同阶段随之变化；另外，自身使用技术也会有进步或退步。所以，不断总结是获得精确胜率最有效也是唯一的途径，是每一个渴望成功的投资者的必修课。

## 第 2 节　千锤百炼的投资心态

大家可能有过这样的体会（创业者和高管或许尤其深刻）：当一个新的灵感闪现的时候，往往都会狂热无比，当然，也只有狂热无比的激情才会引起你的兴奋，引发你继续思考和执行。但是，如果马上执行的话，很多时候效果并不理想，甚至会产生副作用，无疾而终。

久而久之，就学会了谨慎对待，新灵感出来的时候，先详细地记下，等过一段时间，让冷静和理智的自己再去回顾。如果这时候还能使自己感觉热血沸腾的话，那么执行实现的结果就会跟自己预期的相差不远。反之，如果自己回顾之后无甚兴致的话，那么这个计划还是放弃为宜。就如马云所说：“短暂的激情是不赚钱的，只有能持久的激情才是赚钱的。”

分析和交易也是同样道理，头脑发热最容易让人做出错误的决定。根据自己冷静时候的计划去执行，永远是最好的模式。

### 投资的两大失败之母

失败是成功之母，在投资过程中存在种种误区，如果闯进这些误区，就会成为失败之母。思想停滞不前和被动等待就是两大失败之母，切忌触碰。

1. 思想停滞不前

很多投资者，特别是已经有过一段投资经历、遭受过挫折的投资者，行情没到的时候不去积极思考、寻找交易机会；进场交易后遇到反向行情，不去积极思考，寻找解套机会，本身学了一大堆分析方法，一到实际交易，竟然沦落到只能盼幸运女神。这时候他的处境其实与绝望无异。

因此，成功的投资者，就像成功的职场者，不怕资金停滞不前，只怕思想停滞不前。

2. 被动等待

在投资交易领域，思考和等待永远是对立的。如果你积极思考，那么等待的痛苦将会远离你，行情就在你掌控之中；如果你懒于思考，那么被动等待将会天天折磨你，行情永远跟你作对。

因此，如果你的心思不是放在思考、计划和总结上，而是被动等待，那么下单之后苦等盈利、苦等回本，都是心灵崩溃的先兆，是失败之源。成功的交易者应该时刻保持这样的状态：主动思考，轻松等待。

## 行情分析心态

交易心态在很多投资教材里都有提及，相信不少读者已经有初步认识。投资心态包含交易心态和行情分析心态两个层面，这一节重点探讨的是行情分析心态。

行情分析心态跟交易心态最大的一个区别是，行情分析的心态是指对待行情分析的心态，以及从行情分析过渡到实际交易的心态。

行情分析方法，无论是基本面分析方法，还是技术分析方法，都有一个共同点：它们都是建立在客观行情的基础上。因此，行情分析方法都是客观的，都是从客观走势中统计得出来的，所以行情分析做的其实是概率。区别只在于厉害的方法概率高，普通的方法概率低，但是不存在概率100%的方法，也不存在0%的方法——对于今天的中国投资者来说，这已经不是什么新鲜的理论。

既然多数投资者都认识到行情分析是客观的，那么运用行情分析技术的时候，是不是都可以做到客观地运用行情分析方法呢？事实并不是这样，而且刚好相反。

掌握了一种分析技术之后，在模拟的时候（包括做模拟盘、做纸上模拟、做内心模拟等），很多人可以做到很客观、很洒脱、很果断。

好比图8－17所示的这种情况。当行情运行到一个非常关键的位置的时候——比如说之前是震荡趋势，现在运行到关键支撑位附近的时候，客观的做法是朝概率大的方向去建仓，也就是震荡趋势延续的方向去建仓，即建立多单。

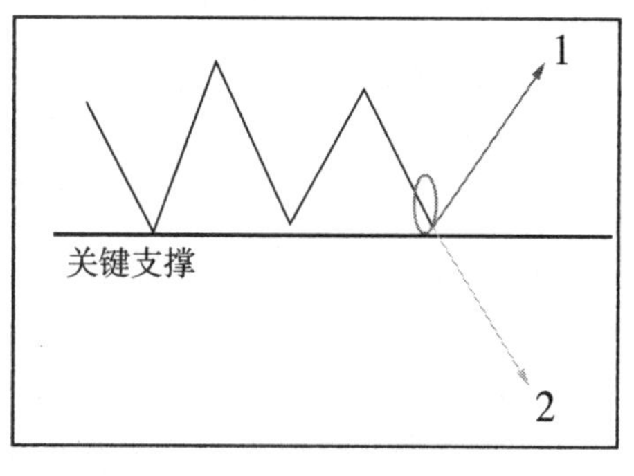

图8－17

如果行情朝着第1种方向运行的话，那就盈利，那没问题。如果行情意外朝着概率小的方向运行，也就是第2种方向运行的话，那么客观的做法是关键支撑失守之后把多单止损，然后马上反手做空。在模拟的时候，大多数人可以做到这么客观，是没问题的。问题出在哪呢？就出现在实际交易的时候。

实际交易的时候，当行情运行到关键位置附近的时候，朝着概率大的方向建立多头，后面行情如果朝着第1种方向运行那还好，如果朝着第2种方向运行的时候，问题就来了。人一般情况下是不会轻易认错的，特别是在没有群众压力的情况下，虚拟交易就是没有群众压力的地方。为什么这个市场是二八市场？就是因为有80%的投资者在下单之后都非要等到这一单盈利才肯出来。当行情朝着第2种方向运行的时候，80%的人会主观地认为这只是虚破。

关于虚破，有经验的朋友都知道，行情是存在虚破的情况，但虚破只是小概率事件。平时他们不会有这种信心，能够分析出这种小概率事件。而一旦他们下了单，他们的信心就来了。于是就拿着多单一直扛，行情一边下跌一边在祈祷，而这时候行情往往跌得特别快。所以，分析是客观的，一到了实际交易就变得主观。掌握的是科学的方法，实际交易却变成祈祷——非常矛盾，但是大多数人就是一直在这样矛盾着。

因此，最大的问题出现在心态上面。客观的分析技术需要客观的心态去发挥。没有客观的心态，学习再多的技术、学习再厉害的技术，也是白学！正确的心态是在残酷的投资市场中生存的前提。

知道问题所在，那么，问题怎么解决呢？不容易解决的。正所谓江山易改，本性难移。这是人的本性导致的问题，当然不容易解决。如果容易解决的话，这个市场就不会是多数人亏钱的市场。不过话说回来，知道问题所在的总比连问题出在哪都还不知道的要强。知道问题出在心态上，起码不会去怀疑自己掌握的分析技术，而去不断寻求新的技术；起码会把注意力集中在心态上；起码会想办法去改善自己的心态。

解决这个问题的方法并不是没有，这里介绍其中一个简单而直接的方法。虽然简单，但也需要你有坚持的毅力。

这个方法就是小仓位操作。

小仓位是相对于自己之前的仓位而言的，比如自己之前习惯每次交易10手，那么小仓位就是1手或者2手。转换为小仓位之后，同样的反向行情，浮动亏损会小很多，会很容易接受，当行情朝第2种方向运行的时候，会更容易接受止损和反手做空的理性操作。当然，小仓位操作带来的利润也会小很多，所以需要比较强的毅力才可以坚持，这就是这种方法的难点所在。当小仓位操作长时间坚持下来之后，就会尝到理性操作的甜头。这时候换回正常仓位操作，已经摆脱了以往的陋习，心态问题迎刃而解！小仓位操作的历程如图8-18所示。

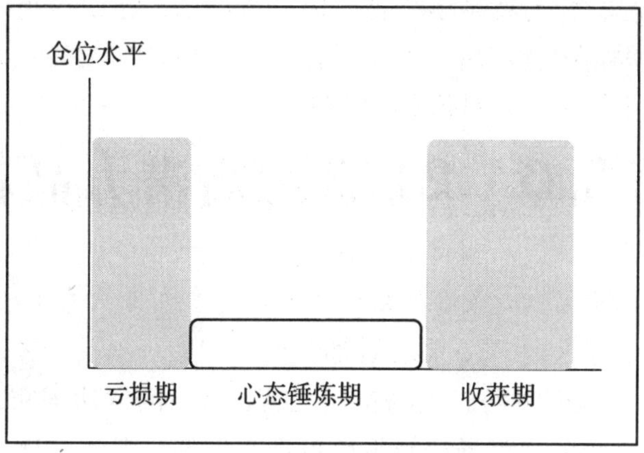


图 8-18

# 第九章　21 世纪高潜力品种

21 世纪是中国投资市场起飞的年代。纵观目前的发达国家，其投资市场起步都是由一个又一个的小市场超级牛市带动起来的。因此，21 世纪将可以看到一个个崛起的投资市场，这些投资市场可能都不大，但是投资潜力绝对是多年难遇的。

## 第1节　下一个白银——镍

21 世纪伊始，白银市场就从不到 20 美元/盎司暴涨到接近 50 美元/盎司，涨幅超过 250%，打响了 21 世纪投资市场百家争鸣的第一炮。随着 2011 年的大转折，整个贵金属市场重新陷入漫长的沉寂。

步入 2014 年 5 月，在金银市场、商品市场、股市、楼市都一片低迷的背景下，一直以来默默无名的现货镍突然加速跳涨，短短的两个月累计大涨了 50%。这让投资者情不自禁地想起 4 年前的白银市场。这会不会是历史重演呢？

### 盈利能力非凡的新品种——天通镍

现货镍是天津贵金属交易所去年推出的新品种，又名天通镍，交易规则、细节与已有的天通银大同小异。以这段上涨 50% 的行情为例，1 手单可以盈利多少呢？

天通镍 1 手是 1000 克，保证金目前是 1 万左右。从 2 月末到 5 月初，从 88 元/千克起涨，到 133 元/千克，累计上涨了 45 元的行情，那么盈利就是 4.5 万元，400 元/手的手续费几乎可以忽略不计，所以波段实际盈利是 450%！

### 投资市场低迷阶段，振幅大的品种优势自现

2012 年之后投资市场全面低迷，不仅表现在不再明显上涨，更重要的是表现在波动幅度小。因为目前很多品种都已经有做空机制，下跌照样可以盈利。但是，波动幅度小就是真正的硬伤，不管你做多做空，都很难跑赢手续费。

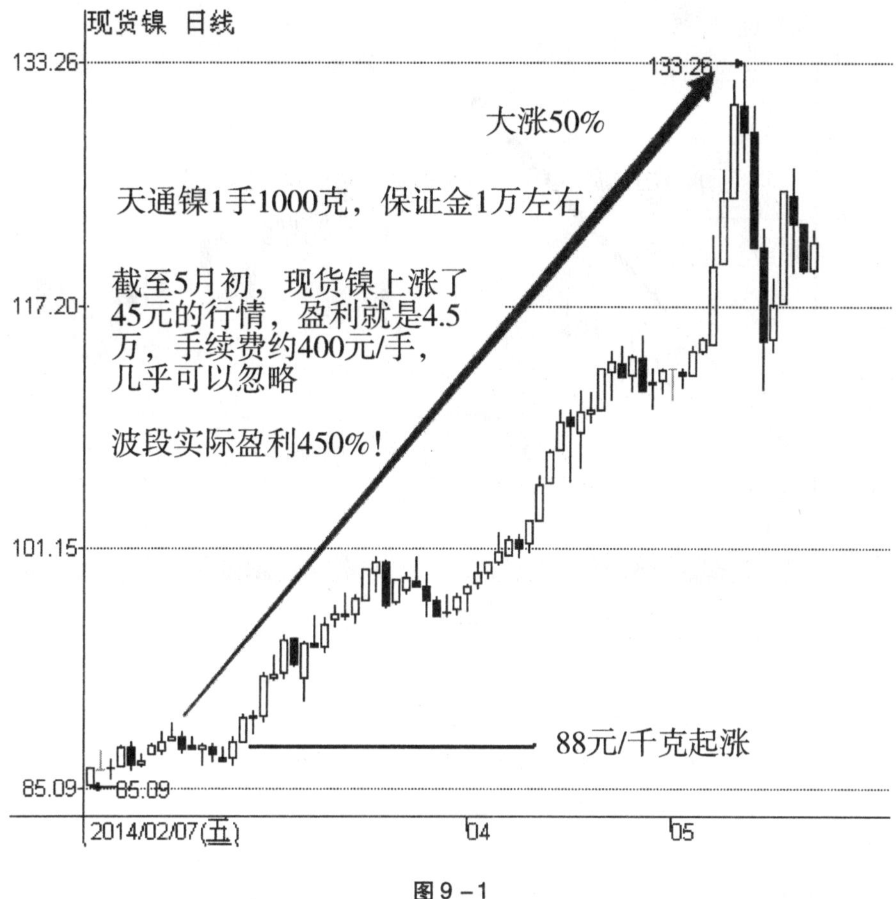


图9－1

精明的投资者可能会想，像2012年推出的天通铂和天通钯，天通镍的点差也是比天通银略高一点点。可是如果因为这样就放弃天通镍的投资机会的话，那反而是“聪明过头”了。

经过2013年天交所的一次大规模点差调节后，目前各品种的点差如下：

天通银：0.2%；

天通铂：0.2%；

天通钯：0.4%；

天通镍：0.19%。

可见，尽管天通钯行情比较强劲，但是的确限于点差太大而难以吸引多数投资者。但天通镍在这方面的优势甚至更胜于天通银，这是大众暂时还没注意到的！而且伴随天通镍的上涨，点差的比例还会进一步缩小！

那么，我们更为关心的波动幅度呢？

请看图9－2和图9－3，步入上涨启动后，天通镍日均波幅已经稳站在2.7%上方，并逐步逼近3%。反观天通银，2013年下半年以来振幅从4%单边下跌，进入2014年第二季度正式跌破2%，并保持下跌趋势。

现货镍 日线
133.26
121.64
110.01
98.39
放量上涨
上涨启动后，镍价日均振幅稳站2.7%上方，并逐步逼近3%
3.15
2.74
2.33
2014/04/02(三)
05
06

图9-2

现货白银 日线
4979
4600
4150
3700
3620
2013年下半年以来天通银日均振幅从4%逐渐下降，2014年第二季度跌破2%，并保持下跌趋势
4
3
2
2013/04/24(三)
08
09
10
11
12
2014/01/02(四)
05
06
07

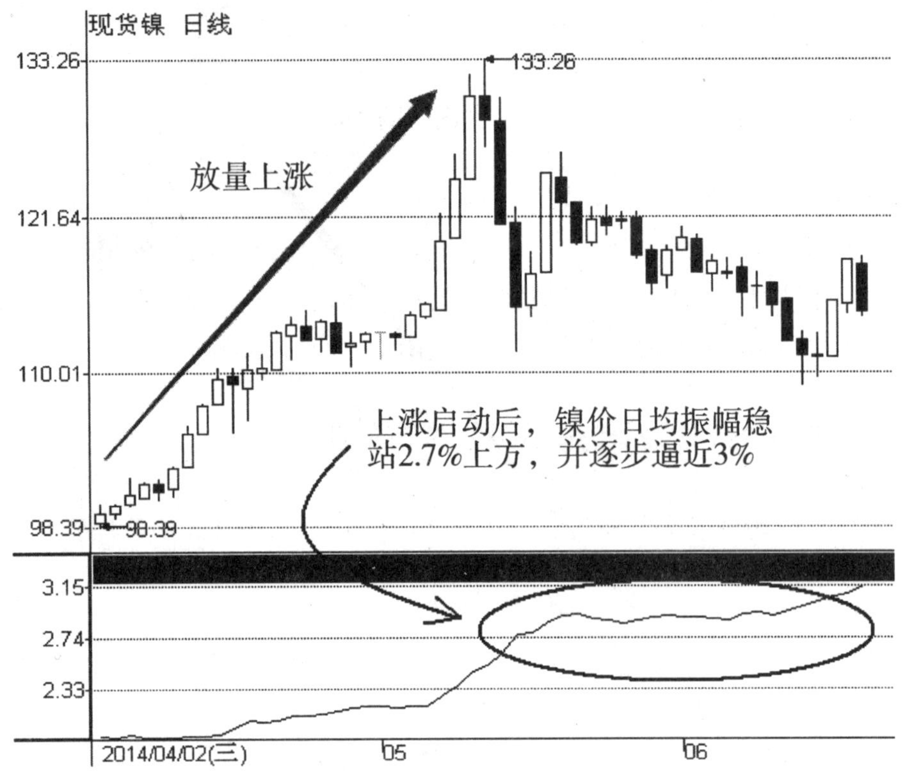

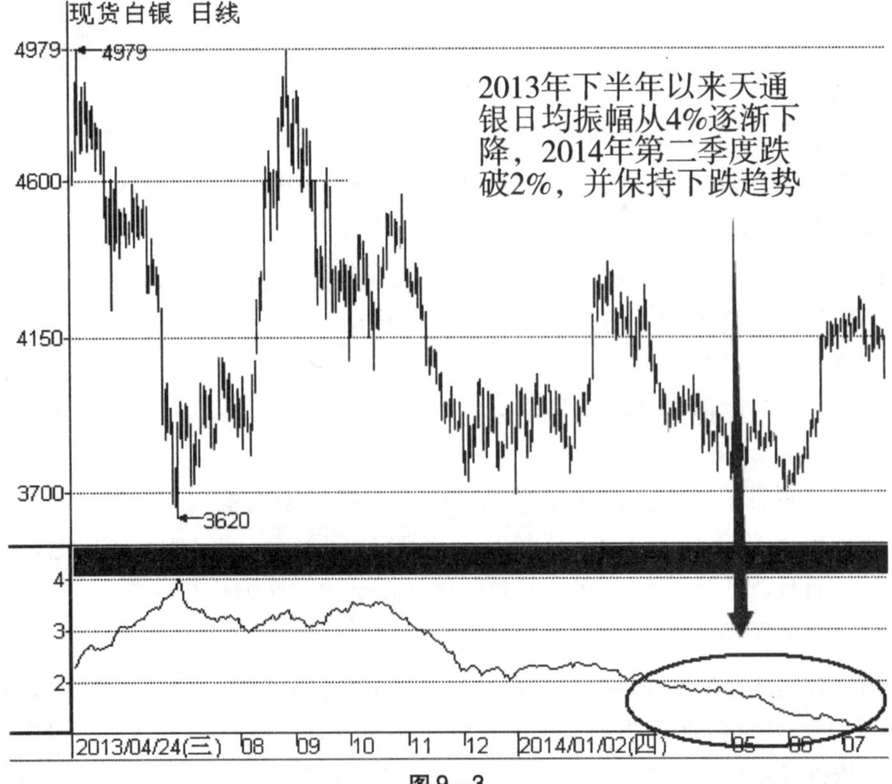

图9-3

这意味着什么呢？现在的状况就是：大部分人在做天通银，但日内交易往往即使抓住了主波段，还未必够支付手续费。而目前只有小部分人在做的天通镍，每天轻轻松松抓一小段行情，就盆满钵满了。

并不是说白银市场已经没有希望。所谓物极必反，极低的水平也会酝酿极大的潜力。

笔者要呈现的重点是“阶段”，而不是“品种”。再强的品种也有低迷的时候。如果你受到启发，在主流品种低迷时期，运用日均振幅、风险报酬比等工具灵活选择阶段强势品种，那么这一章的精髓你就把握到了。

## 50%的涨幅仅仅是年度超级大牛市的序幕

天通镍在2014年第二季度已经大涨50%，随后出现比较明显的回调迹象，这很容易让人产生牛市结束的错觉。

这是必然的!

因为如果大家都看到还在不断地涨，就会毫不犹豫地买入，主力机构不可能让大部分人赚钱的。

因此不妨回顾一下2010年的白银超级大牛市是怎么上演的：2010年8月，银价开始第一轮爆发，上涨了50%，其后出现大幅震荡并持续了一个季度，最后展开疯狂的上行，如图9－4所示。

目前现货镍的行情跟当时白银的第一轮爆发就极其相似：同样是默默无闻的时候悄然单边上涨；同样是先上涨50%；同样是具备价值基础；同样是让金策网决策综合信号发出三次做多信号!

所以，未来两年天通镍的运行轨迹相当清晰：虽然随后可能要经历较长期的大幅震荡，但紧接着的爆发幅度、盈利能力将是无比惊人。甚至就这段大幅震荡的过程，已经足以给我们提供非常多的短线机会、非常大的盈利空间。半年到一年后，还将上演一场让人惊叹不已的盛宴!

## 镍的上行具备很强的价值基础，不是简单的炒作

镍虽然不是贵金属，但其作用和价值比一般金属要强得多，在工业、医疗等领域都有重要作用。更重要的是，镍非常稀缺，这就有了充足的理由让它“贵”。

工业价值：

镍主要用于合金（如镍钢和镍银）及催化剂（如拉内镍，尤指用作氢化的催化剂），可用来制造货币等。因为镍的抗腐蚀性佳，镀在其他金属上可以防止生锈，所以常被用在电镀上。主要用来制造不锈钢和其他抗腐蚀合金，如镍钢、

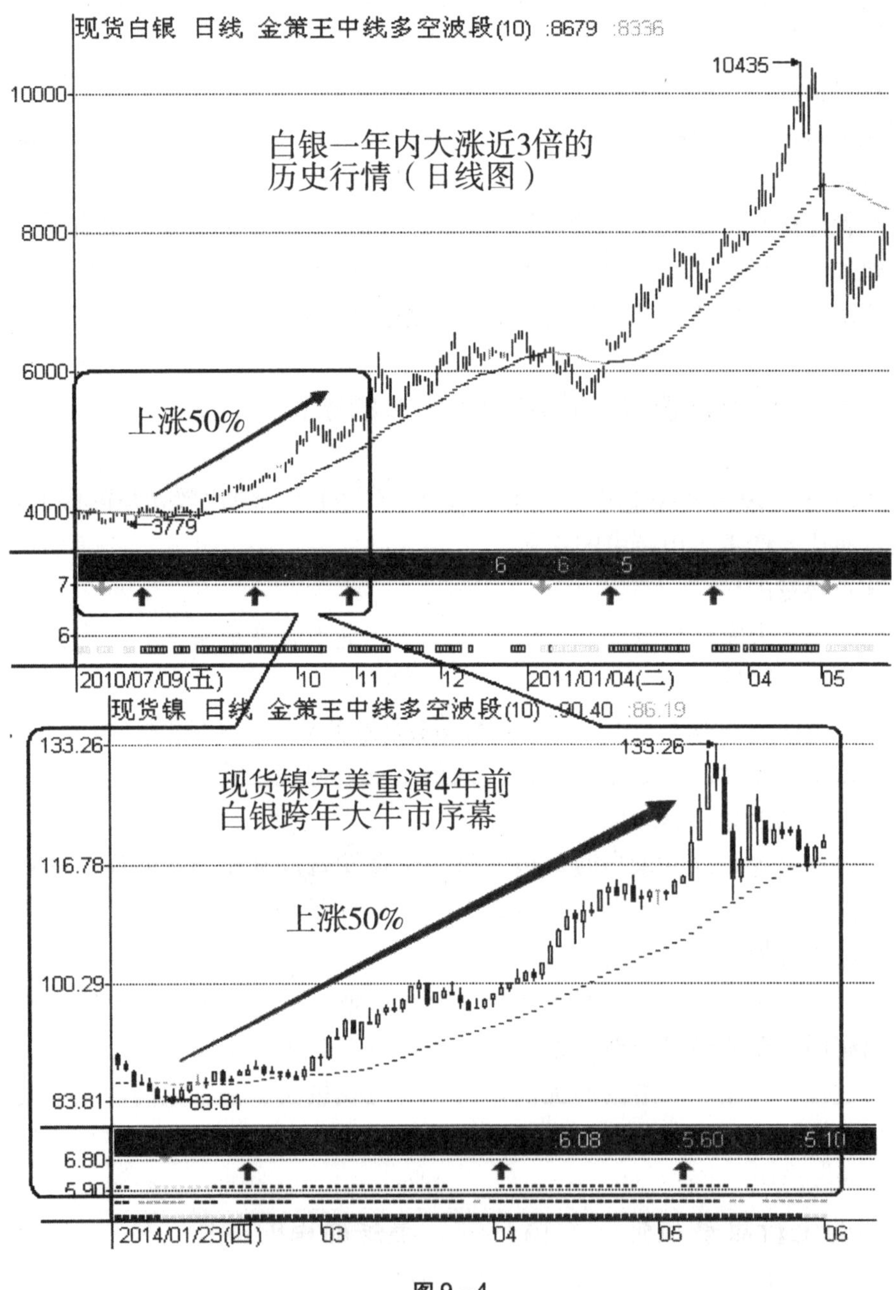


图9－4

镍铬钢及各种有色金属合金，含镍成分较高的铜镍合金，就不易腐蚀。也作加氢催化剂和用于陶瓷制品、特种化学器皿、电子线路、玻璃着绿色以及镍化合物制备等。

电解镍是使用电解法支撑的镍，用它制造的不锈钢和各种合金钢被广泛地用于飞机、坦克、舰艇、雷达、导弹、宇宙飞船和民用工业中的机器制造、陶瓷颜料、永磁材料、电子遥控等领域。

另外，镍还广泛使用于制造电池，例如镍镉电池。

医疗领域：

镍是人体不可或缺的重要元素，动物实验显示缺乏镍可出现生长缓慢、生殖力减弱等状况。

贫血病人血镍含量减少，而且铁吸收减少，镍有刺激造血功能的作用，人和动物补充镍后红细胞、血红素及白细胞增加。

稀缺性：

《2013—2017年中国金属镍行业全景调研及投资前景预测报告》资料显示，中国和美国为最大消费国。Higo称，2013年中国镍生铁产量将增至35万吨。中国需求将增加8.5%至83万吨，而包括生铁在内的产量将增长10%至54万吨。中国需求占全球总量的47%。

2010年中国镍消费量达到约40万吨/年以后，中国成为世界最大的镍消费国。2010年中国镍金属基础储量只有230万吨左右，2010年至今中国镍矿勘探没有重大进展，如果按照这样消费的话，10年后中国的镍矿资源将逐渐消耗殆尽。

## 第2节　金属市场的潜力股——铝

现货铝目前是天津利安达贵金属投资品种之一，但尚未成为热门投资产品，主要原因与原油市场相似，虽然本身有很强的价值，但是市场关注度不高。在投资市场的低迷期，应加倍关注这种有潜质的优秀投资品种。那么，铝的投资魅力在哪里呢？

### 工业应用的第二大金属

铝和铝合金是当前用途十分广泛的、最经济适用的材料之一。世界铝产量从1956年开始超过铜产量一直居有色金属之首。当前铝的产量和用量（按吨计算）仅次于钢材，铝成为人类应用的第二大金属；而且铝的资源十分丰富，据初步计算，铝的矿藏储存量约占地壳构成物质的8%以上。改革开放以来，中国铝工业取得了长足发展，已成为世界铝工业大国。

目前金融市场上广泛存在的实物铝交易品种主要分为铝、铝合金。现货铝锭交割标准分为标准品和替代品。标准品铝锭，符合GB/T 1196—2008AL99.70规定，其中铝含量不低于99.70%。替代品铝锭，符合GB/T 1196—2008AL99.85，AL99.90规定。

国际市场的现货铝主要在伦敦金属交易所上市交易，主要交易品种为高级纯铝及铝合金。按照交易方式、交割时间分为不同的交易品种。伦敦金属交易

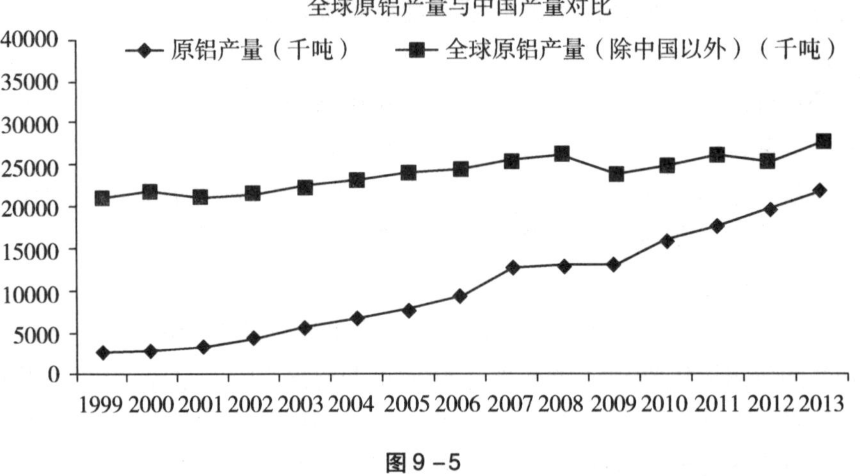


图 9－5

所作为世界最大的有色金属交易市场，其铝品种受到各国生产商、贸易商和国际基金的关注，其报价通常为全球铝现货市场价格的主要参考。随着市场的发展，铝期货已然成为伦敦金属交易所中交易量最大的金属合约。伦敦铝的价格基本反映国内国际市场供求关系的变化，是企业发现价格、回避市场价格风险的有效工具，也是一般投资者理想的投资工具。

## 巨大的投资潜力

### 1. 实物消耗量高企

2013 年中国铝材累计产量为 3943 万吨，同比增加 27%，维持 2004 年以来较高增速，高于同期电解铝 11% 的增速，如图 9－6 所示。因为电解铝主要用于

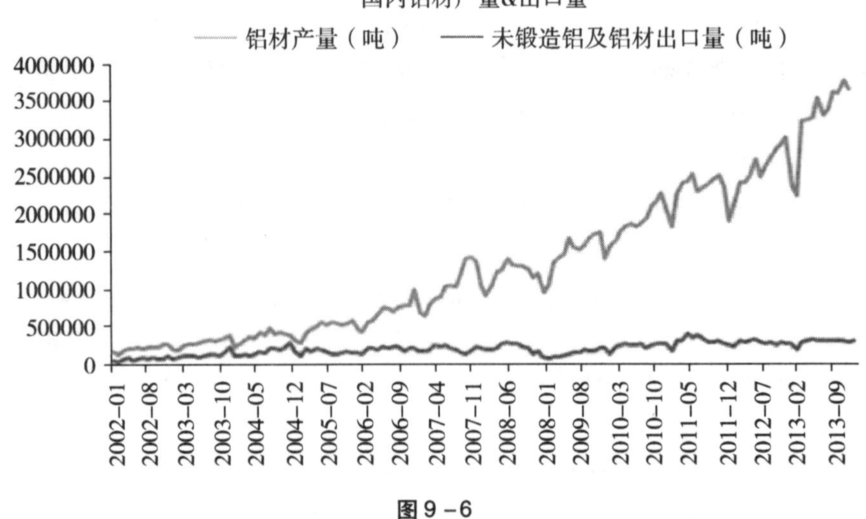


图 9－6

生产铝材，数据显示铝材需求的强劲有助于推动电解铝的去库存化进程。另外从出口情况上看，2013 年中国未锻造铝及铝材出口量累计 364 万吨，同比增长 5.5%，2014 年 1 月出口量为 31.7 万吨，同比增长 13.1%。数据显示，内外需有所企稳，铝材产量与出口量同比增速仍维持高位。

2. 行业前景

随着经济社会迅速发展以及飞机制造等工业迅速发展，我国已经成为世界铝生产、消费和出口的主要大国，并逐步成为世界铝业发展的“风向标”。2007 年我国铝材总产量达到 1256 万吨，占全球总产量的 34%，同比增长率约为世界水平的 6 倍。

在成为全球最大的铝生产和消费国后，预计中国将迅速成为最大的铝材出口国。形成从铝土矿、氧化铝、电解铝、铝加工、研发为一体的比较完善的工业体系。2006 年，中国铝业从 2005 年的全行业亏损速转为全行业实现利润 324 亿元、利税 500 多亿元。电解铝落后的自槽生产能力被淘汰，2006 年，电解铝 1200 万吨产能中 160kA 及以上产能占 83%，已经全部淘汰落后的自焙槽生产能力，部分小型预焙槽生产能力得到改造。

3. 后市展望

全球经济从 2013 年开始走出谷底展开复苏之路，根据 IMF 全球经济展望显示，2014 年全球经济增长加速至 3.6%，到 2015 年达到 3.9%，其中美国和中国将成为全球经济增长火车头带领全球。实体经济蓬勃，自然会带动贵金属资源的需求，需求与价格成正比，需求越大，价格越高。因此，未来现货铝走势具有很大潜力。

图 9－7 是铝的约 15 年月线走势，铝价 15 年以来只经历了最多不到 1 倍的涨幅（同期银价最大涨幅接近 12 倍，稳健的金价最大涨幅接近 8 倍），而且经历了深达一般幅度的泡沫释放。在具备强大的自身价值的背景下，即使技术形态显示还需要时间在低位震荡蓄势，铝也无疑具备极强的牛市潜力。

沪铝连续 (010120)<月线>
商品叠加
周期
K
24000
21000
18000
15000
12000
24000
沪铝月线图
铝价15年来只经历过最多不到1倍的涨幅，且经历了深达半幅的泡沫释放，具备极强的牛市潜力
半幅释放
10040
月线
199712
200011
200302
200505
200708
200911
201202
201405

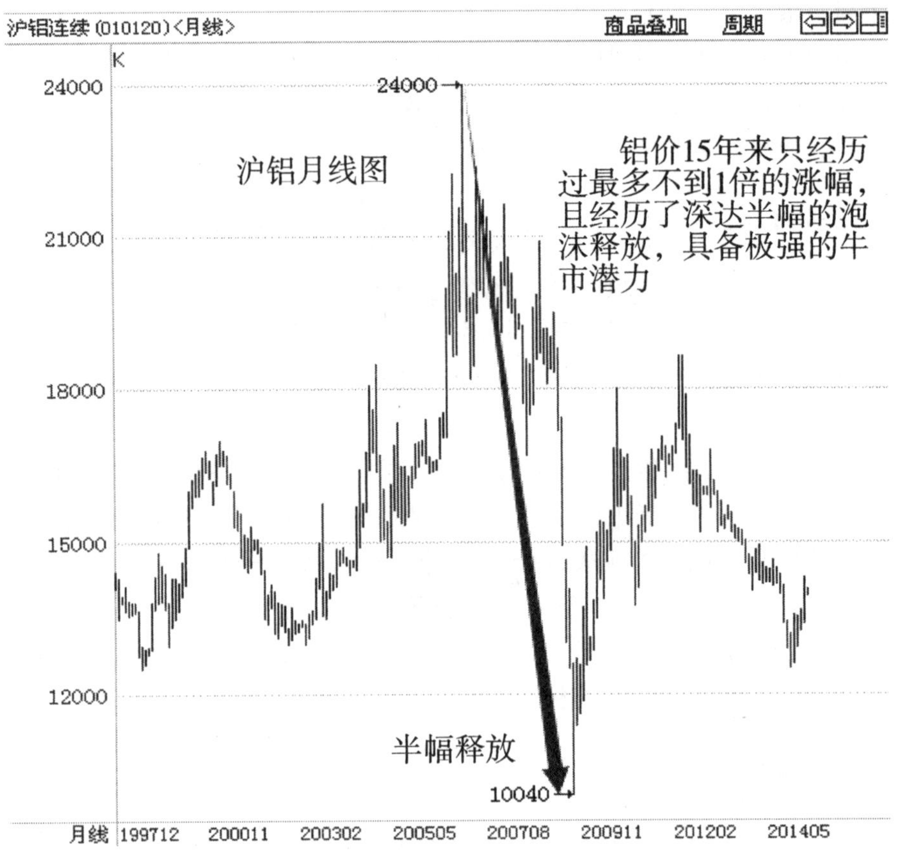

图 9 -7

# 后记

# 注定失败的投资者永远不能从书中有所收获

曾看过有读者把投资名家以自己真正技术集结成书出版比喻成巴菲特捐出大部分财产的境界；而更多读者相信不可能存在这种事情，因为在他们看来，没有一本书的技术能让他们永远赚钱。笔者认为，前者不完全对，但后者一定是错的。

对于看过无数投资书籍仍然抱怨不实用的投资者，笔者不想做过多解释，大家只需试想一个非常简单的比喻：

假如林丹把毕生的羽毛球训练和实战的经验毫无遗漏地结集成书，然后给你一年时间把它看完、消化，最后让你直接去参加奥运会羽毛球单打比赛，结果会怎么样？显而易见，别说冠军，光是初赛你就被轻松淘汰了。

是以笔者在系列书籍里一直强调投资者要把重点放在自身心态的修炼上，因为自身素质远重要于书本上的技巧。那些尝试过书上技巧，发现最终亏损而放弃的投资者，永远只能是投资界的失败者，除非终有一天摆脱这种状态。

投资名家有两种：一种是坚信保密一种高深的技术或系统，能让自己终身受用；另一种是坚信把自己目前最高深的技术公之于世，是能逼自己领略更高深技术的唯一途径。后者写的书与现代鱼目混珠之辈写的书是有明显区别的，无论内容还是态度。好书是可以鉴别出来的。

不看书的人，靠自己领悟，通常要花很长时间。看书的人似乎是走了捷径。但是，这个世界总是相对公平的——不看书的人要成功，需要领悟力和耐心；而看书的人需要的是发现、鉴别和洞察的能力。

# 参考文献

1. *How to trade in stocks* Jesse Livermore

2. ［美］罗伯特·雷亚著，刘志刚译：《道氏理论》，地震出版社 2013 年版。

3. ［美］普莱切特、弗罗斯特著，陈鑫译：《艾略特波浪理论：市场行为的关键》，机械工业出版社 2010 年版。

4. 蒋义行、陶暐拟著：《江恩理论解析与实战应用十六讲》，地震出版社 2012 年版。

5. 吕超、罗应杰著：《白银投资技巧入门篇》，广东经济出版社 2011 年版。

6. 黄金投资策略网：http：//www. godsignal. com/

7. 路透中文网：http：//cn. reuters. com/

8. 百度百科：http：//baike. baidu. com/